365일
매일 전하는 따뜻한 글

이 책은 세상에 하나밖에 없는 자신만의 필사책입니다.

별처럼 빛나는 소중한

______________ 에게

와일드북
와일드북은 한국평생교육원의 출판 브랜드입니다.

365일 매일 전하는 따뜻한 글

초판 1쇄 발행 · 2025년 3월 1일

지은이 · 신문섭
발행인 · 유광선
발행처 · 한국평생교육원
편　집 · 유지선
디자인 · 박형빈

주　소 · (대전) 대전광역시 유성구 도안대로589번길 13 2층
(서울) 서울시 서초구 반포대로 14길 30(센츄리 1차오피스텔 1107호)
전　화 · (대전) 042-533-9333 / (서울) 02-597-2228
팩　스 · (대전) 0505-403-3331 / (서울) 02-597-2229

등록번호 · 제2018-000010호
이메일 · klec2228@gmail.com
instagram @wildseffect

ISBN 979-11-92412-95-5
책값은 책표지 뒤에 있습니다.

잘못되거나 파본된 책은 구입하신 서점에서 교환해 드립니다.

365일
매일 전하는 따뜻한 글

신문섭 지음

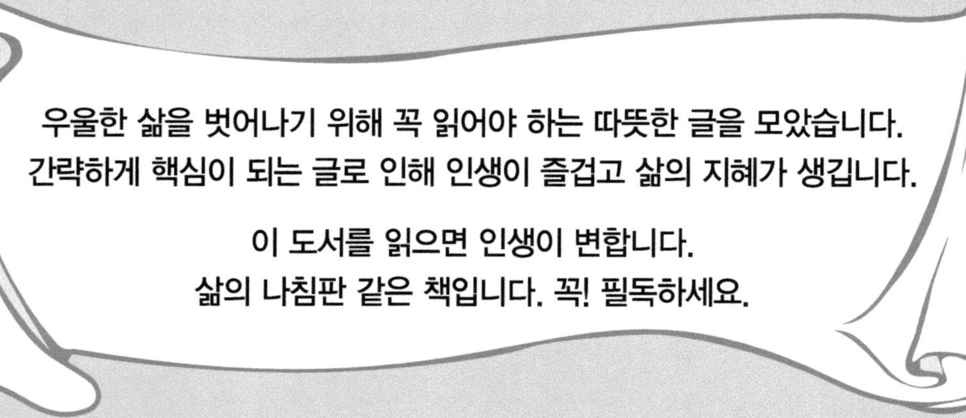
우울한 삶을 벗어나기 위해 꼭 읽어야 하는 따뜻한 글을 모았습니다.
간략하게 핵심이 되는 글로 인해 인생이 즐겁고 삶의 지혜가 생깁니다.
이 도서를 읽으면 인생이 변합니다.
삶의 나침판 같은 책입니다. 꼭! 필독하세요.

프롤로그

인스타를 4년 이상 하면서, 다양한 사람을 만나고 소통을 하였습니다. 그리고 삶에 대한 애로사항을 해결해 주고 싶었습니다. 제가 가지고 있는 좋은 기운과 잘되는 마음가짐 그리고 잘되는 마인드를 전하고자 매일 매일 짧은 글을 썼습니다.

세상에는 나쁜 사람도 많고, 자기주장만 옳다는 사람도 많고, 남에게 피해를 주는 사람도 많습니다. 그래서 많은 사람이 인간관계를 힘들어하고 소외된 마음을 갖게 되기도 합니다.

이 책은 365일 우울한 마음, 힘든 마음, 아픈 마음에 도움이 되길 바라는 간절한 마음으로 쓰게 되었습니다. 그리고 꿈을 이룰 수 있는 힘을 주고 싶었습니다.

긍정적인 사람도 상황이 안 좋아지면, 누구나 부정적인 사람이 될 수 있고, 이기적인 마음을 가질 수 있습니다. 그것을 이겨내지 못하면, 더욱 힘들어질 수 있습니다.

'마음 아픈 그대에게 희망이 되고 싶었습니다.'

'힘든 마음을 공감하고 싶었습니다.'

'따뜻한 생각을 전하고 싶었습니다.'

'삶이 아름답다는 것을 전하고 싶었습니다.'

'긍정적인 마음을 갖고 노력하면 된다는 것을 느끼게 하고 싶었습니다.'

'좋은 마음을 가지면 좋은 마음이 온다는 것을 알게 해주고 싶었습니다.'

'힘든 과정을 이겨내고 꿈을 이루게 해주고 싶었습니다.'

혼자 느끼고 잘되면 의미가 없습니다. 이 책을 다른 사람에게 전해주고 공감하면 서로가 행복해질 수 있습니다. 좋은 마음은 공유를 할수록 커집니다. 세상이 아름다워집니다.

세상이 밝고 희망적으로 바뀔 수 있게 노력하였습니다. 삶을 이겨내고 발전할 수 있는 핵심이 될 만한 부분을 많이 썼습니다. 분명, 기억하고 실천하면 삶이 달라지고 좋아집니다. 그리고 지혜가 생깁니다. 행복한 미래를 꿈꾸며, 같이 마음을 공유하며 잘되길 빌겠습니다.

인스타 @kbechpos

함께 마음을 나누는 저자 **신문섭**

1 January

- 초심(새로운 마음 갖기)
- 웃는 여유 챙기기
- 소중한 인연 챙기기
- 새해 복 많이 받기
- 새로운 계획 세우고 목표 이루기
- 나쁜 습관 버리기
- 꿈과 희망을 담아보기

새로운 꿈과 목표를 세우세요.
시작하지도 않았는데, 두려워하면 안 됩니다.
용기가 없어서 시작을 못 했다면,
반드시 시작하세요. 시작이 반입니다.
절실한 마음으로 하세요. 이루어집니다.

'웃음으로 시작하면 1년 내내 웃음이 옵니다.'
'화를 내면 1년 내내 좋은 기운이 도망갑니다.'
'작심삼일이 되지 않게 꾸준히 노력하세요.'

1일 유연한 생각

잃지 않으려고 애쓰다 보면
기회를 놓치는 경우가 있습니다.
얻으려고 애쓰다 보면
중요한 것을 잃을 수 있습니다.

손을 힘 있게 움켜쥐면 힘듭니다.
손을 부드럽게 펴듯이
유연한 생각으로 충실하게 살다 보면
희망도 기회도 꿈도 자연스럽게 옵니다.

항상 열린 마음으로 세상을 보는 유연한 생각이 필요합니다. 거센 바람이 불 때 바람에 맞서서 쓰러지지 않으려는 나무는 나뭇가지가 부러질 수 있습니다. 갈대는 바람을 느끼며 흔들리지만 절대로 부러지지 않습니다. 나무처럼 삶도 이기려고 애쓰며 버티려고 하면 자신이 힘들고 지치고 괴로워질 수 있습니다. 아픔, 슬픔, 좌절할 때는 하고, 기분이 나아지면 즐거운 것을 찾고 열심히 하던 일에 최선을 다하면 됩니다. 그리고 하는 일이 안 되어서 좌절하고 있다면, 끝이 아니라 새로운 시작이라고 생각하며 유연한 생각을 하세요.

2일 감정에 관해서

서운한 마음은 알겠지만
이유를 표현하지 않고
떠나 버리면 어떡해.

마음 상한 감정은 알겠지만
그냥 화부터 내면 어떡해.

서운한 감정이 쌓이다 보면, 서로의 관계는 금이 가고 헤어지게 됩니다. 더 서운한 사람이 연락을 끊고, 상대방의 이야기를 듣고 싶지 않을 때도 있습니다. 어차피 헤어지는데, 상대방의 생각이 중요하지 않다고 생각합니다. 자신을 지키고 남의 상처는 관심이 없다는 생각에서 시작되는 마음입니다. 적어도 상대방의 생각을 듣고 오해가 있다면 풀고, 아니다 싶으면 헤어지는 것이 좋습니다. 헤어짐을 당하는 사람이 상처를 받을 수 있으므로 오해를 풀고 헤어지는 것이 바람직합니다.

감정이 상하면, 화부터 내는 사람이 있습니다. 화를 참지 못해서 상대방의 말을 들으려고 하지 않습니다. 그래도 화나기 전에 "왜 그랬니?" 하고 묻고 화를 내도 늦지 않습니다. 오해가 있다면, 화를 내지 않고도 풀리는 일도 있습니다.

서로의 생각이 모두 맞을 수 없습니다. 다름을 인정할 때, 관계가 쉽게 개선될 수 있습니다.

3일 ADHD 증상

1. 상황에 맞지 않는 말을 한다.
2. 한 가지에 집중을 못 하고 산만하다.
3. 말과 질문이 많고 남의 말에 잘 끼어든다.
4. 다른 사람의 말을 귀 기울여 듣지 못한다.
5. 인간관계 및 사회성이 떨어진다.
6. 충동적이거나 공격적인 행동을 한다.
7. TV나 게임에 지나치게 몰두한다.
8. 앉아 있기 힘들어한다.
9. 줄 서는 차례를 기다리지 못한다.
10. 상대방의 입장을 이해하지 못한다.

ADHD(주의력 결핍 과잉행동장애:Attention Deficit Hyperactivity Disorder)는 과잉행동하거나 산만하거나 충동적으로 행동 등을 하는 것이 특징인 질환입니다.

아동인 경우에 흔히 볼 수 있습니다. 선생님이 없거나 지도하는 사람이 없으면, 집중을 못 하고 산만하게 활동을 합니다.

대부분 사람은 교육을 통해서 규칙을 이해하고, 성인이 되면서 자신을 통제하는 능력을 배워나가서 충동적인 행동은 대부분 없어집니다. 그런데, 어른이 되어서도 나타나는 경우가 많습니다.

성인이 되어서, 스트레스를 많이 받거나 우울증이 생기면 ADHD와 비슷한 행동을 하게 되는 경우도 있으므로 평소에 마음을 진정시키고, 편안하게 지내는 생활에 익숙해야 합니다. 그리고 수면 부족으로도 나타날 수 있으니, 충분한 수면을 취하는 것도 중요합니다.

4일 자신은 나의 전부

힘든 순간에도 나는 울지 않고 참았다.
하기 싫은 순간에도 나는 참고 살아왔다.

그냥 다른 사람은 포기하고 쉬라고 한다.

포기할 용기도 없고
계속할 용기도 부족하지만
미래를 위해
내 전부를 나에게 맡기며 최선을 다해 살자.
넌 나의 전부니까. 할 수 있다.

힘든 순간은 누구나 옵니다. 피하고 싶어서 도망 다녀도 옵니다. 차라리 피하지 못할 것이라면, 부딪치는 것이 좋습니다. 사람은 의외로 자잘한 것에 울음이 나오지만, 막상 너무 커다란 역경이 생기면 화가 나기도 합니다. 감정을 추스르고 참을 땐 참고, 울고 싶을 때는 맘껏 우세요. 기분이 풀립니다.

너무 힘들다고 하면, 주변에서 '차라기 포기해.'라고 하는 예도 있습니다. 막상, '포기하려고 생각하니' 후회가 될 것 같기도 하고 '하려고 하니' 용기가 없어서 고민합니다.

너무 깊게 생각하면, 포기를 할 수도 있습니다. 적당히 생각하고 용기를 내서 최선을 다하세요. 늘 자신은 한순간도 함께 하지 않은 적이 없습니다. 자신이 전부인 나를 믿고 기운을 내서 도전해 보세요. 죽을 때까지 함께하는 자신을 위해 파이팅!

5일 회의감 느낄 때 푹 쉬기

삶에 회의감을 느끼면
마음에 어둠이 찾아옵니다.

꿈이 사라지고
세상이 허무해져서
마음의 모래성이 무너져
많이 울고 싶을 때가 있습니다.

오늘 아무것도 하지 말고 푹 쉬세요.
힘들 땐 생각을 줄이고
내일 생각하세요.

사람은 마음속에 모래성을 가지고 다닙니다. 자신의 모래성을 지키기 위해서 모험을 하지 않으려고 하고, 다가오는 사람에게 허물어질까 봐 가까이 하는 것도 두려워합니다. 자신의 모래성을 지키기 위해 경계를 하기도 합니다.

하는 일이 안 되어서 아픔이 생기면, 앞이 깜깜해지고 마음속에 그늘이 생깁니다. 그리고 모든 것을 포기하고 싶어집니다. 그러면서 자신이 지키고 있던 모래성까지 허물어질 때가 있습니다. 걱정하지 마세요. 모래성이 아닌 튼튼한 벽돌 성으로 지으세요. 마음 단단히 먹으라는 말입니다.

회의감은 잘 살다가도 밀려옵니다. 잠을 푹 자고 다음 날이면 괜찮아질 수 있습니다. 아침에 일어나서 잘할 수 있다는 마음을 먹으면, 기분이 괜찮아집니다.

6일 우울감을 느낄 때

1. 뚜렷하게 하고 싶은 것이 없을 때
2. 속상한 말을 풀 사람이 없을 때
3. 인간관계가 멀미 날 때
4. 좋아하는 것이 없을 때
5. 힘든데, 혼자라고 느낄 때
6. 너무 지쳐서 삶의 의욕이 없을 때
7. 계획적인 것에 거부감이 날 때
8. 생각하는 것이 잘 안 풀릴 때
9. 몰입하고 싶은 것이 하나도 없을 때
10. 하기 싫은 일이 산더미일 때

우울하면 생각이 좁아지고 하기 싫은 것이 많아집니다. 심하면 모든 관계를 포기하고 싶기도 합니다. 사실, 우울에서 벗어나기 위해서는 집에 있는 것보다 활동적인 것을 찾고 가벼운 운동, 산책, 여행 등을 하면서 기분을 풀어주면 도움이 됩니다.

우울하면 우울하지 않게 노력하라는 것이 아닙니다. 그러면, 우울한 생각을 더 많이 합니다. 반대로 즐거운 일을 하거나 기분 좋은 것을 찾아서 생각과 마음을 기분 좋게 만들어야 합니다.

우울할 때는 우울한 사람을 만나는 것이 아니라, 즐거운 사람을 만나세요. 그럼 도움이 됩니다.

7일 자신이 나아지는 길

보고 싶은 것만 보고
하고 싶은 것만 다 하는 것이
살기는 제일 편하지만
인생은 꼬일 수 있습니다.

시야를 넓혀서 다양하게 보고
듣기 싫은 말도
자신이 나아질 수 있다면
귀 기울여 들어야
인생이 잘 풀릴 수 있습니다.

하고 싶은 것만 하면, 잘되기 힘듭니다. 하기 싫은 것을 참고 하는 인내력이 생기지 않을 수 있습니다. 하고 싶은 꿈이 있다면, 그 꿈을 위해서 최선을 다해 도전하면 됩니다. 근데 현실은 하고 싶지 않은 일도 해야 할 경우가 많습니다. 예를 들면, 꿈은 가수인데 현재 돈이 없어서 못 한다면, 상황에 따라 아르바이트를 해서 삶을 유지하면서 꿈을 키워야 됩니다. 물론, 부모님이 부자라면 해결되겠지만, 그렇지 않다면 현실을 병행해야 합니다. 그리고 앞으로 나아가려면 자기 현실을 인정하세요.

남의 조언이나 쓴소리를 듣는 건 기분 좋은 일은 아니지만, 자신에게 도움이 된다면 귀 기울여 들어서 자기 것으로 만드세요. 삶에 큰 도움이 됩니다.

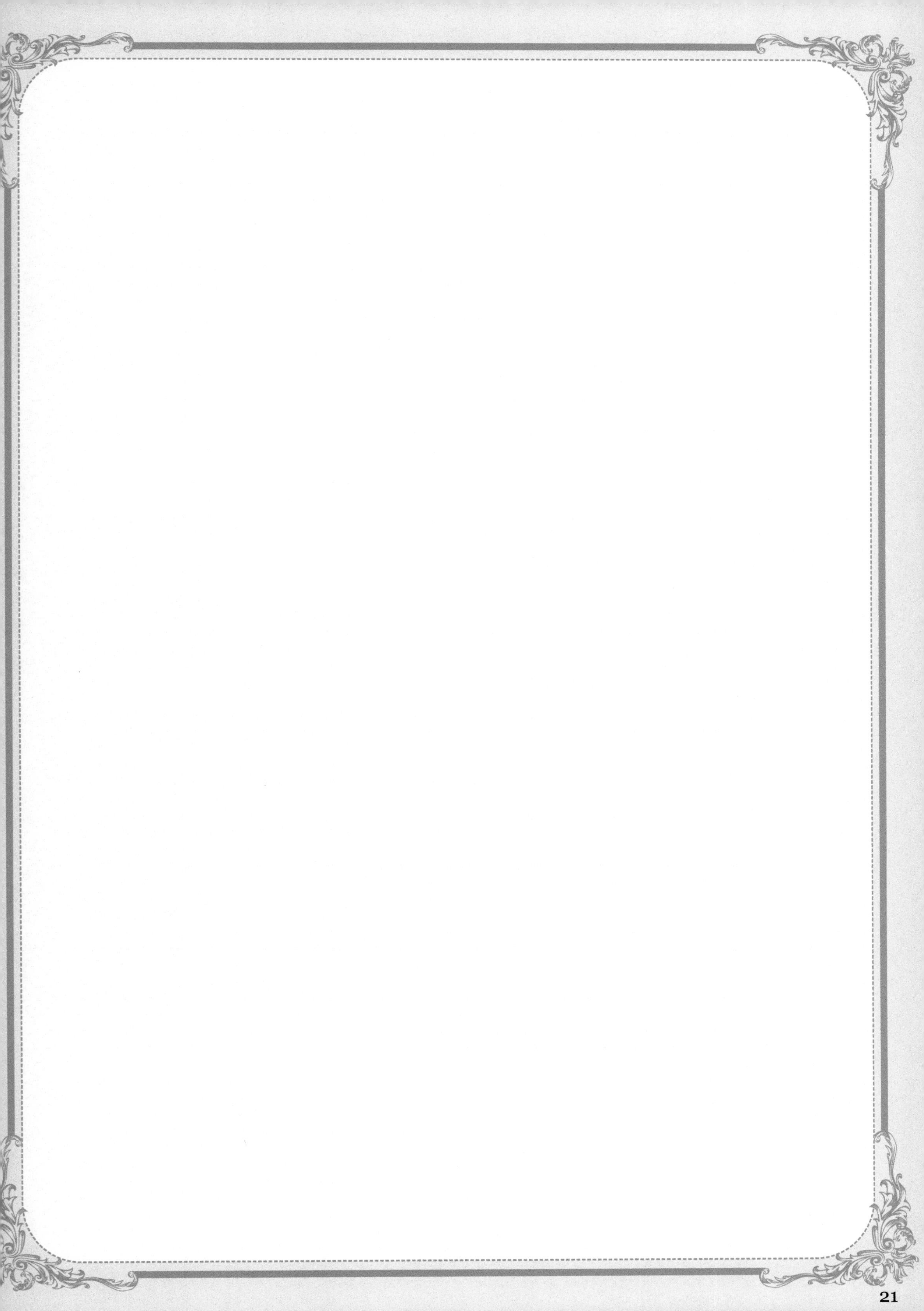

8일 꿈을 위해 계속 시도

좋은 칼을 만들기 위해서는
많은 담금질을 해야 합니다.
도전하다가 좌절해도
꿈을 위해 계속 시도를 해야 합니다.

목표를 이뤘다고 멈추면 안 됩니다.
새로운 목표를 만들고
계속 도전하세요.

좋은 칼은 용광로에 수많은 담금질을 통해서 만들어집니다. 용광로 안에 쇠가 들어가면 불순물이 녹아 없어집니다. 그렇다고 쇠를 그대로 사용하지 않습니다. 원하는 모양으로 바꾸려면, 용광로로 달군 빨간 쇠를 원하는 모양으로 만들기 위해서 망치로 여러 번 반복해서 칩니다. 그래야 보검이 만들어집니다.

성공하는 사람들이 보기에는 운이 좋았다고 생각할지 모르지만, 수많은 좌절과 수많은 도전을 합니다. 다치기도 하고 쓰러지기도 하며, 역경을 이겨내서 이루어진 것입니다. 사람은 죽으면 끝입니다. 죽기 전에 후회 없는 도전으로 삶을 빛나게 만들어 보세요.

목표를 이루었을 때 모든 것이 끝났다고 생각하지 마세요. 새로운 것을 도전해 보세요. 사실 과정은 힘들어도 목표를 이루면, 짜릿한 희열감이 있습니다. 많은 사람들이 산에 오릅니다. 과정이 힘들어도 정상에 오르는 이유는 희열을 느끼고 싶어서입니다.

9일 조금 더 용기를 내자

너무 힘들 때는
악마가 나와서 거짓말하며
포기하라고 강요합니다.
조금 더 인내심을 갖고
조금 더 용기를 내면
천사가 나와서
응원해 줄 겁니다.

"악마가 자주 나오나요?"

"천사가 자주 나오나요?"

긍정과 부정 중에 어느 쪽으로 기우느냐에 따라 천사가 나오기도 하고, 악마가 나오기도 합니다. 자신이 선택하고 자신이 방향도 정합니다. 결국 자신과의 싸움입니다.

짜증을 내거나, 포기하고 싶거나, 사람을 미워할 때와 같이 부정적인 생각을 하면 악마가 자주 나타납니다. 그리고 악마가 거짓말하며 나쁜 방향으로 유도합니다. 악마한테 마음이 휘둘리면 절대 안 됩니다. 그러다간 자신도 잃고 악마에 의존하게 됩니다.

"너무 힘들어서 천사가 안 보이나요?"

긍정적인 생각을 하고 속는 셈 치고 자신을 한번 믿어 보세요. 조금 더 힘을 내고 자신과의 싸움에서 이겨내야 합니다. 그러면 마음속에 있는 천사가 응원해 줄 겁니다. 그리고 힘을 보태서 언제 어디서나 응원하겠습니다.

10일 선물 같은 인연

뜻하지 않게 친해지는 인연도 있고
친해지려고 노력해도 멀어지는 인연도 있고
별로라고 생각했던 인연도 좋아지고
소중히 생각했던 인연도 멀어지고
옆에만 있어도 고마운 인연도 있고
알면서 후회하게 되는 인연도 있습니다.
자신이 생각하는 대로 이루어지지 않지만
지금까지 함께하는 소중한 인연은
자신에게 늘 선물 같은 존재입니다.

사람은 태어나는 순간부터 부모를 만나고 인연이 시작되어 살아갑니다. 사람을 만나기도 하고 헤어지기도 합니다. 그 속에 희로애락(喜怒哀樂)이 함께합니다.

"어떤 인연이 좋은 인연일까요?"

기분 좋을 때 축하해 주고, 말을 공감하고, 힘들 때 격려해 주는 사람이 마음 편하게 해주는 좋은 인연입니다.

자신을 부당한 방법으로 손해를 보게 하거나, 불편하게 하는 좋지 않은 인연을 만나면 방치하지 마세요. 피하는 편이 좋습니다. 결국, 사람은 가려서 만나야 합니다.

기분을 좋게 해주고, 마음을 편하게 해주며, 마지막까지 함께하는 인연이 가장 소중하고 선물 같은 좋은 인연입니다.

11일 널 너무 사랑해

쑥스럽고 표현이 많이 부족했을 뿐
한순간도 사랑하지 않았던 적이 없었습니다.
일할 때도
식사할 때도
사람을 만날 때도
순간순간 당신을 사랑합니다.
하루하루가 당신이 있어
너무 아름답고 고마웠습니다.

여자보다 남자가 사랑에 대한 표현이 인색할 수 있습니다. 나이가 들수록 감정 표현이 서툴러집니다. 그리고 결혼 전에 사랑하는 표현을 많이 했어도 결혼 후에는 잘 하지 않게 되기도 합니다.

좋은 표현을 자주 해야 삶이 즐거워집니다. 사람은 표현하면서 기분도 좋아지고 상대방의 웃는 모습을 자주 보게 됩니다. 힘든 일상이 자신을 인상 쓰게 만들고 표현하지 못하게 만들고 있습니다. 사는 것이 힘들어서 그런 것입니다. 사랑하는 사람이 있다면 '사랑해.' 하며 마음을 전해 보세요. 행복해질 거예요.

연인 관계에서는 사랑의 감정을 표현하지 않으면, 상대방이 덜 좋아한다고 착각할 수 있습니다. 그래서 오버하지 않고 적절하게 표현하는 것이 도움이 됩니다.

"사랑하는 마음을 잊었나요?"

꽃을 사랑하는 마음으로 세상을 사랑해 보세요. 정말, 모든 것이 예쁘고 아름답습니다.

12일 자신을 소심하게 하는 것들

1. 남의 시선에 너무 신경 쓴다.
2. 자주 남과 비교를 한다.
3. 부정적인 것에 집중한다.
4. 무얼 해야 할지 모른다.
5. 사람 많은 곳을 피한다.
6. 혼자 있고 싶다.
7. 좋아하는 것이 별로 없다.
8. 잔소리에 마음이 위축된다.
9. 말이 점점 없어진다.
10. 미래에 대한 확신이 없다.

사랑의 상처, 사업 실패, 신용불량 등이 생기면, 자신이 생각하는 것이 잘 안 풀리게 됩니다. 자책하며 소심해지거나 우울증에 빠질 수 있습니다. 그리고 다른 사람에게 말을 하면, 자신의 모습이 초라해 보일 것 같아서 사람을 피하기도 합니다. 그러다 보면 소심해지고 내성적인 성격으로 변하기도 합니다.

'자신을 소심하게 하는 것들'을 실천하며, 자신을 위해 극복해야 할 사항입니다. 소심하게 살면, 미래가 불투명해지고 후퇴하게 되어서 삶이 절망적으로 바뀔 수 있습니다. 소심하게 살 때보다 적극적으로 살 때 삶은 더 윤택하고 빛나게 됩니다.

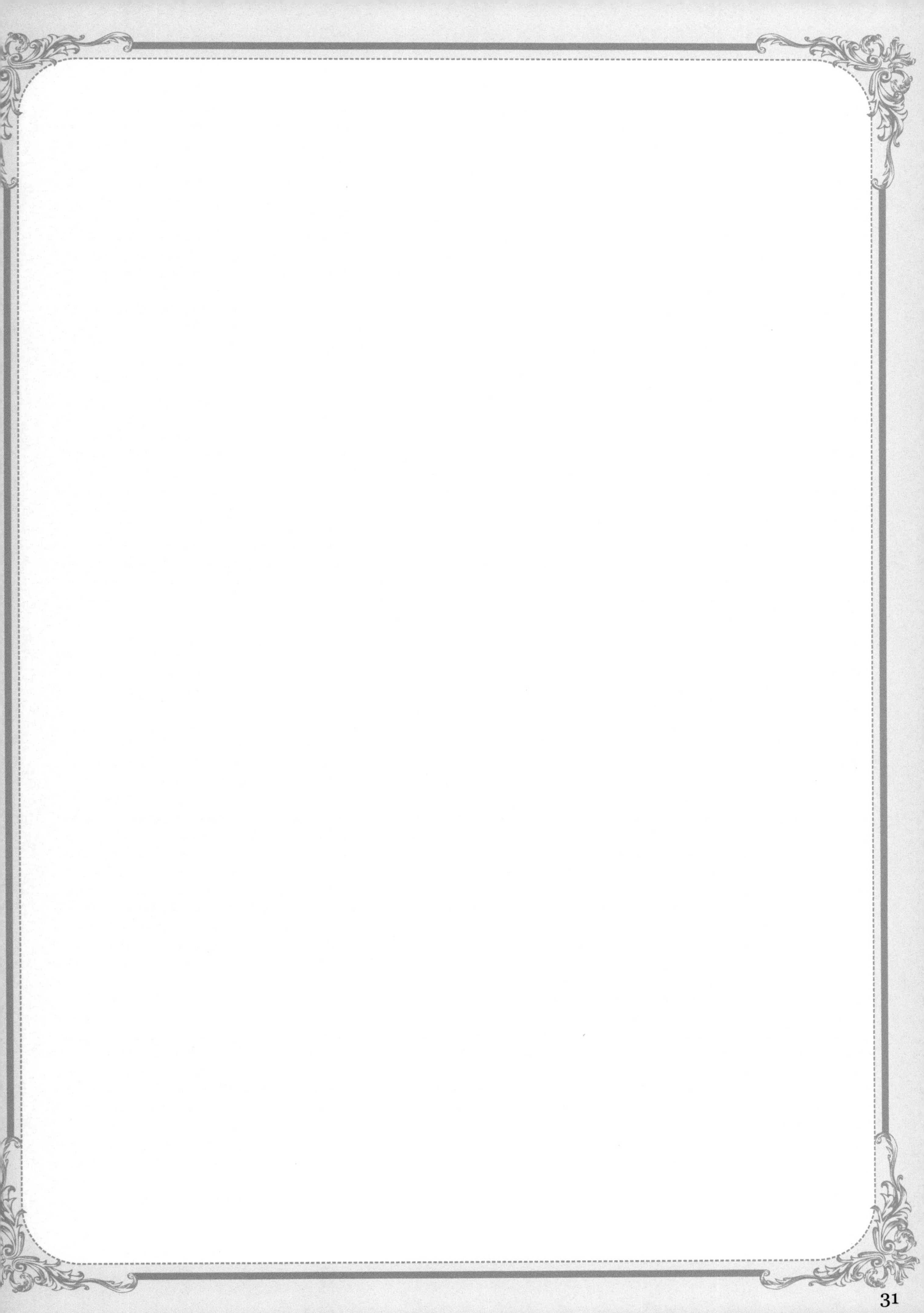

13일 나쁜 사람이 잘산다

나쁜 사람이 약아서 잘사는 것 같나요?
그렇지 않아요.
시간이 지나면 좋은 사람이 더 잘 살아요.

짧은 순간만 보면 착해서 손해 본다고 생각할 수 있어요.

시간이 지나고 보면 그대가 옳습니다.
그러니, 나쁜 생각은 하지 마세요.

시키는 대로 다 하고, 싸우지 않고, 내색하지 않는 것은 착하게 사는 것이 아니라, 소극적으로 사는 것입니다. 호구로 볼 수 있습니다. 그래서 나중에는 기분이 상할 수 있습니다.

말을 예쁘게 하는 것이 좋아요. 분위기를 깨는 싫은 내색은 하지 않는 것이 좋지만, 아프거나 힘들 때는 내색을 해도 됩니다. 때에 따라서는 불합리하다고 생각하면 남에게 피해를 주지 않는 선에서 표현을 해도 됩니다.

자신이 생각하는 것을 말한다고 착하지 않은 것이 아닙니다. 지나친 배려도 좋지 않습니다. 자신이 위축되면서 호구로 보이는 사람이 되어서는 안 됩니다.

현재에는 나쁜 사람이 잘사는 것처럼 보이지만, 나중에 다른 사람에게 나쁘게 대하는 만큼 다른 것으로 대가를 받습니다. 화를 덜 내고, 예쁜 말을 쓰고, 배려하고, 친절한 것은 누구나 좋아합니다.

의사 표현을 못 해서 그러는 것은 착한 것이 아니라, 바보 같은 것입니다. 그러니까 불합리한 것은 표현하세요. 그래야 멋지고 착하고 좋은 사람이 됩니다.

14일 가장 힘들 때 생각하지 말자

가장 좋은 생각은 가장 힘들 때
아무 생각도 하지 않고
자기 일을 열심히 하는 것이고
가장 나쁜 생각은 가장 힘들 때
최악이라고 생각하며
자신을 포기하는 것입니다.

뜻하지 않은 이별로 상처를 받거나 꿈을 포기하게 되면, 누구나 부정적인 생각으로 우울증에 빠질 수 있습니다. 부정적인 생각을 하지 않기 위해서는 자신의 일을 충실히 하면서 바쁘게 생활해야 합니다. 그래야, 생각하는 시간이 줄어듭니다.

마음이 힘들어지면, 누구나 미래가 두렵습니다. 미래는 알 수 없기 때문에 장님과 같습니다. 나약한 마음은 절대 도움이 되지 않습니다. 마음을 굳게 먹고 이겨내야 합니다. 사랑하는 가족, 친구, 인연 등이 보이지 않게 응원하고 있습니다.

미래가 안 보일 때는 먼 곳을 바라보면 안 됩니다. 가까운 것부터 할 수 있는 것을 하세요. 그리고 하기 힘든 건, 마음이 풀리거나 여유가 되면 하세요. 자신에게 주어진 것이 아픔이 되면 안 됩니다. 자신을 인정하고 좋은 마음으로 참고 이겨내면, 작은 꿈들이 하나씩 이루어질 겁니다. 힘든 삶을 이겨내서 스스로 행복을 만들어 가세요,

15일 멘탈 강해지기

1. 누가 뭐라 해도 갈 길 간다.
2. 좌절해도 훌훌 털고 일어난다.
3. 실수에 연연해하지 않는다.
4. 남을 기쁘게 하려고 애쓰지 않는다.
5. 슬퍼도 대범하게 할 일을 한다.
6. 쓸데없는 생각 안 한다.
7. 두려워하지 않고 무조건 도전한다.
8. 잘 안 풀려도 신경 쓰지 않는다.
9. 돌아가지 않고 정면 승부한다.
10. 남의 성공을 질투하지 않는다.

삶을 잘살려면 긍정적인 마음도 있어야겠지만, 무엇이든 해낼 수 있는 멘탈이 강해져야 합니다.

멘탈이 쉽게 강해지는 사람은 없습니다. 특히, 소극적이거나 내성적인 사람일수록 멘탈이 약할 수 있습니다. 그래서 다른 사람보다 많은 노력을 해야 합니다.

멘탈이 강해지려면 혼자 할 수 있는 능력, 많은 사람 앞에서 말할 수 있는 능력, 남에게 자신의 주장을 정확히 말하는 능력, 고민을 이겨내는 능력 등이 필요합니다. 그렇기 때문에 다양한 경험과 도전을 하고 이겨내야 강해질 수 있습니다.

실제로 세상을 이끌어 가는 사람 대부분이 멘탈이 강합니다. 그러므로 자신감을 갖고 강한 모습의 나를 만들어 보세요. 안 된다고 생각하면 안 되고 된다 생각하면 반드시 됩니다.

16일 꼭 만나야 하는 사람

1. 내 이야기를 잘 들어주는 사람
2. 나를 신뢰하는 사람
3. 나를 좋아하는 사람
4. 나에게 솔직한 사람
5. 나를 걱정해 주는 사람
6. 내 편인 사람
7. 나를 웃게 해주는 사람
8. 내가 고마워하는 사람
9. 좋은 추억을 함께한 사람
10. 내가 도움을 주고 싶은 사람

'꼭 만나야 하는 사람이 없다면?'

인간관계에 관심이 없는 사람입니다. 대부분은 만나고 싶은 사람이 있습니다. 사람은 착한 사람보다 좋은 사람이 되는 것이 바람직합니다. 무조건 잘 들어주는 사람은 자신을 힘들게 할 수 있어요. 친절하고 배려하는 좋은 사람이 되고 자신이 하고 싶은 말을 할 줄 아는 사람이 되세요.

자신이 가지고 있던 가슴속의 멍을 인연에게 말할 때 마음이 풀리고 기분이 좋아집니다. 그래서 좋아하는 사람이 내 이야기를 들어 준다면 하루가 더 즐거울 것입니다. 그리고 내 말을 듣고 내 편이 되고, 즐거운 말에 해맑게 웃어준다면, 소소한 행복을 느낄 수 있습니다.

17일 우울 극복하기

우울할 때 집에만 있으면 더 우울합니다.
우울한 친구를 만나면
동질감에 조금 나아지기도 하지만
즐거운 친구를 만나면
좋은 기운을 받아 더 나아집니다.
우울을 극복하기 위해서는
가끔 친구도 만나고 산책도 하고
운동도 하고 기분 좋은 시간을 보내세요.

날씨나 컨디션에 따라 기분이 우울할 수도 있지만, 대부분 남에 의해서 기분이 우울할 수 있어요. 험담, 잔소리, 싫은 사람 등에 의해서 인간관계 회의감에 상처를 받아 오래 우울할 수 있습니다. 그런 경우 청소, 산책, 운동, 여행 등 활동적인 것을 하면서 우울한 생각이 들지 않게 하는 것이 가장 효과적입니다.

자신을 우울하게 하는 사람은 피하고, 자신을 즐겁게 하는 사람은 챙겨서 만나야 합니다. 자신이 즐겁다는 것은 대화가 잘 통하는 사람입니다. 그리고 자신의 이야기를 잘 듣고 편안하게 해주는 사람입니다. 그런 사람을 만나야 자신도 기분 좋게 해주는 사람이 됩니다.

18일 역경을 이겨내는 방법

1. 해결할 수 있다고 믿기
2. 인연에게 속마음 털어놓기
3. 객관적으로 자신을 바라보기
4. 여유를 갖고 조금씩 변화하기
5. 머릿속의 생각을 글로 쓰기
6. 포기하지 말고 마음에 초심과 열정을 심기
7. 힘든 만큼 더 긍정적으로 생각하기

역경을 이겨내기 위해서는 빠른 회복력이 필요합니다. 역경에 빠져들면 한없이 힘들어지고, 살고 싶지 않은 생각까지 하게 되어서 절망적이 될 수 있습니다. 힘든 상황에도 긍정적으로 생각하고 피하지 않고, 적극적으로 해결하는 자세가 있어야 빠르게 회복할 수 있습니다. 누구나 그렇게 되기 쉽지 않습니다.

역경을 처음 겪게 되면, 뼈를 깎는 아픔이 올 수 있습니다. 시간이 지나서 잘 이겨냈다면, 경험을 습득하게 되고, 비슷한 역경에는 어떻게 해결해야 할지를 알게 됩니다.

역경을 이겨내기 위해서는 마음가짐을 좋게 유지해야 합니다. 자신이 감당하기 어려운 역경이 되기 전에, '역경을 이겨내는 방법' 같은 마음가짐을 갖는다면, 다른 사람에 비해 덜 아프게 넘어갈 수 있습니다. 즐겁게 놀다가 다친 상처는 잘 모를 때가 있습니다. '나중에 보니' 멍이 들었네 하며 쉽게 넘어갈 수도 있습니다.

건강할 때 아프지 않았던 것도, 몸이 약해지면 더 아프게 느껴집니다. 그리고 밤이 되면, 아픔에 집중해서 밤에만 더 아프기도 합니다. 평소에 좋은 마음가짐으로 역경을 지혜롭게 이겨내세요.

19일 말하기 전에 생각하기

말을 하기 전에 생각해야 하는데
화가 나거나 흥분하면
결과를 생각하지 않고
심한 말을 할 수 있습니다.
이런 것이 많이 쌓이면
삶에 영향을 줄 수 있으므로
말하기 전에 생각을 다스릴 필요가 있습니다.

감정이라는 것은 성격을 따라갑니다. 성격이 급할수록 감정이입이 빠르고, 화가 나면 거친 말을 하게 됩니다. 말투도 영향이 있습니다. '충청도'보다 '경상도'는 말이 빠르고 거셉니다. 중요한 것은 사람과 지역에 따라 대화하는 법이 다르다는 것을 인지하고, 무조건 화내는 것은 좋지 않습니다. 이해할 부분은 의식해서 이해합니다. 사소한 것에 화내는 것을 방지할 수 있습니다.

감정이입이 격하게 되어서 화가 많이 나거나 흥분하면, 생각하고 말하는 것이 쉽지 않을 때가 있습니다. 그래서 누구나 어렵습니다. 잘 참았을 때 자신에게 칭찬을 잘해주는 습관을 가지면 조금 더 나아집니다. 자신을 통제해서, 화날 때 참는 사람은 멋진 사람입니다. 칭찬을 받아야 할 사람입니다.

20일 진정한 강자

자신이 잘나고 스펙이 좋고
돈을 많이 번다고 자랑하고
떠벌리면 약자입니다.
진정한 강자는
올바르게 살면서 배려하고
친절한 좋은 사람입니다.

대부분 사람은 너무 많이 잘난 체하는 사람을 그렇게 좋아하지 않습니다. 그런데 그것을 모르는 사람도 많이 있습니다. 사실 때에 따라서는 겸손이 필요합니다. 그렇다고 축하받기를 원하는 것을 포함하면 문제가 될 수 있습니다. 그리고 배려하고 친절한 사람은 사람을 끌어당기는 힘이 있고 멋있습니다. 그런 사람이 진정한 강자입니다.

돈을 부정하고 싶지는 않지만, 돈보다 중요한 것은 건강하게 살고 사랑하는 가족이 있다는 것이 삶에 더 중요합니다. 지금 가족이 많이 힘들고 넘어야 할 산이 많다면, 가족을 챙기고 응원해 주세요, 그런 사람이 세상에 꼭 필요하고 아름답게 살아가는 사람입니다. 돈, 스펙 등보다 따뜻한 마음이 더 빛나고 사랑스럽습니다.

21일 좋은 부모 되기

1. 여유 있게 웃는 모습 보여주기
2. 아이의 생각과 의견을 존중하기
3. 기다릴 줄 아는 부모 되기
4. 잔소리보다 잘하도록 인도하기
5. 빨리 가는 부모보다 바르게 가는 부모 되기
6. 잘하는 것을 칭찬 많이 해주기
7. 감정을 실어서 말하지 않고 부드럽게 말하기
8. 자신의 생각을 강요하지 않고 이해시키기
9. 지나치게 과잉보호하지 않기
10. 아이 기준에 맞춰주기

좋은 부모가 된다는 것은 어려운 일입니다. 화를 내거나, 체벌을 하거나, 강요하는 것이 즉각적인 처방 효과가 있기에 하게 됩니다.

어릴 때는 아이의 잘못된 부분이 강압적인 방법으로 해결될지 모르지만, 커서는 그렇게 하면 안 됩니다. 어릴 때 강압적으로 교육을 받은 아이는 상처를 갖고 클 수도 있습니다. 근본적인 것은 좋은 부모가 되기 위해서는 아이에게 많은 것을 양보하고 참아야 한다는 것을 잊지 말아야 합니다. 그렇기 때문에 힘들 수 있습니다.

어린 시절 훈육에 의한 상처는 대물림이 될 수 있다는 것을 기억하고, '좋은 부모 되기'를 노력하면 좋겠습니다.

22일 생각이 깊은 사람

생각이 깊은 사람은 상처를 주거나
아픔을 주기 싫어서
마음속에 있는 말을 다 하지 못합니다.
그러다 보면
마음에 멍이 생길 수 있습니다.

멍이 생기지 않게 때론 하고 싶은 말을 하세요.

생각을 많이 하거나 내성적인 사람은 자신의 속에 있는 말을 말하지 않고 마음속에 담아 두는 편입니다. 그러다 보면, 스트레스가 쌓이거나 마음에 멍이 생길 수 있어요. 때론, 상대방의 기분이 상하더라도 할 말을 하며 살아야 마음이 편합니다. 남에 대한 배려도 적당한 것이 좋아요. 지나친 배려는 관계에 도움이 되지 못하고 자신에게 독이 됩니다.

생각이 깊은 사람은 착한 사람입니다. 자신의 의견을 잘 들어주고, 생각하는 것을 잘 들어주는 사람이 있다면, 정말 잘해줘야 합니다. 그것을 이용해서 상처를 주면 정말 안 됩니다. 만만하게 보거나, 무시해도 안 됩니다. 그렇게 하면 속에 있는 말도 안 하고, 연락을 끊거나 이별할 수 있습니다.

23일 진심으로 좋아하는 사람

진심으로 좋아하는 사람이
나를 좋아하면 좋겠습니다.

진심으로 싫어하는 사람이
나를 마음 아프게 하지 않으면 좋겠습니다.

삶이 내 뜻대로 되지 않아도
잘될 것이라고 믿고
진심인 사람과 함께하고 싶습니다.

진심은 무조건 통하지 않을 때도 있습니다. 상대방이 나와 비슷한 마음을 가질 때 해야 합니다. 그렇지 않으면 문제가 생기거나 이용을 당할 수 있습니다. 그러므로 자신의 진심을 이야기해도 괜찮다고 생각하는 사람에게 말하는 것이 좋습니다.

사람과 사람이 같은 마음을 갖는다는 건 참 즐거운 일입니다. 삶은 생각처럼 되지 않을 때가 많아서 인간관계가 힘듭니다. 진심인 사람과 함께하며 마음이 통하는 이야기를 한다면 더 행복한 일입니다. 좋은 사람이 있으면 즐거운 이야기를 나누며 행복한 여유를 챙기세요. 삶이 더 빛날 겁니다.

24일 마음이 변해야 잘 풀리는 삶

마음이 변해야 잘 풀리는 삶

무슨 일을 하든 '아니요.'가 생각나도 '예.'라는
말을 기억하고 실천하세요.

회의감을 느낄 때 '될까?' 하고 의심하지 말고
'해낼 거야.'라고 생각하세요.

후회는 부정적인 마음에서 시작합니다.
마음이 변해야 일이 잘 풀립니다.

자신 없는 일을 시키면 '예'라고 대답하기 어렵습니다. '아니요.'라고 대답하면 부정적인 의미를 가지고 있습니다. 항상 잘되는 사람은 '할 수 있다.'가 마음에 담겨 있습니다. 되든 안 되든 용기를 갖고 '예'라고 대답을 하세요. 용감한 사람이 승자입니다.

자신감이 없거나 용기가 없으면, 망설이게 됩니다. 망설이는 것이 준비 단계가 되는 것은 좋지만, 긴 시간 동안, 망설이면 기회를 놓치게 됩니다. 일을 잘하는 사람은 생각하는 시간을 줄이고 빠르게 하는 사람입니다. 그러기 위해서는 경험이 많이 있어야 한다는 것을 기억하세요. 처음에 못한다고 기죽을 필요는 없습니다.

실력은 아는 일을 할 때 느는 것이 아니라, 모르는 일을 할 때 늡니다. 결국, 모를 때 빨리 도전하는 것이 경험도 많아지고, 실력도 늘어납니다.

부정적인 마음은 누구나 잠재되어 있습니다. 무엇이든 긍정적인 마음과 함께 적극적으로 하면, 안 되던 것도 잘 풀리게 됩니다.

25일 인상이 좋아지고 예뻐지는 법

1. 미소 지으며 자주 웃는다.
2. 얼굴에 주름이 안 생기게 똑바로 잔다.
3. 인상 쓰며 화내지 않는다,
4. 예쁜 사랑을 한다.
5. 우울한 생각을 하지 않는다.
6. 행복한 꿈을 꾼다.
7. 귤, 사과, 딸기 등을 먹는다.
8. 미온으로 자주 세수한다.
9. 적당한 운동을 한다.
10. 생활 습관을 규칙적으로 한다.

현대에는 성형수술을 하면 금방 예뻐질 수 있겠지만, 부작용도 심하고 건강에 좋지 않습니다. 건강하게 예뻐지는 것이 우울하지 않고 기분 좋은 일입니다. 자주 웃으면 주름이 생긴다는 말도 있지만 웃는 모습은 언제나 예쁘고 보기 좋습니다.

화를 안 내는 것은 어려운 일입니다. 평소에 즐거운 마음을 가지고 있어야 화를 덜 낼 수 있습니다. 하는 일이 짜증 나고 인간관계가 좋지 않으면, 사소한 것에 화가 나거나 짜증이 생깁니다. 좋은 인상이 되면, 잘 안 풀리던 것도 잘됩니다.

26일 현명한 결정

중요한 선택의 기로에 서 있을 때
결정하는 것은 매우 어렵습니다.
남에 의해서 결정되면 좋지 않고
자신이 최선이라고
생각하는 것을 결정하세요.
그러나 그 결정이 최선이 아닐 수도 있습니다.
가장 현명한 사람은
결정에 만족하는 사람입니다.

아무것도 하지 않으면, 선택할 일이 없습니다. 그것은 자신이 발전하고 있지 않다는 의미입니다. 자신이 도전하고 있다면, 삶은 선택의 연속입니다. 자신이 원하는 것을 선택하면 좋겠지만, 때에 따라서는 득보다 실이 많은 것을 선택하는 경우도 있습니다. 그리고 판단 실수로 최적의 선택을 하지 못할 수도 있습니다. 그런 경우 스트레스를 많이 받거나 우울해질 수 있습니다.

과거는 바꿀 수 없습니다. 자책하며 상심한다고 바뀌는 것은 없습니다. 그 시간이 길어지면, 현재의 많은 시간을 잃어버릴 수 있습니다. 나중에 후회하지 않기 위해서는, 자신이 선택한 결정이 최선의 선택이었다고 생각해야 합니다. 결국, 자신의 결정에 만족하는 사람이 가장 현명한 사람입니다. 그리고 잘못된 결정을 했을 경우, 같은 것을 반복하지 않게 개선하도록 노력해야 합니다.

27일 자존감 높이기

1. 긍정적인 마음으로 생활하기
2. 남의 말에 휘둘리지 않기
3. 자신을 소중하게 생각하기
4. 자신의 일에 만족하기
5. 무엇이든 즐겁게 하기
6. 목표를 정하고 성취감 키우기
7. 자신을 돌아보기
8. 용기 있게 도전하기
9. 자신이 좋아하는 시간 갖기
10. 남을 도우며 보람을 느끼기

자존감(Self-esteem)은 자신을 존중하고 사랑하는 마음입니다.

자존감이 낮은 사람은 하는 일이 잘 안 풀려서 부정적인 사람입니다. 자존감을 높이기 위해서는 긍정적인 마음이 필요합니다. 그리고 일이 잘 풀리려면, 금방 이룰 수 있는 작은 목표를 정해야 합니다. 목표를 달성하면, 성취감을 얻을 수 있습니다. 그러면, 자신감도 생기고 일이 즐거워져서 자존감도 높아집니다. 자존감이 낮은 사람은 자신이 부족하다는 생각이 가슴에 박혀 있어서, 금방 좋아지지 않습니다. 시간을 갖고 의식하며, 천천히 나아지도록 노력을 해야 합니다.

지나친 자존감은 남에게 피해를 주기도 합니다. 남의 말을 전혀 안 듣거나 특권 의식을 갖거나 자신이 잘났다고 생각하는 건 자존감이 아니라 자만심입니다. 다른 사람의 기분을 상하게 할 수 있습니다.

28일 누군가는 당신의 거울입니다

누군가는 당신의 거울입니다

누군가는 그대를 미워하고
누군가는 그대에게 거리를 두고
누군가는 그대를 좋아합니다.

그만한 이유가 있습니다.
누군가는 당신의 거울입니다.

'자신이 어떤 행동을 하면, 상대방이 똑같은 행동을 하게 된다는 것을 아나요?'

상대방을 미워하면, '상대방이 모른다고 생각하나요?' 자신이 미워하는데, 상대방이 모른다면 그건 부족한 사람과 만나는 것입니다. 그 사람도 아닌 척하기도 하지만, 분명 미워합니다.

상대방과 거리를 두면, 잘해 보려고 상대방이 다가오는 경우도 있지만, 노력해도 안 되면 포기하고 똑같이 거리를 둡니다.

'좋아하는 사람이 있나요?'

더 좋아하는 사람이 다가옵니다. 받아 줄 마음이 있으면, 튕기지 말고 좋아해 주세요. 근데, 나쁜 사람이라면 거리를 두거나 피하세요. 그럼, 그 사람도 멀어집니다.

자신의 나쁜 습관을 아이에게 보여주면, 아이는 똑같이 배우고 똑같이 행동합니다. 남의 행동은 자신의 거울이라고 생각하세요. 좋은 마음과 행복한 모습을 보이면, 다른 사람도 똑같이 따라 하고, 좋은 사람이 늘 함께할 것입니다.

29일 불만과 불평이 많은 사람

불만과 불평이 많은 사람은
교만해질 수 있습니다.
그러다 보면,
자기중심적으로 생각을 가지며
자기중심적으로 합리화시킵니다.
그래서 많은 것을 실수하고
많은 사람에게 상처를 주고
많은 사람을 잃을 수 있습니다.

불만과 불평이 많은 사람은 남에게 피해를 주는 사람입니다. 그러므로 자제하는 것이 좋습니다. 옆에서 불만과 불평을 늘어놓으면 좋았던 기분도 짜증이 납니다. 잘 모르는 사이라면 들어주기도 하지만, 속으로는 좋아하지 않습니다. 들어주는 사람이 많다면, 자신이 좋아서가 아니라, 말할 가치가 없거나 싸우고 싶지 않아서입니다.

자기중심에 빠져있는 사람은 대화가 잘 안 되는 사람입니다. 남의 말을 들으며 자신의 생각을 표현해야 합니다. 자신의 주장을 많이 한다고 우러러보지 않습니다. 자화자찬도 위험한 생각입니다.

남과 함께하는 세상! 남에게 불만과 불평을 늘어놓는 것보다 즐거운 것을 찾으며, 기분 좋은 것을 즐기면 세상이 정말 행복할 것입니다.

30일 부드러운 말투로 살자

누구나 말보다 말투에 민감합니다.
짜증 나는 말투가 습관이 되면
그 사람을 멀리하게 됩니다.

부드러운 말투는 아름다운 향기가 납니다.
부드러운 말투로 상대방에게 인정받는 사람이 되세요.

상대방의 짜증 나는 말투를 들으면, 기분 좋았던 마음도 금방 사라집니다. 그걸 알면서 짜증 나는 말투를 자주 하는 것은 상대방을 싫어한다는 의미입니다. 이런 말투를 상대방은 배려가 없다고 생각합니다.

삶을 살다 보면, 즐거운 일이 많지 않을 때가 많습니다. 그래서 부드럽게 말한다는 것은 어려울 수 있습니다. 부드러운 말투가 상대방에 대한 배려의 시작입니다. 되도록이면, 상대방을 자극하는 욕을 자제해야 합니다. 부드러운 말투로 상대방을 대하면, 자신도 기분이 좋고 상대방도 기분이 좋아집니다. 즐거운 인간관계를 유지할 수 있습니다.

31일 침묵에 관하여

사람에 치이거나 사람에 대한 회의감이 생기면
침묵을 선택합니다.
때론, 침묵이 자신을 편하게 합니다.
지적하는 것도 모두 귀찮을 수 있어요.
그래도 침묵이 오래가지 않으면 좋겠습니다.
단점이 생기거나 마음이 위축될 수 있습니다.

'침묵을 하게 되는 건?'

사람에 대한 실망감이 커지면 하게 됩니다. 상대방이 침묵을 하는 자체를 모른다는 건, 눈치가 없거나 감정을 읽지 못하는 사람입니다. 갑자기 말을 하지 않는 것에는 이유가 있습니다. 침묵을 하는 사람이 있다면, '왜 말을 안 해?' 하며 하며 짜증을 내거나 화를 내면 안 됩니다. 상대방의 말을 들어줄 준비가 되어 있어야 합니다. 그렇지 않으면, 침묵 기간이 오래되어서 사이가 더 좋아지지 않을 수 있습니다.

침묵이 나쁜 건 아닙니다. 긴 시간이 아닌 경우에는 침묵이 삶에 도움이 됩니다. 그런데, 사람을 피하기 위해서 침묵을 오래한다면 인간관계가 힘들어지고 자기만의 세상에 빠질 수 있어요.

상대방에게 화가 나서 침묵하는 건, 자신을 돌아보는 계기가 될 수도 있습니다. 그러나 상대방이 원하지 않는 경우에는 기분을 상하게 해서 거리가 멀어질 수 있습니다.

2 February

- 하던 일을 포기하지 말기
- 실수하지 않게 신중하기
- 행복한 생각 많이 하기
- 겨울이 지나고 봄이 온다고 생각하기
- 좋은 마음 챙기기
- 잘하고 있는지 확인하기
- 기운을 내서 봄을 기다리기

목표를 세우고 이루는 과정은 힘듭니다.
벌써 포기하려고 합니까?
쉽게 포기하기에는 시간이 아깝습니다.
힘들면 여유를 챙기세요.
그리고 마음을 정비하고 다시 도전해 보세요.

'힘들 때는 여유를 챙겨야 합니다.'
'아픔도 지나갑니다. 겨울이 지나고 봄이 옵니다.'
'착한 사람보다 좋은 사람이 되세요. 그래야 행복합니다.'

1일 이별에 관하여

사랑하는 사람과 함께하면서
자신이 상처받을 것 같아서 이별하는 것과
사랑하는 사람보다 자신이 부족해서
잘되길 바라는 마음으로
이별하는 것은 참 어리석은 것입니다.

두 사람이 사랑하게 되고 운명이 된다는 것은 정말 어려운 일입니다. 기적 같은 일입니다. 운명을 못 만나서 혼자 사는 사람도 있지만, 사랑하는 사람을 만나는 건 행운입니다.

주변 환경으로 인해 어쩔 수 없이 이별하게 되거나 상대방을 위해 이별을 하는 건, 사실 자신을 위해서 이별을 선택한 것입니다. 그것이 아니라면 이별보다 사랑을 선택하기 바랍니다.

'누가 이별을 원하면서 사나요?'

뜻하지 않은 이별에 마음 전체를 뺏기지는 마세요. 하늘이 무너지고 세상이 없어질 것 같지만 세상은 그대로이고 자신만 마음먹고 이겨내면 됩니다. 다른 사랑을 위해서 빨리 잊고, 새로운 만남을 하세요. 그것이 자신을 위한 길입니다.

2일 좋은 사람 만나기

여자를 유혹하려고
예쁘다고 하는 사람은 만나지 마세요.
안 예뻐지면 미워할 건가요.
진심으로 대하고
소중히 생각하는 좋은 사람 만나세요.
그래야 행복하고 아름다운 사람이 될 수 있습니다.

사실 예쁜 건 사랑하지 않아도 예쁩니다.

좋은 사람도 있겠지만 이성을 유혹하기 위해서 사랑하는 척하는 사람이 많이 있습니다. 당하는 사람은 상처를 입거나 사람을 기피하게 될 수 있습니다.

사람이 사람의 마음을 안다는 건 어려운 일입니다. 사랑에 빠지면, 사랑하는 사람의 장점만 보이게 되어서 객관적인 생각을 하지 못할 수 있습니다. 남들이 별로라는 말을 해도 들어오지 않을 수 있습니다.

환경도 보고 친구도 보고 주변 상황을 보면 그 사람에 대해서 알 수 있습니다. 무조건 따지는 건 좋지 않지만 돌다리도 두들겨 보는 건 항상 옳아요. 마음 아픈 사랑 말고 예쁜 사랑을 하세요.

3일 운명에 관하여

처음 알았을 때
너무 좋아서 운명인 줄 알았습니다.
시간이 지나서
그게 아니라서 더 마음이 아팠습니다.

처음 알았을 때
그냥 편해서 인연인 줄 알았습니다.
시간이 지나서
그게 운명이라서 너무 좋았습니다.

너무 좋아하다 보면, 운명이라고 생각할 수 있습니다.

'운명 같은 사람이 나타나면 얼마나 좋을까요?'

'자신만 좋아하는 짝사랑이 되면 매우 슬프죠?'

사랑은 뜻대로 되지 않아서 마음 아플 때가 많습니다.

많은 인연을 만나고, 헤어지고, 아파하고, 상처도 받습니다. 그래서 삶이 매우 힘들어집니다. 하지만 운명 같은 인연을 만난다는 건 아름답고 행복한 일입니다. 만약 운명 같은 인연을 만나면 그 마음이 변하지 않도록 노력해야 합니다. 그리고 시간이 지나면 사랑보다는 정으로 유지가 될 수도 있기 때문에 좋은 감성을 갖기 위해서 많은 노력을 해야 합니다.

'사랑을 꿈꾸나요?'

꿈꾸는 사랑이 운명이 되어서 행복이 함께하길 빌어 봅니다.

4일 나를 이겨내는 방법

1. 작은 것부터 시작하기
2. 어떻게든 해보려고 행동하기
3. 빨리 인정하지 못하면 포기하기
4. 이익이 되면 자신의 손해도 감수하기
5. 경쟁자도 정신적 친구로 생각하기
6. 자신의 단점을 장점으로 만들기
7. 잘하는 사람을 따라 해서 몸에 익히기

자신이 하고자 하는 것을 이겨내기 위해서는 게으른 나를 부지런한 나로 바꾸는 과정이 필요합니다. 용기가 없어서 도전하지 않는 것이 아니라, 과정을 실천하고 이겨내기 싫어서 포기하고 있지 않나요? 아무리 많은 '나를 이겨내는 방법'을 제시해도 자신이 참고 이겨낼 마음이 없다면 어떤 말도 마음에 들어오지 않습니다.

'나를 이겨내는 방법'을 제시했으니 '어떤 것을 할 건가요?'

책을 보고 마음으로만 느끼면 아무것도 이루어지지 않습니다.

'성공한 사람, 멋진 사람, 리드하는 사람이 되고 싶나요?'

자신도 없고 용기도 없다면 작은 것부터 시작하고, 실천하고, 행동으로 보여주세요. 새로운 기회를 제시했습니다. 그걸 이룰 수 있는 건 자신뿐입니다.

자신이 못 하고 있다면 잘하는 사람을 모방하면서 배우고 익히세요. 반복하다 보면 실력도 늘고 더 좋은 방법을 알아낼 수 있습니다.

5일 적극적이고 능동적인 표현하기

"그 일 해줄게."보다 "그 일 할게."
"사랑할 거야."보다 "사랑해."
"봐야지."보다 "보자."
"해야겠지."보다 "할 거야."
하는 것이 마음에 와닿습니다.

적극적이고 능동적인 표현으로
상대방에게 좋은 인상을 남겨 주세요.

소극적으로 살고 수동적으로 사는 사람은 잘살기 어렵습니다. 성인이 되어서는 의식하며 성격을 바꾸도록 노력해야 합니다. 그렇지 않으면, 인간관계에 피해의식을 스스로 만들 수 있습니다. 남이 잘못됐다고 착각하며 살 수 있습니다. 자신을 바꿔야 합니다.

무엇을 하든지 자신 있게 능동적으로 표현하세요. 그렇게 해야 리드하며 리더십이 생깁니다. 리더십은 다른 사람에게 좋은 인상을 줍니다. 부정적이고 피해의식에 가득 찬 사람은 절대 좋아하지 않습니다.

'자신이 잘되고 싶나요?'

자신의 일을 적극적으로 하고 의사 표현을 확실히 하며 명확하게 하는 자세를 만들어 보세요. 소심한 성격, 나쁜 성격은 과감하게 버리세요.

'안 된다고 생각하나요?'

핑계는 계속 핑계를 만듭니다. 아자! 무조건 하세요. 무조건 됩니다. 세상을 리드하는 멋진 사람이 되세요. 건투를 빕니다.

6일 이겨내서 감사합니다

약해지지 않으려고
쏟아지는 눈물을 애써 참으며
견뎌내는 그대여!
삶이 그대를 아프게 해서
몸과 마음이 상처받아도
잘 견뎌서 고맙습니다.
이겨내서 감사합니다.

우리는 살면서 울음을 갖고 태어납니다. 아이가 태어나면, 제일 먼저 하는 것이 우는 것입니다. 아이가 울지 않으면, 죽었다는 의미입니다. 아이가 폐로 숨 쉬는 것이 삶의 시작입니다. 운다는 것은 살아 있다는 것입니다. 울음을 참다 못 참으면 기분이 풀릴 때까지 엉엉 우세요. 그리고 새 마음으로 새로 시작을 하세요.

괴롭고 힘든 일이 생겨도 가족을 지키기 위해서, 남에게 약한 모습을 보이기 싫어서 눈물을 참고 살기도 합니다. 잘 참는다는 것은 강해지는 것이 아닙니다. 때로는 너무 힘들면 우는 것도 좋아요. 울면 마음이 풀립니다. 울어도 풀리지 않으면 속에 있는 말을 할 수 있는 사람을 만나세요. 그럼, 많이 괜찮아질 겁니다.

버티고 견뎌내고 잘사는 건, 정말 멋지고 의미 있게 사는 것입니다. 행복한 미래를 위해서 파이팅!

7일 분노조절장애 이겨내기

1. 편안한 마음을 유지한다.
2. 충분한 휴식과 수면을 취한다.
3. 스트레스를 해결한다.
4. 트라우마를 이겨낸다.
5. 긍정적인 생각을 많이 한다.
6. 표현과 소통을 잘한다.
7. 화가 나는 환경을 피한다.
8. 인내심을 갖는다.
9. 일을 차분히 생각하며 처리한다.
10. 화가 나도 물건을 부수지 않는다.

분노조절장애를 가진 사람은 화를 참지 못하는 사람이기 때문에 성격이 급하고 인내심이 없습니다. 그리고 화가 많이 나면 주변에 있는 물건을 던지거나 부수는 경향이 있습니다.

분노조절장애는 스트레스, 트라우마, 뇌 손상 등이 생겨서 나타날 수 있습니다. '스트레스'로 인해서 우울증, 부정적인 생각 등이 장기간 쌓여서 분노가 폭발할 수 있습니다. '트라우마'는 가족, 학교, 회사 등에서 학대나 무시로 인해서 갑자기 충격적인 생각이 떠오르게 되면 감정이 폭발해서 폭력을 유발할 수 있습니다. '뇌 손상'은 뇌의 전두엽이 선천적으로 문제가 생겼거나 사고로 손상되어서 뇌가 감정 조절을 할 수 없어 발생될 수 있습니다. 그 외에 술로 인해서 분노조절장애가 나타나기도 합니다.

분노조절장애는 장기간의 노력이 필요합니다. 혼자의 노력만으로 치료되지 않기 때문에 되도록 분노조절장애가 있는 사람을 자극하지 않는 것이 좋습니다.

8일 의지박약 증상

1. 자신이 어렵다고 생각하면 쉽게 포기한다.
2. 남의 말에 잘 휘둘린다.
3. 오래 걷기나 마라톤을 못 한다.
4. 공부를 오랫동안 하지 못한다.
5. 슬픔이나 아픔을 잘 극복하지 못한다.
6. 이것저것 하다가 모두 포기한다.
7. 긴 시간이 걸리는 목표는 포기한다.

의지박약(意志薄弱)은 '의지력이 약하여 독자적인 결단을 내리거나 인내하지 못함'을 말합니다.

의지박약은 선천적이기보다는 후천적으로 발생합니다. 자신이 하고자 하는 하는 것을 계획대로 못 하고, 하던 일을 미루고, 무기력하게 생활하고, 생활 습관이 나태해지다 보면 의지박약으로 진행이 될 수 있습니다.

의지박약이 되면 의지가 약하고 인내력도 적어서 일 처리를 완벽하게 하지 못합니다. 그래서 성공하기 힘들어집니다.

성공하지 못한 사람의 대부분은 의지박약에 속할지도 모릅니다. 의지박약이 심한 경우에는 뼈를 깎는 아픔을 각오하고 개선하려고 노력해야 합니다.

9일 의지박약 개선하기

1. 필사 30일에 도전한다.
2. 매일 30분 이상 운동을 꾸준히 한다.
3. 휴일에 50분 공부하고 10분 쉬며, 하루를 도전한다.
4. 동기부여를 한다.
5. 작은 목표를 세운다.
6. 부정적인 생각을 하지 않는다.
7. 잘하고 있는지 확인한다.
8. 나쁜 습관을 버린다.
9. 싫어하는 것도 참고 해낸다.
10. 계획을 세우고 실천한다.

의지박약은 훈련을 통해서 개선될 수 있습니다. 의지박약을 개선하려면 첫 번째 필사 30일, 매일 30분 운동, 일정 시간을 반복해서 공부하는 등 규칙적으로 꾸준히 하는 습관을 만들어야 합니다. 두 번째는 동기부여를 할 수 있게, 목표를 달성하면 포상을 걸어 놓으면 좋습니다. 세 번째는 하기 싫은 것을 미루지 말고 바로 실천을 하는 것입니다. 네 번째는 금방 이룰 수 있는 목표를 정하고 달성하면 기쁨과 자신감을 느낄 수 있게 합니다. 이렇게 해서 단계적으로 목표에 달성해서 큰 목표를 이루면 됩니다. 다섯째는 미래에 대한 계획을 세우고, 잘 지키도록 노력하고, 중간 중간에 체크하면서 할 수 있다는 의지력을 심어 줍니다.

의지박약이 생기는 것은 무엇을 하고자 하는 데, 절실하지 않아서입니다. 해내지 못하면 최악이 된다는 자세로 열심히 해보세요. 무엇이든지 반드시 이루어집니다.

10일 코드가 맞는 사람

코드가 안 맞는데
마음을 일방적으로 양보하며
굳이 맞추려고 애쓰면
상처받고 슬퍼하게 됩니다.
정이 많은 사람일수록 그런 마음이 생깁니다.
코드가 맞고
대화가 잘 통하는 사람과 함께하세요.

'코드가 맞는 사람이 있나요?'

코드가 맞지 않는 사람을 억지로 만나면 자신에게 맞지 않는 옷을 입은 것 같은 느낌입니다. 사람을 좋아한다고 해서 가려서 만나지 않으면, 삶이 피곤해질 수 있어요. 사람은 많이 안다고 좋은 것만은 아닙니다. 한두 사람만 있어도 충분히 행복할 수 있습니다.

세상에는 다양한 사람이 많습니다. 실제로 코드가 맞는 사람은 생각보다 많지 않을 수 있습니다. 긍정적이고 개방적인 사람일수록 코드가 맞는 사람이 많지만 내성적인 사람은 사람을 가리는 편이라서 코드가 맞는 사람이 적을 수 있습니다. 그래도 코드가 잘 맞는 사람일수록 마음을 편하게 해주고 기분이 좋아집니다.

11일 나를, 너를 정말 사랑해

몸이 힘들면 자면 됩니다.
아무런 이유 없이 힘들 때가 있어요.
그건, 마음이 힘들어서 그런 것입니다.
그땐, 자신만을 위한 시간을 가져보세요.
스스로에게 잘했다, 고맙다, 멋지다,
사랑스럽다, 최고다, 해주세요.
그럼, 정말 멋지고 사랑스럽고
괜찮은 사람이 될 것입니다.

그런 나를 정말 사랑해!
그런 너를 정말 사랑해!

아무런 이유 없이 힘들다고 생각할 때는 분명히 이유가 있습니다. 그렇지만 스스로가 느끼지 못할 때가 있습니다. 자신이 힘들다는 신호일 수 있습니다. 자신을 사랑하고 아끼는 마음을 생각하며 한번 안아주면, 기분도 나아지고 좋아집니다. 행복한 삶은 자신에게서 시작됩니다. 자신을 많이 사랑해 주세요.

12일 좋아하면 나오는 증상

1. 생각하면 웃음이 난다.
2. 일하다가 문득 생각난다.
3. 만나면 편안하다.
4. 뭐 하고 있는 궁금하다.
5. 내 이야기를 하고 싶다.
6. 네 이야기를 듣고 싶다.
7. 만나면 기분 좋아진다.
8. 예쁘게 말하고 싶다.
9. 생각하면 하루가 즐거워진다.
10. 함께하고 싶다.

'생각하면 웃음이 난다.'라는 의미는 좋아하는 사람, 때에 따라서는 사랑하는 사람을 생각하는 것입니다. 누군가를 생각하며 웃는다는 것은 마음이 포근하고 따뜻해지는 일입니다. 그런 인연을 자주 만나세요.

'함께하고 싶다.'라는 말을 좋아하는 사람은 혼자 있는 것보다 같이 있는 것을 좋아하는 사람입니다. 정이 많은 사람입니다.

사람을 좋아하는 건 참 행복한 일입니다. 좋아하는 사람이 없다면 그건 참 불행한 일입니다. 좋아하는 사람을 생각하면 웃음이 나고 즐거워집니다. 그리고 만나면 행복하고 잘 보이려고 예쁘게 말하기도 합니다. 좋은 면을 보여주고 싶은 건 당연합니다. 좋아하는 사람과 함께하고 이야기를 나누는 건 참 좋은 일입니다.

13일 무조건 열심히 잘하자

어떤 일을 하든지
나를 싫어하는 사람이 생깁니다.
잘못하면
나를 싫어하는 사람이 더 생깁니다.
그냥
무조건 열심히 잘해서
좋아하는 사람이 더 많은 편이 나아요.

대부분 사람은 뭐든 잘하는 사람을 좋아합니다. 그래서 못 하는 사람은 비난을 받거나 싫어합니다. 사실은 슬픈 현실입니다. 우리는 현실을 피하면서 살 수 없으므로 최선을 다해서 열심히 하는 것이 나을 수밖에 없습니다. 현재는 많이 힘들고 인간관계에 멀미가 날 때도 있겠지만, 조금 더 힘내며 긍정적인 생각하며 즐겁게 살아야 합니다. 그래야 삶이 더 행복해집니다.

14일 서운한 감정

"서운해." 하고 말하는 것은
관계를 계속 유지하고
싶은 마음이 있는 것입니다.
자신이 별로라고 생각하면
서운한 말조차 하지 않습니다.
그냥
인연을 끊어 버리면 됩니다.

자신보다 상대방이 덜 좋아하면, 마음 상하기도 하고 서운한 감정을 느낄 때도 있습니다. 때로는 친해지려고 잘해주는데, 상대방이 성의를 안 보일 때는 더 서운하고 속상할 수 있습니다. 이런 경우에는 대부분 인연을 끊어 버리는 경우가 많습니다. 자신이 감당할 수 있으면 그냥 유지하는 것이 좋지만, 감당하기 어려우면 인연을 정리하는 것이 좋을 수도 있습니다.

인연은 무 자르듯이 정리하는 것보다는 친하지 않으면, 그냥 방치해 놓으면, 떠날 사람은 떠나고 있을 사람은 있습니다. 만약, 그중에 떠나길 바라지 않는 인연이 있다면, 안부도 전하고 만나기도 해야 됩니다. 좋은 관계도 소홀히 하면 거리가 멀어지기 마련입니다.

15일 부드럽게 말하기

마음이 힘들면
말투에 짜증이 섞여 있습니다.
아무리 좋은 말을 해도
말투가 나쁘면 기분이 상합니다.

마음이 힘들어도
웃음과 마음의 여유를 챙기세요.
그리고
부드러운 말을 해서
사랑받고 멋진 사람이 되면 좋겠습니다.

아무리 좋은 말이라도 짜증이 섞여 있으면, 듣는 사람의 기분이 좋을 수 없습니다. 짜증을 내지 않고, 산다는 건 쉽지 않습니다.

짜증은 내면에 있는 우울감이나 스트레스가 말투로 전해지는 것입니다.

'기분 좋은 것이 없나요?'

그럴 수 있습니다. 그럼, 자신이 기분 좋게 만들어야 합니다. 사랑받고 멋진 사람이 되기 위해서입니다. 아침에 일어나면 거울도 보고 기분 좋은 생각하며, '오늘도 즐겁게 보내야지.' 하며, 자신의 마음을 달래 주세요. 그리고 힘들 때는 커피 한잔을 마시며 소소한 여유를 찾으세요. 자신의 기분이 좋으면 말도 부드러워질 수 있습니다.

16일 인연 관계에서 잘해줘야 하는 법칙

1. 잘해줄수록 더 원하는 사람
2. 잘해줘도 모르는 사람
3. 잘해줄 필요가 없는 사람
4. 잘해줄수록 고마워하는 사람
5. 잘해주면 서로 잘 해주는 사람

남을 배려할 줄 모르는 사람은 대부분 '1번'과 '2번'에 해당합니다. 받을 줄만 알고, 주는 것을 좋아하지 않는 사람입니다. 살다 보면 별로 없을 것 같지만, 생각보다 많습니다. 이기적인 사람이라서, 기분이 상하면 가까이 하지 않는 것이 좋습니다.

'3번'은 사실 관심이 없는 사람이거나 그냥 아는 사람이 대부분입니다.

'4번'과 '5번'은 괜찮은 사람입니다. 고마워할 줄 안다는 건 예의도 갖추고 있는 사람입니다. 근데, 고마워만 하고 계속 받기만 하는 사람이 있습니다. 일방적인 마음 때문에 기분이 상하면 관계가 멀어질 수 있습니다.

5번은 계속적으로 인연 관계를 가져도 좋은 사람입니다. 서로 잘해주면서 함께한다면 힘들 때 삶에 힘도 되고 위안이 됩니다.

17일 진심으로 대한 인연

진심으로 대하며
노력했는데도 불구하고
헤어지면 인연이 아닙니다.
걱정하지 않아도 됩니다.

빈자리가 생기면
빈자리가 채워집니다.

사람에게 진심으로 대하는 건 좋은 일입니다. 그러나 무조건 진심으로 대하는 건 조심해야 합니다. 상대방이 좋아하지 않는데 사랑을 고백하면 관계가 불편해질 수 있고, 그냥 아는 친구에게 단점을 이야기했다가 험담의 대상이 될 수도 있습니다.

진심을 이야기할 때는 자신이 말하는 것에 대해 신뢰가 있거나 마음이 통하는 사이에게 말하는 것이 좋습니다. 그리고 진심을 이야기했는데, 나쁜 결과를 주는 인연은 굳이 연연해하며 만날 필요가 없습니다.

마음이 비워지면 다시 마음이 채워집니다. 채워지는 기간은 사람이나 환경에 따라 다르므로 다양한 사람을 만나고, 좋은 생각을 하며 즐겁게 살아가면, 더 빨리 채워질 수 있습니다.

18일 진정한 성장과 발전

내가 할 수 있는 것과
내가 할 수 없는 것을 구분하지 말고
내가 좋아하는 것과
내가 좋아하지 않는 것을 구분하지 마세요.
가장 잘 알고 있다는
자신을 속이며
할 수 있는 것과 좋아하는 것만 하면
당신은 제자리에 놓일 수 있어요.

할 수 없는 것과 하기 싫은 것을
해낼 때 진정한 성장과 발전을 합니다.

할 수 있는 것과 좋아하는 것을 구분하는 것은 주관적인 생각입니다. 자신의 능력을 과소평가하고 속이고 있는지도 모릅니다. 사람은 무한한 잠재력을 가지고 있습니다. 막상 도전해 보면 잘할 수 있는 경우가 많아요. 그리고 하기 싫은 것을 하면 인내라는 선물이 생겨 참고 잘하는 능력이 생깁니다. 원하는 것이 금방 이루어지지 않으므로 인내를 가지면 뭐든 잘해 낼 가능성이 높아집니다.

자신을 속이는 방법은 아무것도 하지 않으면 됩니다. 그럼 자신이 잘 속고 인정합니다. 자신을 속이면 폐인이 됩니다. 게임과 유흥에 힘쓰지 말고, 자신을 위해서 투자하고 발전시켜 보세요. 책도 보고, 사람도 만나고, 꿈도 이뤄보세요. 몰랐던 자신을 알게 됩니다.

19일 여자를 더 사랑해 주세요

여자가 남자를 더 사랑하는 것보다
남자가 여자를 더 사랑하는 것이
행복하게 잘 살아요.
그러니까요.
남자가 여자를 더 사랑해 주세요.

남자는 여자보다 감정적이지 못한 부분이 많고 내 여자가 되면 대부분 소홀하게 합니다. 그렇기 때문에 남자가 여자를 더 사랑하고 아낄수록 시간이 지나도 여자를 덜 힘들게 하고 소중하게 생각합니다.

우리는 사랑이라는 마법이 오래갈 것이라고 생각하지만 시간이 많이 지나면 사라는 것이 대부분입니다. 그리고 결혼한 후 같이 생활을 하다 보면, 몰랐던 단점이 많이 보여서 서로 다른 습관적인 행동에 기분이 상할 수 있습니다.

남자가 더 좋아할수록 여자에게 잘하려고 노력하고 배려합니다. 그리고 남자보다 여자는 감성적인 부분에 감동을 받습니다. 사랑은 마음을 따뜻하게 해주는 신의 선물입니다.

20일 조용히 옆에 있어 주기

다투거나 생각이 다른 경우
더 이상 이야기를 듣고 싶지 않을 때가 있어요.
어떤 말을 해도 귀에 들어오지 않고
마음에 닿지 않을 때도 있어요.
아무 말도 하지 않고
마음이 풀릴 때까지 기다려주세요.
감정을 수습할 시간이 필요합니다.
울고 싶으면 울게 놓아 주세요.
그냥, 조용히 옆에 있어 주세요.

사랑하는 사람이 만나서 서로 다투지 않고 살면 좋겠지만 뜻대로 되지 않을 때가 많이 있습니다. 일방적으로 양보하는 것은 오래가지 않습니다. 남녀 사이에 다름을 인정하지 않으면, 더 힘들고 아파할 수 있습니다. 사실 싸운 후 감정이 상해서 우는 것이 나쁜 것만은 아닙니다. 우는 동안 감정이 풀리기도 합니다.

싸운 후에 감정을 추스르는 시간은 서로 다를 때가 있습니다. 화난 감정이 먼저 풀린 사람이 기다려줘야 합니다. 상대방이 풀리지 않았는데 자꾸 말을 걸거나 감정을 맞춰주지 않으면, 상대방을 더 힘들게 할 수 있습니다.

사랑하는 사람이 힘들 때 옆에 앉아 있는 것만으로 위안이 많이 됩니다. 내 편이 옆에 있다는 것만으로도 삶에 위안이 되고 행복합니다.

21일 좌절만 있을 뿐 실패는 없다

잘 안 되어서 그만두는 건,
실패가 아닙니다.
힘들어서 포기한 것입니다.
계속 도전하면
좌절만 있을 뿐 실패는 없습니다.

힘내시고 새로운 것을 도전해 보세요.

기업체에 프로그램 개발 회사를 만들었습니다. 프로그램을 여러 회사에 만들어 주다 보니, 문제가 생겼습니다. 저작권을 위반했다고 내용 증명을 받고, 이미지 도용으로 경찰서에서 전화가 오고, 대기업에서 다른 곳도 승인 없이 만들어 주었다고 회사에 압박을 줬습니다. 3가지 일들을 하루 동안 겪었습니다. 법적인 문제도 모르고 경험이 없어서 죽고 싶은 심정까지 온 적이 있습니다. 그래서 프로그램 개발을 거의 포기했습니다. 그리고 남들이 잘 안 하고 수익이 많이 남는 매장 관리 컴퓨터나 영수증 프린터 판매를 시작했습니다. 처음 시작할 때는 식당에서 POS(판매 시점 관리 시스템)를 거의 사용하지 않았지만, 판매 수익이 많이 남아서 많은 돈을 벌게 해주었습니다. 지금은 식당, 마트 등 매장에서 POS를 안 쓰는 곳을 찾기가 힘들 정도로 많이 사용합니다.

사업이 잘 안 되어서 포기했다고 인생이 끝난 것이 아닙니다. 철저한 준비와 계획으로 다시 도전해서 꼭 성공하기 바랍니다.

22일 함께하는 사람

함께하는 사람은
실수해도 툭툭 털고 이겨내고
걱정이 많아서 우울하지 않고
스트레스를 받아서 악몽 꾸지 않고
기분 좋은 마음이 생겨서 해맑게 웃고
항상 행복하면 좋겠습니다.

삶이 항상 즐거우면 얼마나 좋을까요. 그리고 함께하는 사람에게 좋은 일만 생기면 서로 위안이 되고 참 좋은 일입니다. 우리의 삶이 힘들고, 때로 실수하고, 인연에 아파도 항상 나쁜 일만 있는 건 아닙니다. 사실 아무 일도 없는 것은 삶에 가장 큰 행복입니다. 함께하는 사람을 소중히 생각하며 행복한 삶을 함께 하세요.

23일 하지 말아야 할 것

1. 집착하지 않기
2. 험담하지 않기
3. 강요하지 않기
4. 비교하지 않기
5. 잘난 체하지 않기
6. 성급하지 않기
7. 잔소리하지 않기

기본적으로 하지 말아야 할 것입니다. 근데, 때론 어려울 때도 있습니다. 대부분 직장에 이런 사람이 있으면 많이 힘들 수 있고 가족 중에서도 이런 사랑이 있으면 서로 상처 주고 스트레스받게 할 수 있습니다.

자신이 즐거워지지 않으면 하지 말아야 할 것을 더 자주 하게 됩니다. 일이 힘들고 가정사가 힘들어도 아무리 바빠도 시간을 내서 여유와 휴식을 챙겨합니다. 그래야 마음도 편해지고 바람직한 삶의 방향으로 갑니다.

24일 악몽 꾸지 않는 법

1. 잠을 자기 전에 좋은 생각하기
2. 행복한 추억 생각하기
3. 이별 노래보다 사랑 노래 듣기
4. 밤늦게 공포 영화 보지 않기
5. 좋아하는 인형 안고 자기

악몽 꾸지 않은 방법 중 가장 좋은 방법은 '잠을 자기 전에 좋은 생각하기'입니다. 이별하고 좌절하고 상처받고 이런 것을 반복하는 사람일수록 밤마다 잠을 못 자고 중간 중간에 깨고 불면증에 괴로울 수 있습니다. 그리고 미래의 불확실성이 있다면 마음을 더 힘들게 합니다.

잘 이겨내는 사람일수록 잘 참는 것이 아니라, 우울한 생각을 버리고 긍정적인 마음과 희망을 찾으며 잘될 것이라는 좋은 생각을 합니다.

25일 배려하는 사람

배려하는 사람은
역지사지를 아는 사람이고

좋은 사람은
남도 잘되길 바라는 사람이고

나쁜 사람은
자신만 잘되길 바라는 사람입니다.

역지사지(易地思之)라는 말은 '남과 처지를 바꾸어서 생각하여 본다.' 라는 의미입니다. 자신이 남에게 어떻게 대하는지 모를 때, 입장을 바꿔서 생각하면 그 마음을 알 수 있습니다. 역지사지를 안다면 스스로 배려를 하게 됩니다. 역지사지를 생각해본 적 없다면 자신만을 생각하며 살아왔을 수 있습니다.

좋은 사람은 자신도 챙기면서 남도 잘되길 바랍니다. 그렇기 때문에 많은 사람들은 좋은 사람과 인연을 가지려고 합니다.

26일 집중하고 몰입하자

학습할 때
억지로 하면 실력이 늘지 않고
하는 동안 시간도 가지 않고
내용이 머리에 잘 안 들어옵니다.

해야겠다는 동기부여를 하고
목표를 갖고 한다면
집중도 잘되고
짧은 시간에 많은 것을 학습할 수 있습니다.

고등학교 졸업 후 집에서 컴퓨터 책만 볼 때가 있었습니다. 그때, 책을 끝까지 읽어 본 적이 없고, 공부하는 것이 싫어서 대학에 진학하지 않았습니다. 억지로 한 공부는 누구보다 열심히 해도 실력이 늘지 않았습니다.

성인이 되어서 목표가 생기고, 이루고자 하는 마음이 절실했습니다. 그리고 다른 생각을 하지 않고, 집중하는 습관을 오랫동안 반복하며 길렀습니다. 그렇게 해서 컴퓨터 책을 보니 집중해서 보고 몰입도 잘 되어서, 빠른 시간에 실력이 늘 수 있었습니다. 지금도 일에 집중하면 주변의 소리가 안 들리지만, 빠르게 학습할 수 있는 몰입 상태가 되어 삶에 도움이 됩니다.

27일 밀당에 관하여

사람과 사람이 진짜 사랑하게 되는 건 쉽지 않아요.
밀당은 머리 아픈 일입니다.
밀당을 할지 안 할지는
사람이나 스타일에 따라 다를 수 있어요.
상처가 있는 사람일수록
빨리 다가오는 것을 좋아하지 않아요.
가장 중요한 것은 서로의 사랑이
깊어질 수 있게 배려하고 아껴 주며
서로가 템포를 맞추는 것이 가장 중요합니다.

둘 다 모두 진짜 사랑하게 되면 밀당을 하는 경우는 적을 수 있습니다. 밀당은 상대방의 마음을 정확히 알지 못하고 나의 마음을 먼저 표현하는 것이 두려울 때 합니다. 밀당보다는 서로에게 템포를 맞추며 상대방의 생각을 존중하는 것이 사랑하는 마음을 전하는 데 도움이 됩니다.

28일 사랑은요

사랑은 첫사랑일 때 가장 아픈 것은 맞지만
덜 사랑한다고
더 사랑한다고
안 아픈 건 아닙니다.
이별하게 되면 똑같이 아파요.
후회하지 않게 사랑하세요.
그래야 이루어집니다.

사랑이라는 감정은 조절되지 않습니다. 사실 조절하려고 할수록 더 힘들 수 있어요. 사랑이든 삶이든 다치지 않으려고 하면 더 잘 풀리지 않고 시련이 오는 경우가 많이 있습니다. 사랑한다면, 사랑하는 마음에 최선을 다한다면, 나중에 아픔이 올지도 모르겠지만, 후회 없는 사랑을 하면 자신 때문에 이별하는 아픔은 없습니다.

3 March

- 마음에 예쁜 꽃 피우기
- 아픔도 계절의 변화처럼 이 또한 지나가리라
- 따뜻한 마음 키우기
- 힘든 과거를 잊고 새롭게 도약하기
- 좋아하는 인연과 함께하기
- 무엇이든 잘할 수 있다고 생각하기
- 마음먹고 실천하기

차가운 마음에서 벗어나 따뜻한 마음을 챙기세요.
꽃도 예쁘게 피고 날씨도 따뜻해지고 있습니다.
좋은 것을 느끼지 않으면
좋은 것이 마음에 다가오지 않습니다.
좋은 생각을 하세요.

'봄과 함께 따뜻한 마음을 챙기세요.'
'좋아하는 일을 하면서 보람을 느끼세요.'
'아픈 사랑 말고 예쁜 사랑을 하세요.'

1일 인생을 잘 사는 방법

인생을 잘 사는 방법을 알려드릴까요?
'내가 어떤 사람인가?'가 가장 중요하기 때문에
여유가 있다면 친절한 마음을 베푸세요.
또한 '어떤 사람을 만나는가?'에 따라
인생이 풀리기도 하고 어려워지기도 합니다.
마지막으로 '어떤 길을 갈 것인가?'에 따라
진흙탕에 갈 수도 있고 꽃길을 갈 수도 있습니다.
길을 갈 때는 뛰어가는 것이 아니라,
천천히 걸으며 조급한 마음을 버리고
올바른 방향으로 가세요.

먹고살기 바쁘다 보면 항상 같은 일생을 보내며 수동적으로 생활하는 경우가 많아지게 됩니다. 삶을 생각하며 자신이 주도하면 힘든 것보다 좋은 일이 많이 생깁니다.

'어떤 사람인가?'
'어떤 사람을 만나는가?'
'어떤 길을 갈 것인가?'

위의 물음에 뚜렷한 철학이 있다면 인간관계도 술술 잘 풀리고 행복한 미래를 스스로 만들 수 있습니다.

2일 삶을 이겨내는 방법

1. 식사를 거르지 않고 잘 챙겨 먹는다.
2. 슬프면 마음이 풀릴 때까지 운다.
3. 우울하면 좋아하는 것을 한다.
4. 아프면 약 먹고 아프다고 말한다.
5. 힘들면 좋은 친구를 만난다.
6. 사랑하면 사랑하는 마음을 전한다.
7. 일이 힘들면 휴식 같은 여유를 챙긴다.
8. 좋은 글을 기억해 두고 힘들 때 본다.
9. 초라해 보일 때 삶의 주인공은 나라고 생각한다.
10. 삶이 무료하면 취미 생활을 하거나 목표를 만든다.

좋지 않은 일이 생기거나 몸과 마음이 힘들 때, 사실 식사를 잘 챙겨 먹는 것 하나만으로도 이겨낼 수 있습니다. 무엇이든 이겨내려면 체력이 필요하고 건강해야 합니다.

삶을 이겨내려면 주변인이라고 생각하면 안 됩니다. 항상 적극적이고 긍정적인 마음으로 무엇이든 해야 성과도 높아지고 자존감도 생깁니다. 삶의 주인공은 자신입니다. 누구도 대신해 줄 수 없습니다.

3일 사랑과 상처

사랑은
숨이 멎을 듯 힘들어서
숨이 멈춰도 심장을 뛰게 합니다.
그래서
사랑은 기적을 만듭니다.

상처는
나무에 못을 박은 것과 같아서
못을 빼도 흔적이 남습니다.
그래서
상처는 아물어도 자국이 남습니다.

사랑은 같은 날이라도 기분 좋게 하는 마력을 가지고 있습니다. 심장이 뛴다는 건 건강한 삶에 매우 좋은 일입니다. 사랑하는 사람과 만나는 건 기적과 같은 일입니다.

사랑하는 사람과 오랫동안 만나다가 헤어지는 상처는 그만큼 오래갑니다. 시간이 지나면 좋아지지만, 그 시간에 아무 일도 손에 안 잡히고 힘들 수 있습니다. 그리고 상처는 시간이 지나도 사라지지 않고 그 흔적이 오래 남아 있습니다.

4일 소중한 사람

있을 사람은 있고
떠날 사람은 떠난다는 것을 믿고
당연하다고 생각하며
사소한 것에 짜증 내고 화를 내면
만나는 사람의 폭이 줄어듭니다.
소중한 사람일수록 잘 대해 주세요.
그럼, 그대 곁에서 함께할 테니까요.

떠날 사람은 떠나고 있을 사람을 있다고 생각하며 살아가는 것은 위험한 생각입니다. 다시 돌아오는 사람은 인연이라고 생각하지만 그럴 가능성은 적습니다. 현실에서는 '뿌린 만큼 거둔다.'라는 말이 가장 올바른 말입니다.

영화 같은 인연을 만나는 사람은 생각보다 적습니다. 그러므로 자신이 생각하는 미래의 길은 좋은 인연이 되어서 좋은 사람을 만나는 것입니다.

5일 마음속의 꽃

그대가 나를 얼마나 사랑하는지
알지 못해도 괜찮다.
내 사랑은
마음속에 피어나는 꽃이라
내 것이요,
내 향기다.
그리우면
꽃을 사랑하는 마음으로
그대를 바라본다.
그대가 없으면 내 꽃도 사라진다.

좋아하는 사람의 마음은 그렇게 중요하지 않아요. 사랑이 진심일 때는 마음에 꽃이 핍니다. 사랑하는 마음으로 바라보는 것만으로도 마음속에 꽃이 펴서 행복하고 아름다운 마음이 생깁니다. 그러나 사랑하는 사람이 사라지면 내 심장에 있던 꽃이 사라지게 됩니다.

사랑하는 마음이 생겨서 마음에 아름다운 꽃이 피길 바랍니다.

6일 삶을 벗어나는 지름길

입구가 없으면
출구도 없을 수 있습니다.
벽을 뚫고 벗어나야 하므로
인내와 노력이 필요합니다.

인생에 문제가 있으면
답이 없을 수도 있습니다.
그만두고 새로운 문제를 푸세요.

사랑에 아픔이 있으면
상처만 있을 수 있어요.
마음을 열고 좋은 사람을 만나세요.

인생은 아무것도 하지 않으면 풀리지 않습니다.

생각이 꽉 막히는 순간이 있습니다. 마음이 고이면 썩습니다. 혼자서 해결되지 않을 때는 인터넷, 유튜브 등에서 정보를 찾거나 인맥을 통해서 도움을 얻어야 합니다. 그렇기 위해서는 큰 노력이 필요합니다.

문제를 풀면 답이 있습니다. 인생의 답은 하나일 수도 있고, 여러 개일 수도 있고, 없을 수도 있습니다. 고정 관념을 깨고 다양하게 생각하며 변수가 없는지 체크해야 합니다.

인생 문제를 풀기 위해서는 여러 방법으로 생각하는 것이 맞습니다. 그리고 항상 실천해야 한다는 것을 잊지 마세요.

7일 누구나 고귀한 존재

사람은 누구나 고귀한 존재입니다.
그러니까 하찮게 생각해서
짜증을 부리거나 화를 낼 권리는 누구도 없습니다.
그런 사람이 있으면
나중에 준 만큼 받게 됩니다.
그러니까
우리는 존중하며 이해하며 배려하며 살아요,

사람은 누구나 세상에 하나뿐인 소중한 존재입니다. 자신이 높은 위치에 있거나 우월하다고 생각해서 상대방에게 잔소리하거나 마음을 상하게 말을 하는 것은 좋지 않습니다. 살다 보면 위치가 반대로 될 수도 있습니다.

성인군자가 아닌 이상에 짜증이나 화를 안 내고는 살 수 없습니다. 그것이 습관이 되거나 모르는 사람에게 행동한다면 상대방에게 상처를 주거나 싸움의 대상이 될 수 있습니다.

8일 모든 걸 내려놓고 싶을 때

잘하다가도 갑자기 모든 일에
회의감이 들 때가 있습니다.
그럴 때는 모든 걸 내려놓고
나만의 시간을 갖거나
혼자만의 시간을 즐기는 것도 좋습니다.
그 시간이 너무 길면 좋지 않고
나중에는 다시 마음이 제자리로 오게 하세요.

일상적인 생활을 하다가 갑자기 삶에 대한 회의감이 오면, 모든 것이 짜증이 나고 손에 안 잡힐 때가 있습니다. 기계가 고장이 나듯이 심리상태도 고장이 날 수 있습니다. 그럴 때는 등산, 산책, 자신만의 시간 등을 갖는 것이 좋습니다. 마음에 문제가 생기면 몸도 같이 아파집니다. 그렇기 때문에 더 심해지기 전에 자신을 이해하고 기분을 풀어주는 것이 좋습니다. 무엇이든 오랫동안 방치하면 쉽게 치유가 어렵습니다.

9일 삶에 도움 안 되고 멀리해야 할 사람

1. 어투가 신경질적인 사람
2. 짜증을 잘 내는 사람
3. 자만심에 빠져 있는 사람
4. 자신밖에 모르는 이기적인 사람
5. 남을 욕하고 험담을 즐기는 사람
6. 남들이 진짜 별로라는 사람
7. 마음 상하게 하는 사람
8. 매사에 부정적인 사람
9. 무료하게 행동하는 사람
10. 배려 없이 거칠게 행동하는 사람

자신도 화가 나거나 감정에 치우치면, 멀리해야 할 사람이 될 수도 있습니다. 그런데, 평소에는 그러는 사람이 많다는 것이 문제입니다. 기분 좋았던 사람도 기분이 상하게 될 수 있습니다.

우울증 있거나 감정 조절이 되지 않으면, 생각보다 쉽게 고쳐지지 않습니다. 마음의 안정과 충분한 수면 그리고 노력하려는 자세가 있어야 합니다. 무엇이든 조바심 갖지 말고, 천천히 노력하는 마음이 있어야 힘들지 않습니다.

10일 삶의 눈높이에 만족하자

잘하고 있는 사람도
자신이 기대하는 만큼 못 하면
실망하게 됩니다.
기준이 너무 높다고 좋은 것도 아니고
기준이 너무 낮다고 좋은 것도 아닙니다.
자신의 눈높이에 만족하며
자신을 칭찬하고 자존감을 높여주세요.

눈높이는 자신이 정하는 것입니다. 발전하고 싶으면 조금 더 눈높이를 높이고, 만족하고 싶으면 현재에 맞추고, 자신이 위안을 삼고 싶으면 한 단계 아래 기준을 삼으면 됩니다.

눈높이가 너무 높아서 달성을 못 하면 자신이 초라해지고 포기하고 싶은 생각이 들 수 있습니다. 눈높이가 많이 낮으면 현재에 만족해서 자신을 발전시키지 못할 수 있습니다. 지금 많이 힘들다면 현재에 만족해야 합니다. 그리고 기회를 봐서 눈높이를 조금씩 높여가는 것이 좋습니다.

11일 자신 있게 살자

하는 일에 회의감을 느끼지 말고
헤어질 때 상처 주지 말고
이유 없이 험담하지 말고
모든 걸 희생하지 말고
잔소리에 기죽지 말고
남의 말에 휘둘리지 말자.

내성적이거나 소극적인 사람이 있습니다. 어렸을 때는 가치관에 대해서 생각하기가 어려워 성격 그대로 사는 경우가 있습니다.

성인이 되어서는 의식하면서 좋은 쪽으로 변화하도록 노력해야 합니다. 저도 어렸을 때는 소극적이고 내성적이었습니다. 부끄러워서 발표도 못 했습니다. 자신을 의식하고 천천히 노력하면 변화됩니다.

다른 사람이 자신에게 기분 좋지 않은 말을 하면 그 말에 우울해하지 말고 무시하며 살고 어깨를 펴고 자신 있게 생각도 당당하게 말할 줄 알아야 합니다. 그리고 좋은 조언은 기분이 상하더라도 받아들이면 더욱 성장하는 계기가 됩니다.

12일 함께하는 동행

길이 없는 여정에
힘들고 아파서 포기하고 싶어지면
다정한 마음으로
따뜻한 손 살며시 잡아주며
함께 동행하겠습니다.
어깨에 놓인 무거운 짐을 대신 들어주고
같은 곳을 바라보며
함께 웃으며 걷겠습니다.
그리고
힘든 내색하지 않고 응원하며 걸어가겠습니다.

삶은 혼자서 이겨내고, 혼자서 모든 걸 감당하기에는 어렵습니다. 가족이 있다는 것도 행복한 일이고, 좋은 친구가 있다는 것도 즐거운 일입니다. 사실 모든 걸 혼자 해냈다고 생각할 때도 있지만, 보이지 않게 도움을 받고 함께하는 인연이 있어서 여태까지 잘 해냈을 겁니다. 가까운 인연을 챙기고 마음을 전하며 함께 웃으며 동행하게 된다면, 삶은 축복입니다.

13일 불행하다고 착각

꽃은 아름답지만
꺾는 아픔이 와도 말하지 못하고
태양을 사랑해도 바라만 볼 수밖에 없습니다.
사람이라서 다행입니다.
아프면 울면 되고
사랑하면 표현하면 되고
보고 싶으면 찾아가면 됩니다.

많은 것을 가지고 있어도
느끼지 못하고 불행하다고 착각할 수 있어요.

마음이 원만하지 않은 상태에서 생각하는 것이 잘 안 풀리면 자신이 처한 상황에 합리화하고, 환경 탓을 할 수 있습니다. 그럴수록 삶이 퇴보할 수 있습니다.

많이 힘들 때 자기보다 잘난 사람을 비교하면, 삶은 더 짜증이 나고 세상 탓을 할 수 있습니다. 자신보다 못살고 더 힘들게 살면서, 소소한 것에 희망을 안고 사는 사람이 많습니다.

자신이 더 나은 점을 찾고, 지금 당장 해 놓은 것이 없어도 천천히 걸어가듯 힘을 내고 사세요. 분명 긴 여정의 길을 지나면 산 정상에서 경치를 보며 여유를 즐길 수 있습니다.

14일 하늘은 속일 수 없다

겉으로 착한 척하는 사람은
사람을 속일 수는 있지만
하늘은 속일 수 없습니다.
뿌린 만큼 돌려받아요.
그래서 하늘은 나중에
상을 주기도 하고 벌을 주기도 합니다.

남에게 보여주는 가식적인 삶은 좋지 않습니다. 남을 속이며 이득을 취하는 삶도 좋지 않습니다. 남을 속이면 쉽게 얻을 수 있다는 생각에 잠겨 있다면, 그런 생각을 멈추세요.

법을 어기면 처벌을 받기도 하지만, 남을 아프게 하면 자신에게 아픔을 되돌려 받습니다. 세상이 넓다 해도 코로나19 전염병이 돌고 돌아 자신에게 돌아오기까지는 그리 오래 걸리지 않습니다.

사람과 사람 사이에 전해지는 말들 속에 나쁜 자신이 포함되어서 나중에 자신이 가해자에서 피해자로 바뀔 수도 있습니다.

자신이 나쁜 짓을 하면 하늘이 보고 있습니다. 그래서 완벽한 비밀은 없습니다. 그러니, 착한 일과 좋은 일 해서 사람과 사람 사이에서 좋은 이미지가 전해져 자신에게 돌아오면 좋겠습니다. 그러면 벅찬 감동이 함께 할 것입니다.

15일 자신에게 좋은 사람

아무리 죽을 만큼 힘들어도
아무리 절망에 빠져 괴로워도
자신을 믿고 자신을 달래 주세요.
자신에게 더 좋은 사람이 되세요.

누구보다 자신은 소중한 사람입니다.

삶을 살다 보면 한 번쯤은 죽고 싶을 때가 있습니다. 자신 때문에 그런 생각을 하기보다는 대부분 타인에 의해 괴롭힘을 당해서 그럴 때가 많습니다. 피해의식 때문에 자신을 가두면 점점 더 위축되고 삶이 어려워집니다. 당당하게 맞설 건 맞서야 합니다. 피하면 상처가 더 커집니다.

정말 죽고 싶을 때, 이 악물고 두 손 불끈 쥐고 죽을 만큼 최선을 다하면 분명 무엇이든 해내고 문제를 해결할 수 있습니다.

16일 주는 만큼 받는다

자신은 배려하지 않고
남이 자신을 배려하길 원하거나
자신은 남을 챙겨 주지 않고
남이 자신을 챙겨주길 바라거나
자신은 사랑하지 않으면서
남이 자신을 사랑해 주길 원한다면
모든 것이 뜻대로 되지 않습니다.

친절한 말에는 친절한 말이 옵니다. 자신이 짜증이 나서 까칠하게 하면 주변 사람도 까칠해지고 언성이 높아집니다.

특권의식을 가지고 있다고 생각하는 사람일수록 사람을 함부로 대하는 사람이 많습니다. 직위, 학력 등만 보고 존경하는 사람은 별로 없습니다. 존경을 받으려면 거기에 해당하는 품위에 맞게 언어를 사용해야 더 존경을 받고 우대를 받을 수 있습니다.

17일 부정적인 사람

부정적인 사람은
나쁜 사람이 아닙니다.
인생이 잘 안 풀려서
상처받는 사람입니다.
누구나 그렇게 될 수 있습니다.

성장과정에서 가정환경이 좋지 않거나 학업 성적이 좋지 않으면 부정적인 사람이 될 수 있습니다. 성인이 되어서는 직장 생활 실패나 사업 실패 등으로 인해서 부정적인 사람이 될 수 있습니다.

누구나 삶에 치명적인 문제가 생기면 그렇게 될 수 있습니다. 방법은 상황을 인식하고 긍정적으로 바뀌려고 노력해야 합니다. 그렇지 않으면 주변 사람들로 인해 나쁜 사람으로 인식될 수 있습니다.

부정적인 것을 벗어나려면 금방 성과가 나오는 일부터 하는 것이 좋아요. 산에 처음 오른다면 작은 산부터 오르며 정상에 오르는 기쁨을 느끼는 것이 좋습니다. 처음부터 높은 산을 오르면 오르는 과정이 싫거나, 중간에 포기하면 다시는 산을 오르고 싶지 않을 수 있습니다. 목표도 마찬가지입니다.

18일 대화하는 방법

상대방이 기분 상할 것을
예상하지 않고
말을 함부로 하면 안 됩니다.

상대방이 말하는 중에
끊으면 좋지 않아요.
대화 중에 기다리는 것도 매너입니다.

상대방에게 너무 신경 써서
위축되는 것은 좋지 않지만
기본적인 배려는 해야 합니다.

상대방이 기분 나빠할 것이라는 것이라고 예상되는 욕, 강요, 강한 주장, 거친 말 등은 되도록 하지 않아야 합니다. 친한 사이가 아닐수록 기분이 더 상합니다. 친하지 않을수록 내색하지 않을 수 있습니다. 대화를 의식하면서 가려서 말을 하는 것이 좋습니다.

대화하다 보면 자신의 말이 앞서 말하는 도중에 남의 말을 자르고 자신의 말을 하는 경우가 있습니다. 도중에 끊지 않고 잘하는 사람은 계속 잘하는데, 도중에 끊어 말하는 사람은 계속적으로 끊고 말합니다. 대화를 끊지 말고 말하는 것이 습관이 되어야 합니다.

성격이 소심하거나 소극적인 사람은 처음 만나는 사람에게 해야 할 말을 못 하는 경우가 많습니다. 그것이 어렵다면 습관이 되지 않게 노력해야 합니다. 말하기 어렵다면 공통 화제가 되는 부분을 말하면서 대화를 시작하면 됩니다. 그러면 말문이 서로 금방 트입니다.

19일 사람은 고쳐서 만나지 말자

오래전부터 나쁜 습관이
몸에 배어있는 사람은 고쳐지지 않습니다.
대부분 사람은 지적을 좋아하지 않고
고치려고 애쓰다 보면 같이 힘들 수 있어요.
그래서
사람은 고쳐서 만나는 것이 아니고
골라서 만나야 합니다.

사람을 만나다 보면 태도가 별로거나, 나쁜 습관을 가진 사람을 흔히 볼 수 있습니다. 문제가 될 정도로 중요하게 생각되지 않는다면 만나도 괜찮지만, 정도가 심한 사람은 피하면 됩니다. 그런데 결혼한 사이인 경우에는 같이 살게 되면 연애를 할 때 안 보이던 자잘한 나쁜 습관이 보일 수 있습니다. 이런 경우 지적할 것은 지적하고 양보할 부분에서는 양보를 해야 합니다. 서로의 다름을 인정하지 않고 강요하면, 감정이 상할 수 있습니다.

20일 마음속의 응어리

마음속에 담아 둔 응어리를
그대로 두면 안 됩니다.
심해지면 절망에 빠질 수 있습니다.

대화해서 풀거나
마음속에 있는 것을 버려야 합니다.

성격이 좋은 사람도 자신이 모르는 사이에 담아 놓은 앙금 주머니가 있을 수 있습니다. 어느 순간 터지면 삶을 절망적으로 생각하게 될 수 있습니다.

내성적인 사람은 말을 하지 못하고 사람을 피하는 경우가 많습니다. 그리고 혼자서 해결하려고 하지만 뜻대로 안 될 수 있습니다.

가장 효과적인 방법은 대화하면서 응어리를 푸는 것입니다. 그래서 힘들 땐 시간을 내서 친구와 커피를 마시거나 술 한잔하면서 기분 전환을 하는 것이 필요합니다. 그것으로도 안 풀리면 부정적으로 생각하는 시간을 줄일 수 있는 운동, 여행, 산책 등을 하면 좋습니다.

21일 상대방과 앙금 없이 말하는 방법

1. 상대방을 비난하지 말고 상한 감정만 말하기
2. 감정 커질 것 같으면 쉬었다가 말하기
3. 사과를 강요하지 않기
4. 과거에 화나게 했던 것을 말하지 않기
5. 말할 기회를 주기
6. 기분을 상하게 한 만큼 따뜻한 애정을 표현하기
7. 기분 상하는 말을 계속적으로 반복하지 않기

자신이 사소한 것에 짜증을 내고, 통제가 되지 않는다고 생각하면 분노조절장애를 생각해 볼 필요가 있습니다. 분노조절장애는 심리, 환경, 유전 등의 영향을 받습니다. 대부분은 스트레스나 어렸을 때 가정폭력 등에 의해서 분노조절장애가 생기는 경우가 많습니다. 화내는 것도 습관이 되면 매우 위험합니다.

화를 키우지 않기 위해서는 화가 나도 과거의 잘못을 말하지 말고, 현재 일어난 것에 대해서만 말하는 것이 좋습니다. 그리고 비방이나 욕설을 하면 서로에게 더 큰 상처를 줄 수 있습니다.

가족이나 부부 사이에서는 누구 말이 맞는지, 자존심 싸움에 치우치면, 마음이 점점 멀어질 수 있습니다. 그러다 보면, 전에 있던 앙금이 남아 있어서 사소한 것에 잦은 다툼을 할 수 있습니다. 화나는 상황도 때에 따라서는 그냥 넘어가는 것이 좋습니다. 되도록 상대방의 자존심을 건드려서 기를 죽이는 일이 없게 해야 합니다. 가족에게 기가 죽으면, 나중에 사회생활에 적응하지 못하게 될 수 있습니다.

서로 앙금이 없어지기 위해서는 말다툼을 한 후에 시간이 지나서 기분이 풀리면, 기분 좋은 말도 해주고 애정 표현을 해주면 좋습니다.

22일 좋게 말해주는 사람 만나세요

따뜻하게 말해주고
예쁘게 말해주고
행복하게 말해주고
상큼하게 말해주는 사람 만나세요.

말로 울리고
말로 상처 주고
말로 괴롭히고
말로 아프게 하고
말로 기분 나쁘게 하는 사람 만나지 마세요.

말은 그 사람의 자신이고 품격입니다. 말은 마음에서 나오기 때문에 자신을 대변하는 것입니다. 말을 잘못해서 사과하고 반복하는 사람일수록 오래 만나기 어렵습니다.

말을 하다 보면 실수하는 경우도 있지만 수습하려고 거짓말을 한다면 더 큰 문제가 있습니다. 거짓말은 사람의 신뢰를 깨는 일입니다. 그래서 문제를 해결하기 위해서는 솔직히 사과를 해야 문제가 되지 않고 발전적인 관계가 유지될 수 있습니다.

23일 싫어하는 것이 늘지 않게 하기

좋아하는 것이 많았지만
싫어하는 것이 많이 늘어나고
소소한 것에 짜증이 납니다.

마음에서 오는
자신에 대한 경고입니다.

기분 좋은 것을 찾고
좋아하는 인연을 만나고
긍정적인 마음을 담아야 합니다.

싫어하는 것이 많아진다는 것은 부정적인 마음이 점점 커진다는 의미입니다. 삶의 경고이기 때문에 그대로 방치하면 점점 성격이 나빠질 수가 있습니다.

'삶이 힘든가요?'

'하는 일이 잘 안 되나요?'

'가정 일이 힘든가요?'

'인간관계가 어려운가요?'

복합적으로 일어나는 일들은 차근차근 하나씩 풀며 조급한 마음보다 여유 있게 해결하며 풀어내야 합니다. 그리고 충분한 마음의 휴식을 취하며 나아지도록 노력해야 합니다.

24일 행운이 옵니다

행운은
나를 믿는 좋은 기운에서 시작합니다.
그렇기 때문에
나쁜 마음을 먹거나 아픈 상처에 집중하면
삶이 뜻대로 되지 않습니다.

조급한 마음을 버리고
기분 좋은 마음으로 생각하며
하루하루 즐겁게 살면
삶 속에 행운이 찾아옵니다.

좋은 마음을 행하면 분명 행운이 옵니다. 이기적인 사람이나 나쁜 사람에게는 행운이 오지 않습니다. 좋은 일을 하거나 따뜻한 마음을 전하면 나중에 같은 것은 아니지만 다른 보상으로 옵니다. 어쩌면 그것이 삶에 행운일지 모릅니다. 기대하지 않았던 좋은 일이 생긴다는 건 정말 좋은 일입니다. 책 읽는 독자에게 행운이 오길 빌어 봅니다.

25일 행복을 주는 사람

1. 있는 그대로 나를 봐 주는 사람
2. 나를 보며 웃어주는 사람
3. 힘들 때 토닥토닥해주는 사람
4. 나의 가치를 알아주는 사람
5. 나를 빛나게 해주는 사람
6. 있는 그대로 나를 사랑해 주는 사람
7. 나에게 행운을 주는 사람
8. 나에게 기쁨과 여유를 주는 사람
9. 우울하지 않게 공감을 나눠주는 사람
10. 편하게 대화하고 기댈 수 있는 사람

사람에 따라 혼자 행복한 사람도 있지만, 대부분은 함께하는 사람이 있어야 행복합니다. 혼자 밥을 먹을 때보다 식사를 같이하는 사람이 있다는 것 자체에도 행복할 수 있습니다. 그리고 행복을 주는 사람이 많다는 건 진짜 행복한 사람입니다.

행복을 주는 사람이 없다면 행복을 주는 사람이 되세요. 자연히 같은 사람이 함께할 것입니다.

26일 얼마나 해야 하는지

얼마나 사랑해야 하는지
얼마만큼 이해해야 하는지
얼마나 노력해야 하는지
얼마만큼 참아야 하는지
모르겠습니다.

사랑을 시작할 때는 장점만 보입니다. 오래 사귀거나 결혼한 지 오래되면 보이지 않던 단점이 보입니다. 그래서 양보하는 시간이 많아질 수 있습니다. 그러다 보면 얼마나 이해해야 하는지 지치기도 합니다.

일을 시작할 때는 잘할 수 있다는 의지가 있어서 최선을 다해 잘하려고 합니다. 시간이 지나면 마음이 느슨해지고 의무감에 하게 되는 경우가 많습니다. 그러다가 잘 안 풀리면 얼마나 참아야 하는지 회의감이 생겨서 지치게 됩니다.

처음 시작할 때와 같은 마음을 먹으면 되지만 마음가짐을 굳게 먹지 않으면 쉽지 않습니다.

27일 감정에 치우치지 말자

어떤 일이든
어떤 것이든
결정할 때 감정에 치우치면
절대로 안 됩니다.
숨 한번 쉬고 마음을 가다듬고
객관적으로 생각해야 합니다.
그래야
실수하지 않고 잘하게 됩니다.

사람은 감정의 동물입니다. 때론 냉철한 결정을 하기 어려울 때가 있습니다. 사랑, 연민, 정, 품위 등의 영향으로 이성적이고 객관적인 결정을 미루거나 잘못된 방향으로 결정을 하게 되면 나중에 후회하는 경우가 생깁니다.

거절하거나 선택하는 건 자신을 위해서 해야 합니다. 그러나 나중에 잘못되어도 감수할 자신이 있다면 잘못된 결정이 아닙니다. 가장 중요한 것은 결정에 대해서 만족하는 자세입니다.

28일 자존심을 버려라

기를 쓰고 힘들게
버티며 감추려고 애쓰며
지켜온 것이 자존심일 수 있습니다.
마음을 내려놓으면
쉽게 끝날지 모릅니다.
그것이 가장 어려울 수 있습니다.

대출, 카드 연체 등으로 인하여 심각한 신용 문제가 생길 수 있습니다. 현금이 없는 경우 신용카드가 연체되어서 신용불량자가 되지 않으려고 돌려 막기를 몇 년을 하는 경우가 있습니다. 이런 경우, 불안한 심리 상태가 되어서 성격이 부정적으로 되거나 우울증에 빠질 수 있습니다. 신용카드 돌려 막기를 포기하고 신용회복위원회 관리를 받는 것도 좋은 방법입니다.

많이 가진 사람일수록 잃을 것이 많아서 더 힘들게 살 수 있습니다. 잃을 것이 없다는 마음으로 마음을 굳게 먹으면 뭐든지 잘될 것입니다.

29일 좋은 감성에 대하여

1. 같이 있으면 사람의 향기가 느껴진다.
2. 말보다 행동이 멋지다.
3. 함께 있으면 마음으로 느껴진다.
4. 다정한 말투에 가슴이 울컥한다.
5. 눈을 감으면 보고 싶다.
6. 사랑하는 감성이 살아난다.
7. 심장이 심쿵 하고 마음이 짜릿하다.
8. 하나하나가 너무 좋다.
9. 언제 어디서나 응원하고 싶다.
10. 마음속으로 사랑한다.

잠을 자기 전이나 아침에 일어나 좋은 기분을 유지하는 것이 삶에 많은 영향을 줍니다. 좋은 감성을 느끼고 노력하면 잘 풀리지 않았던 일도 풀리는 경우가 많습니다.

지금 현재 많은 고민이 있다면 좋은 감성을 느끼며 하루를 시작해 보는 것도 좋습니다.

30일 비관하지 말아요

같은 실수는 여러 번 하면 안 되지만
다른 실수는 여러 번 해도 괜찮습니다.
그러니까
여러 번 실수했다고 비관하지 마세요.
가장 중요한 것은
과거를 잊고 자책하지 않도록
자신에 맞는 가장 좋은 방법을 찾으면
경험이 늘고 발전합니다.

삶을 살면서 실수는 한 번 하는 것이 아니라 여러 번 하면서 살아요. 실수한다고 자책하며 아무것도 못 하는 것도 좋지 않지만 실수가 만연해서 당연하다고 생각하는 것도 문제입니다.

실수하면 고민하지 말고 다음부터는 같은 실수를 하지 않는 방법을 찾아야 합니다. 그리고 개선할 건 신속하게 해야 합니다.

실수하지 않으려면 무엇을 하든 사전에 준비하는 자세가 중요합니다. 시작하기 전에 유튜브(YouTube) 동영상을 보거나 잘하는 사람의 조언 등을 미리 듣고 방법을 습득하면 실수를 줄일 수 있습니다.

31일 하얀 거짓말

남에게 솔직하게
모두 보여주는 것은 어렵습니다.
그래서
때로는 거짓말로 자신을 지킬 수 있습니다.
그렇다고
그것은 나쁜 것이 아닙니다.
어떻게 살든지 결과는
자신이 감당해야 할 숙제입니다.

자신을 지키기 위해서는
잊지 말아야 할 것이 있습니다.
적어도 자신에게는 솔직해야 합니다.

거짓말을 한다는 것은 무조건 나쁜 것이 아닙니다. 남에게 피해를 주거나 기분을 상하게 하면 안 되겠지만, 기분을 맞춰 주거나 자신을 지키기 위한 거짓말은 필요할 때가 있습니다. 즉 상황에 따라 하얀 거짓말은 필요하다는 의미입니다.

영업사원이 '물건을 팔면서 하나도 남는 것이 없다.'라고 말하면 사실 거짓말일 때가 많습니다. 그렇다고 그 사람을 비난하면 안 됩니다. 그리고 적게 남는다는 의미입니다.

새빨간 거짓말은 남을 속이거나 부당이득 챙기려고 하는 것이기 때문에 하지 않아야 합니다.

4 April

– 자연을 보며 힐링하기
– 아픈 마음 지혜롭게 이겨내기
– 봄꽃과 함께 사랑하는 마음 키우기
– 기분 좋은 마음과 행복 챙기기
– 봄바람과 함께 기분 좋게 산책하기
– 사랑하는 마음에 꽃을 피우기
– 최선을 다하고 결과에 후회하지 않기

최선을 다했어도, 결과가 좋지 않을 수 있어요.
결과를 후회하고 아파하면
발전할 수 없습니다.
결과가 좋지 않아도 최선이라고 생각하세요.
용기와 희망을 갖고 꿈을 위해 파이팅!

'자연을 이해하면 삶이 달라집니다.'
'꽃을 사랑하는 마음으로 세상을 보세요.'
'용기가 없어서 하지 못한 것을 하세요. 이루어집니다.'

1일 인간관계와 행복

인간관계는
싫어하면 싫어할수록
아픔은 배가 되고
좋아하면 좋아할수록
기쁨은 배가 됩니다.
그래서
좋은 관계를 유지해야
우리의 행복이 배가 됩니다.

'인간관계가 좋을 수만 있겠습니까?'

일하기 싫을 때보다 사람이 싫어서 하기 싫을 때가 더 많습니다. 학교, 직장 등에서 마음이 맞아서 즐겁게 일한다는 건 행복입니다. 고마운 사람입니다.

남자는 대부분 군대에 갑니다. 절대복종이라는 의미 자체가 마음을 상하게 합니다. 그러다 보면 생각을 하지 않고 억지로 하게 되어서 불만이 생길 수밖에 없습니다. 그러나 가장 많이 힘들었을 때가 가장 많이 배웁니다. 군대에서는 일을 배우는 것보다 인내심을 키우며 어려움이 있더라도 끈기 있게 참고 해낼 수 있는 마인드를 얻을 수 있습니다.

자신이 기분 좋게 일하면 남도 기분 좋게 일하게 됩니다. 되도록 좋은 기분을 깨지 않는 마음으로 서로 즐겁게 일하면 좋겠습니다.

2일 살아 있다는 것에 감사

아주 큰 것 말고
작고 소소한 일상에
행복을 느낀다면
평생 짊어져야 할 슬픔과 아픔은 없습니다.
살아 있다는 자체로 감사하며
소소한 커피 한 잔의 여유로도
행복하면 좋겠습니다.

'죽음에 대해서 생각해 본 적 있나요?'

불행하다고 생각되면 죽는 것이 낫다고 생각할지 모르겠지만, 평범한 사람은 죽음을 두려워합니다. '살아 있다는 건', '심장이 뛴다는 건', '무언가를 한다는 건' 작은 행복의 시작이 될 수 있습니다. 하루의 시작 자체를 감사하는 마음으로 살아간다면 소소한 일상을 기분 좋게 만들어 줍니다. 그리고 식사하고 커피 한잔할 수 있는 여유가 더 의미 있게 전해질 것입니다.

3일 대화하는 법

사람과 대화할 때는
마음속에 여백이 필요합니다.
하나는 내 생각을 기록하는 것이고
다른 하나는 상대방의 생각을
인정하며 공감하는 여백입니다.
삶이 힘들다 보면
자신의 생각으로 가득 차 있을 수 있습니다.
그러다 보면 마음이 닫히고
상대방의 말을 공감하지 못해서
관계가 나빠질 수 있습니다.

일상에 대한 고민이 많거나 나이가 들면 남의 말이 잘 들어오지 않습니다. 자신에 대한 말만 하면 대화가 잘 안 되어서 생각이 엇갈리는 경우가 종종 있습니다. 그렇게 되지 않기 위해서는 남의 이야기에 집중하는 노력이 필요합니다. 말할 건 말하고 상대방의 이야기를 듣고 인정할 것은 인정해야 합니다.

누구나 고민을 갖고 삽니다. 고민이 일상이나 업무에 방해되지만 고민이 자신의 생각에 가득 차지 않게 노력해야 합니다.

4일 좋아하는 마음 표현하기

좋아하는 마음을
표현하고 말하고 생각하니
삶이 더 아름다워집니다.
그리고
함께 좋은 생각으로
함께 대화하고 공감할 수 있는 사람이
더 많아져서 더 행복합니다.

나이가 들면 표현에 인색해집니다. 좋은 일이 없으면 무표정하게 하루가 지나갑니다.

'얼마나 슬픈 현실입니까?'

얼굴이나 모양이 바뀌면 여자는 잘 인지하는데, 남자들은 잘 인지를 하지 못합니다. 남자는 세세한 변화에 관심이 없습니다.

변화된 모습에 관심을 갖고 칭찬을 해주거나 좋아하는 마음을 말로 표현을 해준다면 서로를 더 기분 좋게 만들어 줍니다. 그리고 관심을 받는다는 건 상대방을 즐겁게 하는 일입니다.

5일 가장 좋은 생각

가장 좋은 생각은
자신을 믿는 것이고
가장 나쁜 생각은
자신의 그림자를 믿는 것입니다,

그늘진 생각은 부정적인 생각만 하게 됩니다.

일이 잘 풀릴 때는 자신을 믿는 것이 가장 쉽습니다. 그런데, 잘 안 풀리면 가장 어려운 생각입니다. 나를 믿었는데 되는 일이 하나도 없다고 생각하는 것은 최악의 생각이 됩니다.

부정적인 생각을 하지 않기 위해서는 나를 믿을 수 있는 뒷받침이 이루어져야 합니다.

'실천을 잘하고 있는가?'

'노력하고 있는가?'

'방향을 잘 잡고 있는가?'에 대한 것을 '자신이 잘하고 있나요?'

자신을 믿는 사람이 아무것도 하지 않고 있다면, 자신을 믿는 것이 아니라 그림자를 믿는 것과 같습니다. 허상일 뿐입니다.

6일 올바른 결정

어떤 일을 해야 할지
중요한 결정을 해야 할 때가 있습니다.
그때
나와 나의 이미지를 고민해서
망설이지 마세요.
어떤 일을 하든 창피할 것 없습니다.
그리고
무엇을 하든 남의 시선보다는 자신에게 집중하세요.
무엇을 하든 즐겁게 하세요.
무엇이든 잘해 낼 수 있습니다.

직업에 대한 귀천은 없습니다. 그러나 실제로는 그렇게 느껴지지 않을 때가 많습니다. 젊을 때는 다양한 직업을 선택할 수 있지만, 나이가 들면 직업 선택의 폭이 좁아집니다. 전문적인 일보다는 단순한 업무를 보게 되는 경우가 많습니다. 그럴 때 초라하게 생각되는 부분은 보지 말고 직업에 대한 자부심을 갖고 당당하게 하는 것이 정말 중요합니다. 나이가 들어서 아무것도 하지 않고 집에 있는 사람보다 나름 열심히 일하며 살아가는 사람이 멋지고 훌륭합니다.

7일 공감 가는 공통 이야기

잘난 체하지 말고
진솔한 대화가 좋습니다.
자신의 생각만 말하지 말고
남의 이야기도 들어 주세요.
생각이 다르다고 설득하지 말고
다른 것을 인정해 주세요.

공감 가는 공통 이야기를 할 때
정말 행복합니다.

말을 좋아하는 사람은 상대방의 이야기를 잘 안 듣는 경우도 있습니다. 상황에 따라 남의 말을 잘 듣는 배려도 필요합니다.

말을 잘 안 하는 사람은 대화하기 어려워서 재미가 없을 수도 있습니다. 즐거운 대화를 하기 위해서는 질문을 많이 해주면 됩니다. 예를 들어 '오늘 뭐 했어?', '그 영화 봤어?', '기분이 어때?' 등의 질문을 해주면 대답은 잘합니다. 결국 상대방이 싫어서 안 하는 것이 아닙니다. 말을 적게 하는 사람은 잘못된 말을 적게 하므로 실수가 적어서 좋은 점도 있습니다.

생각이 다르다고 다수가 한 사람을 매도하거나 기분 상하게 하면 안 됩니다. 정치인, 연예인, 운동선수 등 항상 같은 사람을 좋아할 수는 없습니다. 다른 사람을 좋아해도 인정하고 이해해야 합니다. 그리고 생각이 다르다고 무시하거나 생각이 다른 사람이라고 싫어하면 안 됩니다.

8일 하늘은 스스로 돕는 자를 돕는다

'하늘은 스스로 돕는 자를 돕는다.'
'Heaven helps those who help themselves.'
라는 말이 있습니다.

'하늘은 스스로 노력하는 사람을 성공하게 만든다.'라는 뜻으로
삶에 도움이 될 때가 있습니다.

노력만 한다고 잘 풀리는 경우는 생각보다 적습니다. 자신이 열심히 노력하고 있는데 안 되면 스스로를 자책하며 포기하고 싶어집니다.

같은 일을 반복하면 속도는 빨라지지만 계속 발전하는 것이 아닙니다. 나중에 한계가 생깁니다. 그럴 경우에는 코치나 감독 등이 있다면 도움을 받으면 되지만 없다면 관련 도서나 유튜브, 네이버 등을 이용해 정보를 찾고 더 나아지는 방법을 찾아내야 합니다.

모든 일은 처음 시작이 어렵고, 하다 보면 실력이 향상되는 것을 느낄 수 있습니다. 그런데 어느 정도 실력이 향상되면 분명 실력이 더 이상 늘지 않는 시기가 있습니다. 올라가는 것은 힘듭니다. 이때 힘들어서 포기하는 사람도 있습니다. 누구보다 앞서고 싶으면 참고 지혜롭게 잘 이겨내야 합니다.

9일 내 말이 맞는다고 주장하지 않기

내 말이 무조건 맞는다고 주장하는 것은
상대방의 감정을 상하게 할 수 있습니다.
때론
친구 관계에서는 누구의 말이
맞는지 중요하지 않습니다.
사사건건 시시비비하지 말고
그냥 넘어가는 것이 좋습니다.

세상에는 다양한 사람이 있습니다. 그중에 유독 고집이 센 사람이 있습니다. 예를 들어 정치 이야기를 하면 자신이 원하는 사람을 좋아해야 한다고 주장하는 사람이 있습니다.

좋아하는 사람이 다를 수 있는데 인정하지 못합니다. 그렇다고 그 사람이 나쁜 사람은 아닙니다. 때로는 인정해 주거나 이해하는 편으로 넘어가는 것이 좋습니다. 그렇지 않고 견해가 다른 자신의 주장만 내세우면 사소한 말다툼을 할 수 있습니다. 그리고 의외로 자신이 그런 사람인 줄 모를 때도 있습니다.

다름을 인정하지 않고 자기의 생각만 고집하는 사람은 대하기가 어려운 사람입니다.

10일 마음에서 우러나서 하기

무엇을 하든
억지로 하면 좋은 결과가 나오지 않고

무엇을 하든
스스로 원해서 하면 좋은 결과가 나옵니다.

어렸을 때부터 열심히 공부했습니다. 중학교 때는 상위권이었지만 고등학교 때는 중위권일 때가 많았습니다. 공부는 아주 열심히 했지만 생각보다 성적이 잘 나오지 않았습니다. 항상 나쁜 머리를 탓하며 우울하게 지냈습니다.

성인이 되어서는 프로그래머 꿈을 이루기 위해 열심히 100여 권의 책을 보았습니다. 마음에서 우러나고 간절히 원하는 마음으로 컴퓨터 책을 보니, 나쁜 머리에서 좋은 머리로 바뀌는 것이었습니다. 세상에 이렇게 머리에 쏙쏙 들어오는 경험은 처음이었습니다. 나중에 컴퓨터 책을 10권 쓰고 대형서점에서 2년 이상 베스트셀러가 되었습니다.

무엇을 하든 억지로 하고 의무감에 한다면, 세상에 필요한 사람이 아니고 주변인이 될 수 있습니다. 간절히 원하고 즐기는 마음으로 해서 자신이 주인공인 세상을 만들어 보세요.

11일 글을 쓰고 글을 읽기

나를 잘 알고자 한다면
글을 쓰면 되고
남을 잘 알고자 한다면
글을 보면 됩니다.

지금은 삶을 기록하는 일기를 쓰는 사람이 많이 없습니다. 하루하루 자신을 기록한다면 자신이 있었던 일에 대해 반성하고 즐거웠던 추억도 만들 수 있습니다. 그러면 자신에 대해서 많이 알게 됩니다. 약간 성격의 차이가 있을 수 있지만 SNS에 사진만 남기지 않고 글을 남기는 것도 자신을 아는 데 도움이 됩니다.

남자보다 여자가 책을 많이 봅니다. 요즘은 책을 읽는 사람이 많이 줄었습니다. 책을 보면서 남이 생각하는 가치관이나 지식 등을 얻을 수 있습니다. SNS상의 글은 짧고 단편적인 글이 많아서 쉽게 빠져들 수 있지만 중요한 부분을 놓치는 글을 볼 수도 있습니다. 그래서 책을 같이 보면 더 많이 삶에 도움이 됩니다.

12일 자신이 변해야 합니다

하는 일이 잘 안 되면 원인을 다른 곳에서 찾습니다.
자신 때문에 안 되는 경우가 많습니다.
자신을 바꿀 수 있는 것도 자신입니다.

남이 뭐라고 하면
좋은 충고는 자존심이 상해도 받아들이고
나쁜 건 당당하게 무시하면서 사세요.
그 중심에는 언제나 자신이 있습니다.

무슨 일이 잘 안 풀리면 주변 환경 때문에 안 풀린다고 생각하지만 그것이 아닐 때가 많습니다. 예를 들어, 코로나로 회사 매출이 떨어졌을 때 다른 사람은 코로나19 때문에 매출이 떨어졌다고 생각했습니다. 환경 탓을 하며 아무것도 하지 않았습니다. 물론 우리 회사도 코로나19 영향으로 매출이 떨어졌습니다. 그래서 방법을 찾은 것이 이윤을 덜 남기고 거래처를 늘려야겠다고 생각했습니다. 그랬더니 코로나19 상황에도 매출이 늘었습니다. 결국 자신이 변하니까 매출이 늘었습니다.

좋은 충고를 들을 때는 자존심을 버려야 합니다. 당장은 기분이 나빠도 나중에는 도움이 됩니다. 그리고 상대가 화가 나서 하는 말이나 성격 좋지 않은 사람의 말은 그냥 무시하는 것이 삶에 도움이 됩니다.

13일 자신을 사랑해 주세요

지금까지
사랑한다는 말 안 하셨나요? 왜죠?
때론 상처받고
때론 외로워하며
때론 웃으며
때론 행복해하며
늘 같이 있던 자신에게
참 잘했다고
'사랑해.'라고 해주세요.
그리고 마지막까지 함께해줄 자신에게
힘들 땐 '토닥토닥' 해주세요.

'평생 죽을 때까지 함께해줄 사람이 누구라고 생각하나요?'

'가족?', '절친?'

아닙니다. 바로 자신입니다.

'지금까지 많이 힘들었을 때 얼마나 자신에 대해 생각하면서 챙겨보셨나요?'

자신을 사랑해 주고 힘들 땐 마음속으로 꼭 안아주세요.

'여태까지 잘했다.'라고 해주세요.

가장 든든한 파트너가 생길 겁니다.

14일 듬직한 사람

너무 빨리 좋아하고
너무 빨리 싫어하지 마세요.
성격이 급할수록
잘되던 것도 안 될 수 있어요.
금방 좋아했다가
금방 식는 사람은 믿음이 안 가요.
사람도
듬직하게 오랫동안 항상 옆에서
응원하는 사람이 좋아요.

'성격이 급한가요?'

성격이 급한 것은 좋지 않습니다. 성격이 급한 사람이 일을 빨리 처리한다고 생각하면 오산입니다. 성격이 급한 사람일수록, 실수를 많이 합니다. 빠르게 처리하는 것은 숙련이 되어 있기 때문입니다. 성격이 급하지 않게, 자신을 위해 노력하는 것이 좋습니다. 성격이 급한 사람 대부분은 화도 빨리 내고, 풀리기도 빨리 풀립니다. 느린 것도 좋지 않지만 무엇이든 적당한 것이 좋습니다. 성격이 급한 사람은 기다리는 자세를 배워야 합니다.

성격이 급한 사람일수록 인연을 쉽게 생각하고 변덕을 부릴 수 있습니다. 사람 관계는 천천히 진솔하게 유지되는 것이 좋고, 오래된 벗은 함께 할수록 행복한 삶을 유지하는 데 도움이 됩니다.

15일 소중히 간직해야 하는 인연

1. 내 이야기를 잘 들어주는 사람
2. 대화가 편안한 사람
3. 함께 공감해 주는 사람
4. 가장 힘들 때 위로가 되는 사람
5. 여유가 있을 때 보고 싶은 사람
6. 항상 내 편이 되어주는 사람
7. 예의가 바른 사람
8. 나를 기쁘게 해주는 사람
9. 잘되라고 조언해 주는 사람
10. 말하지 않아도 함께하면 좋은 사람

'소중히 간직해야 하는 인연이 있나요?'

있다면 행복한 일이고 없다면 참 불행한 일입니다. 우리는 늘 바쁘고 힘들어서 자신도 챙기기 힘들 때도 있습니다. 바쁘게 살거나 돈을 많이 버는 일이 살아가는 데는 도움이 되지만 마음을 나눌 수 있는 사람이 없다는 건 좋지 않은 일입니다. 아무리 바빠도 소중한 사람은 시간 내서 만나고 쉴 시간이 없더라도 만들어서 쉬어야 합니다. 그래야 삶이 즐거워집니다.

16일 세로토닌이 저하되면

세로토닌이 저하되고 부정적인 생각을 하면
우울증에 걸릴 수 있습니다.
적당한 햇볕을 쬐며 좋은 일에 감사하고
긍정적인 생각을 하면
뇌에 적절한 세로토닌이 분비되고
우리를 차분하고 안정되게 만들어 줍니다.
그래서
마음속 깊이 행복해질 수 있습니다.

세로토닌은 기분을 편안하게 해주고 행복하게 만들어 주는 호르몬입니다. 낮에 햇볕을 30분 이상 쬐면 세로토닌의 분비가 적당량에 도달하고 행복 수치가 좋아집니다.

낮에 활동하지 않고 밤에 활동하는 사람은 세로토닌의 분비가 줄고 멜라토닌이 늘어나기 때문에 감성이 풍부해지지만, 하는 일이 잘 풀리지 않으면 우울증에 걸리기 쉽습니다. 그래서 우울증이 있는 사람은 햇볕을 적당히 쬐며, 야외 활동을 하고 밤에는 충분한 수면을 취하는 것이 좋습니다.

17일 기분 상하지 않게 지적하기

칭찬하면 기분이 좋아지지만
잘못된 부분을 지적할 때는
누구나 기분이 상합니다.
그럴 때는
칭찬하고 잘못된 부분을 말하거나
잘못된 부분을 말하고
칭찬하는 것이 좋습니다.

조언이나 지적은 최대한 부드러운 말투로 합니다. 칭찬과 조언을 섞어서 해주면 상대방은 기분이 덜 상하고 잘 받아들일 수 있습니다. 예를 들어 "너 이런 점이 안 좋아." 하면 듣자마자 기분이 상하게 되어 더 이상 말 듣는 것을 거부하게 됩니다.

"넌 이런 점은 좋은데, 이런 점은 개선하면 좋겠어."라고 하면 기분이 덜 상하고 받아들이기 쉬워집니다.

화가 나거나 흥분을 하게 되면 어떤 말을 해도 안 들어옵니다. 가장 중요한 것은 타이밍에 맞춰 분위기를 보면서 말하는 것도 기분 나쁘지 않게 말할 수 있는 것 중의 하나입니다.

18일 당근과 채찍에 관하여

어떤 일을 잘하면 상을 주고
어떤 일을 못 하면 벌을 줍니다.
성과를 높이는 데는 좋지만
때로는
하고 싶지 않은 걸 강요하게 됩니다.
그래서
배려와 이해가 동반되어야 합니다.

'당근과 채찍'은 상대방이 원하는 대로 이루면 상을 주고, 상대방이 원하는 대로 하지 못하면 벌을 주는 것입니다. 상대방이 원하지 않는 걸 강요하면 서로의 관계가 악화될 수 있습니다.

예를 들어, 부모가 자식에게 공부를 잘해서 목표를 달성하면 새로운 핸드폰을 사주고, 공부를 못 해서 핸드폰을 압수하는 것은 서로 충분한 동의 없는 강요가 됩니다. 결국, 좋은 결과가 나올 수 없습니다.

회사에서는 목표를 달성하면 상금을 걸고, 달성하지 못해 금전적인 손해를 끼친다면 더 잘하는 계기를 만들어 줍니다. 그 이유는 삶을 살면서 돈은 가장 큰 도움이 되기 때문입니다.

요즘 사회에서는 당근과 채찍보다는 함께 더불어 사는 사회이므로, 배려와 격려가 우선이 되는 것이 좋습니다.

19일 마음은 언제나 소중합니다

내가 좋아하는 사람이
나를 덜 좋아해서
더 보고 싶고
더 서운한지 모릅니다.
사랑은 내가 원하는 만큼
오지 않을 때도 있지만
그 마음은 언제나 소중합니다.

낮보다 밤에는 감성이 살아나서 더 보고 싶은 마음이 생깁니다. 내가 좋아하는 사람이 많이 보고 싶다는 건 가슴이 아픈 일이네요. 그리고 좋아해 주길 바라는 마음에 많이 서운하고 슬퍼질 수 있습니다. 그렇지만 마음속에 사랑하는 사람이 살아 있다는 건 언제나 마음을 따뜻하게 하고 소중한 것을 알게 됩니다.

사랑은 누구에게 소중합니다. 사랑하지 않는 메마른 감정은 도시에 홀로 남아 있는 것과 같습니다. 자연 속 풍경을 느끼며 아름다운 사랑을 하며 소중한 기억을 소환하세요.

20일 용서하는 마음

다시 만날 사람이 아니면
용서를 구하거나
용서를 받는 것에 의미가 없습니다.
그렇지만
마음이 뜻대로 되지 않고
마음이 편하지 않습니다.

용서한다는 건 어려운 일입니다. 사람을 만나야 용서를 해주는데 과거의 나쁜 추억이 생각나서 만나고 싶지 않을 수 있습니다. 반대로 용서를 구하고 싶은데 용서를 구하는 사람이 만나 주지 않아서 용서를 구하지 못하는 예도 있습니다. 그러므로 다시 만날 사람이 아니면 용서를 구하거나 받을 필요는 없습니다.

가슴 아픈 상처는 때론 영화처럼 복수하거나 용서를 받아야 하는 경우가 있습니다. 대부분의 보통 사람은 그냥 상처를 가지고 살아가는 경우가 많습니다. 가장 좋은 생각은 깊은 상처를 남겨준 사람이 아니라면 '원래 찌질한 사람이구나.' 생각하고 잊고 사는 것이 가장 좋은 방법입니다.

21일 좋아하는 마음과 꽃

좋아하는 사람과 함께하고
좋은 일만 생기고
좋은 마음을 느끼고
좋은 하루가 되어서
좋은 곳을 바라보며
좋은 생각을 하며
마음에 예쁜 꽃이 피어나길 바랍니다.

LOVE는 '상대방의 장점과 단점을 모두 좋아하는 마음'

LIKE는 '상대방의 장점을 좋아하는 마음'

사랑은 장점과 단점을 좋아하는 것이라서 상대방을 사랑하게 되면, 단점이 보이지 않고 장점으로 보일 수 있습니다.

좋아하는 마음은 좋은 면을 보기 때문에 기대치가 높고, 꾸준히 느낄 수 있으며 긍정의 마음이 자동으로 따라옵니다.

매일매일 좋은 생각을 하며 아름다운 세상에서 우리 마음에 예쁜 꽃을 피우며 사랑스러운 풍경을 보며 기분 좋게 멋지게 살아가면 좋겠습니다.

22일 이겨내는 생각

비가 오고 바람이 불고
어떤 역경이 와도
좌절하지 않겠습니다.
진실한 마음으로 세상을 느끼며
편견 없이 사람을 보며
모든 것에 집착하지 않으며
사랑하고 인내하며 살겠습니다.
그리고
함께하는 사람을 소중히 생각하고
많이 좋아하겠습니다.

누구나 힘든 역경은 한 번 이상 오고, 역경이 오면 좌절하지 않는 사람은 없습니다.

'자신만 역경이 온다고 생각하는 건 아니죠?'

'힘들어서 정말 죽고 싶다고 생각하는 것은 아니죠?'

자잘한 역경을 이겨본 사람이면 몸으로 학습해서 다른 사람보다 잘 이겨 낼 수 있습니다. 처음 겪는 사람은 힘들어서 매일 울면서 지낼 수 있습니다. 긍정적인 마인드가 있는 사람은 며칠 울다가 금방 잘 이겨냅니다.

사람마다 역경을 느끼는 정도 차이는 있습니다. 긍정적인 사람은 역경을 적게 느끼고 잘 이겨냅니다. 남도 이겨내는데 못 이겨내면 바보가 됩니다. 무조건 두 손을 불끈 쥐고 인내를 갖고 이겨내야 됩니다. 언제 어디서나 응원합니다.

23일 자연을 보며 좋은 기운을 느끼자

삶이 괴롭고 힘들고 짜증이 나고 외로워도
그것에 마음이 쏠려 호들갑 떨지 않고
있는 그대로 받아들이는 것에
삶의 의미가 있고 길이 있습니다.
오늘 누군가에 의해서 균형을 잃고 힘들어한다면
마음을 편안히 먹고
자연을 보며 즐거운 생각을 하며
좋은 기운을 느끼세요.

행복은 언제나 당신이 사랑하는 그곳에 있습니다.

소심한 사람일수록 마음 상하는 잔소리에 대해서 더 많은 심리적인 충격이 옵니다. 그래서 기분이 상하면 거기에 집착해서 아무것도 못 하게 됩니다. 소심하게 사는 건 좋지 않습니다. 사소한 말에 집착하지 않게 노력해야 합니다.

상한 기분을 달래 주는 사람이 없다면 자연을 즐겨보세요. 자연에서 느끼는 편안한 풍경과 소리에 기분도 좋아지고 상한 기분이 나아질 수 있습니다. 그래서 날씨가 좋으면 하늘을 보거나 꽃과 자연을 보면서 좋은 기운을 받으면 삶을 살아가는 데 큰 도움이 됩니다. 그리고 자연을 통해서 자신을 알아 갈 수 있습니다.

24일 괜찮아요! 이겨내세요

자신의 탓이 아닌데도 불구하고
스스로 자책하며
자신의 잘못으로 생각하며
아픈 날을 보낼 수 있습니다.
시간이 지나면 점점 나아지겠지만
노력하지 않으면
오랜 기간 더 힘들 수 있습니다.
그러므로
엎어지면 아이처럼 울면 안 되고
상처를 훌훌 털고 한 걸음 걸어보세요.

전하고 싶은 말은
"토닥토닥! 괜찮아! 이겨내면 다 잘될 거야."

감정 조절이 안 되는 사람일수록 실수를 하면, 어쩔 수 없이 자책하게 됩니다. 물론, 자신의 탓이라고 생각하고 방법을 찾는 건 도움이 됩니다. 자신의 실수로 모든 것을 망쳤다고 생각하며 우울한 시간에 빠져서 아무것도 못하면 삶이 망가질 수 있습니다.

'인생이 잘 풀리려면?', '잘되려면?'

잘 이겨내려고 노력을 해야 합니다. 노력하지 않으면, 아무것도 이루어지지 않습니다.

아이를 키울 때 아이가 넘어지면 스스로 일어나는 경험을 가르쳐야 합니다. 그렇지 않으면 성인이 되어서도 누가 도와주길 바라게 됩니다.

25일 사랑받을 자격

사람에게 실망하다 보면
사랑하는 것이 어색할 때도 있고
아픔이 남아있어
거리를 두기도 합니다.
그래도
괜찮은 사람이
좋아하는 마음을 전하면
따뜻하게 받아주세요.
그대는 사랑을 받을 자격이 충분히 있어요.

사랑받기 위해서 사랑을 해야 하는 것을 잊을 때가 많아요. 특히, 남자보다 여자는 누군가가 다가와서 나를 사랑해 주길 바라고 그런 사람이 없으면, '난 괜찮은 사람이 아닌가 봐.' 하고 생각합니다.

'자신이 자신을 사랑하나요?'

'사랑하는 마음 있나요?'

사랑은 남을 사랑하는 것에서 시작하는 것이 아니라, 자신을 먼저 사랑하는 것에서 시작됩니다. 또한 자신을 사랑하고 좋아하는 사람에게 사랑하는 마음을 표현해야 합니다.

자신을 신경 쓰고 예쁘게 가꾸세요. 그리고 사랑받기 위해서 마음이 있으면 그대는 정말 괜찮은 사람이고 사랑받을 수 있습니다.

26일 지금 내게 필요한 것

1. 실수해도 괜찮다고 해주기
2. 잘하고 있다고 칭찬해 주기
3. 행복하다고 생각하기
4. 겁먹지 말고 긍정적인 생각하기
5. 자신이 아프지 않게 토닥토닥 해주기
6. 자신한테 할 수 있어 응원하기
7. 오늘도 수고했어 해주기

'지금 내게 필요한 것이 무엇일까요?'

구체적인 것은 돈, 인연, 학력, 꿈 등이 있습니다. 예를 들면, 돈을 많이 벌고 싶으면 돈을 많이 벌면 되고 꿈을 이루고 싶으면 꿈에 도전하여 이루면 됩니다. 말로는 간단하게 말할 수 있습니다.

이루지 못하는 건, 과정이 쉽지 않기 때문에 못 하는 것입니다. 그러기 위해서는 스스로 행복하다고 생각하고 응원하고 칭찬하고 격려해 줘야 합니다. 그러면 최악이 오더라도 이겨낼 수 있습니다. 포기하고 싶거나 힘들 때 '지금 내게 필요한 것'을 기억해 주세요.

27일 위안이 되는 인연

일이 힘들 때보다
사람이 힘들 때가 많아서
고민하고 아파합니다.

그래도 위안을 주고
함께하는 인연이 있어서
삶을 힘내며 아름답게 살아갑니다.

군대생활, 직장생활, 학교생활 등을 하다 보면 마음에 안 드는 사람이 있습니다. 그렇다고 피해다니는 것도 쉽지 않습니다.

화를 내거나 짜증을 내면 대부분 이유가 있습니다. 관심을 갖고 걱정하는 말투로 '왜 그러십니까?' 하고 이야기를 들어주면 마음이 풀려서 나아지게 만들 수 있습니다. 관심을 못 받거나 다른 곳에서 스트레스를 받아서 다른 사람에게 짜증을 내는 경우가 대부분입니다.

삶에서 인연은 매우 중요합니다. 위로해 주고 공감해 주는 인연이 있어서 우리는 잘 이겨내며 살아갑니다. 그런 사람이 없었다면 항상 죽음의 문턱에서 살아왔을지도 모릅니다.

28일 감정 표현하기

인연이 되기 위해서는
서로가 생각하는 마음이 중요합니다.
상대방의 생각을 잘 모를 때
오해하고 착각하고 힘들어합니다.
그래서
생각이나 감정 표현을 해야
더 친근하게 다가갈 수 있습니다.

사랑을 하게 되면 눈빛만 봐도 알 것이라고 생각하기도 합니다. 사랑을 하는 초기에는 눈빛만 보고 알 수 있을지도 모르겠지만 시간이 지나면 소홀해집니다. 결국 자기의 생각을 표현해야 알 수 있습니다.

말을 하고 표현하는 것이 때로는 어색할 때도 있지만, 좋은 감정을 많이 표현하는 것은 좋습니다. 나이가 들수록 표현을 자주 하지 않게 됩니다. 물론 싫거나 아프거나 하는 것도 때에 따라서는 말을 해야 같이 공감할 수 있습니다.

상대방이 걱정하거나 내색하기 싫어서 표현하지 않으면 오해하거나 자신에게 멍을 줄 수 있습니다. 적절한 표현을 하면서 살아가야 마음이 편해집니다.

29일 고마워, 사랑해

쑥스럽고 표현이 많이 부족했을 뿐
한순간도 사랑하지 않았던 적이 없었다.
일할 때도
식사할 때도
사람을 만날 때도
순간순간 널 사랑해.
하루하루 네가 있어서
너무 아름답고 고마웠다.

'사랑을 하고 있나요?'

'사랑하는 사람이 자꾸 생각나요?'

누구에게나 사랑을 하게 되면 느끼는 감성이고, 아름다운 마음입니다.

'우리에게 사랑이 없다면 얼마나 메마른 감성일까요?'

심장에 뛰고 설레는 마음이 함께하고 보고 싶은 마음이 있다는 건 좋은 것입니다. 우리 행복한 사랑을 하며 좋은 추억을 기억하세요.

30일 자신의 행복 지키기

불성실한 사람,
매너가 없는 사람,
욱하게 만드는 사람,
기분 나쁘게 하는 사람,
자기주장이 너무 센 사람
때문에
짜증과 분노가 폭발할 수 있습니다.
너무 오래 기억하면 자기 손해입니다.
그러니
버릴 건 버리고
자신의 행복을 지키세요.

기분 나쁘게 만드는 사람이 많다는 건, 각자의 삶이 힘들어지고 있다는 의미도 있습니다. 다 받아 준다는 건 쉽지 않습니다. 그렇다고 스트레스받아서 일이 잘 안 잡히면 자신이 손해입니다. 결국, 행복을 지키기 위해서는 노력한 것이 마음 아프지만 힘들더라도 기분 좋게 잊고 행복을 지키며 즐겁게 이겨내면 좋겠습니다.

5 May

- 가장 행복한 사람 되기
- 가족과 함께 좋은 시간 보내기
- 좋은 인연을 연락하고 챙기기
- 나쁜 인연과 거리를 두기
- 인간관계를 이겨내고 성장하기
- 힘들 때는 타인보다 자신 챙기기
- 소중한 인연 챙기기

삶도 아픔도 영원하지 않습니다.
사랑하는 인연도 언젠가는 헤어집니다.
함께하는 동안 좋은 마음을 전하세요.
죽을 만큼 힘들어도 아픔은 지나갑니다.
슬퍼하지 말고 이겨내세요.

'이별하기 전에, 소중한 것을 챙기세요.'
'좋은 인연은 함께하고 나쁜 인연을 멀리하세요.'
'끝까지 함께할 가족을 사랑하세요.'

1일 우월감과 겸손, 배려, 사랑

많이 가졌다고
많이 안다고
높은 지위에 있다고
남보다 우월하다고
남을 비웃지 말고 가르치려고 하지 마세요.

겸손하면 겸손이 오고
배려하면 배려가 오고
사랑하면 사랑이 언젠가는 찾아옵니다.

우월감이 있는 사람과 대화하기는 힘듭니다. 자신이 많은 것을 알고 있다고 생각하며 가르치려고 합니다. 그런 사람은 대부분은 자신이 좋아하는 정치인, 종교 등을 좋아하거나 믿어야 한다고 강요하는 경우도 있습니다. 남보다 우월한 생각은 버리고 인정을 받으려면 설득, 이해, 배려가 포함되어 있어야 합니다.

겸손, 배려, 사랑은 같은 것으로 보상을 받거나 때에 따라서는 다른 것으로 보상을 받습니다. 근데 마음이 우러나서 행동하지 않고, 금방 효과가 생길 것이라고 바란다면, 기분이 상할 수 있습니다. 대가를 바라고 하는 것은 뜻대로 안 될 때가 많습니다.

2일 잘 이겨내는 사람

잘해내서가 아니라
잘 이겨내고 있는 것이 더 멋져요!
그러니까
아주 잘하지 못해도
마음 아파하지 않으면 좋겠습니다.
꿋꿋이 참고 지혜롭게 잘 이겨내면
분명 자신도 좋은 운이 함께할 겁니다.

지금 모습이 너무 좋아요.

'어떤 것이 힘들게 하나요?'
'무엇이 두려운가요?'
'누가 힘들게 하나요?'

잘하고 있는 것에 집중하지 못하고 있으면, 자신도 스스로를 싫어하게 되고 실망하게 됩니다. 잘 이겨내고 있는 자신을 칭찬하고 격려하면 더 잘할 수 있는 용기가 생깁니다. 어떤 걸 선택하실 건가요.

잘 이겨내고 꿋꿋하게 살면, 누구에게나 기회도 오고 운도 옵니다. 못했다고 집안에서 슬퍼한다면, 아무것도 오지 않습니다. 아니, 슬픔이 옵니다. 희망을 생각하면 희망입니다. 당연한 것을 잊으면 절대 안 됩니다.

3일 삶의 주체가 되어서 뭐든 하자

해보는 것과 해보지 않는 것은
사람에게 큰 영향을 줍니다.
나이, 용기, 소심한 마음 때문에 하지 못했다면,
마음의 그늘에 자신을 잃을 수 있습니다.

한 번 사는 인생 나쁜 것이 아니라면
뭐가 됐든 해보는 것이
삶의 주체가 나라는 걸 알게 되고
잘하고 있는 나를 이해하고 사랑하게 됩니다.

젊었을 때는 꿈과 용기가 충만해서 이것저것 뭐든지 하려고 도전을 합니다. 끈기가 있는 사람은 뭐든 잘될 가능성이 높고, 끈기가 없는 사람은 해보기만 하고 금방 포기합니다. 그래서 잘 안 풀립니다.

끈기와 인내는 쉽게 얻어지지 않습니다. 쉽게 되는 것이 없어서 자꾸 안 풀린다고 생각하는 사람은 점점 부정적이 됩니다. 그래서 도전하는 것을 꺼리고 두려워하게 됩니다.

육아, 실직 등으로 인해 많은 휴식을 하다가 나이가 들면 그냥 편안한 것에 안주합니다. 그래서 용기가 나지 않습니다. 무엇을 하는 것이 중요한 것이 아니라 한 번 사는 인생 늦었다고 생각하지 말고 하고 싶은 건 모두 해보세요. 죽으면 자연으로 돌아가서 자신은 사라집니다. 살아있는 동안 살아 있다는 걸 느끼세요. 나이가 많아도 원하는 걸 이루는 기쁨은 스스로가 누려야 할 축복입니다.

4일 들어줄 준비가 된 사람

가장 힘든 순간에
내 이야기를 공감해 주고
때로는 옆에서 기댈 수 있는
사람이 있으면 좋겠습니다.
갑자기 막 짜증을 내도
'왜 짜증 나니?' 하고
내 마음을 들어 줄 준비가 되어 있는
사람이 있으면 좋겠습니다.

감정이 상하거나 기분이 별로일 때 남의 이야기를 듣는다는 것은 어려운 일입니다. 상대방이 짜증을 부리면 말투에 화가 나서 자신도 짜증을 부리게 됩니다. 자신이 기분 좋을 때, 상대방이 짜증을 부리면 '왜 짜증이 나니?' 하고 물어봐 주고 공감해 주세요. 그리고 '짜증이 나겠다. 미안해.' 하면, 상황에 따라 금방 풀리는 경우도 있습니다.

자존심이 강하고 홀로서기를 잘하는 사람일수록 남에게 기대거나 의지하는 것을 별로 안 좋아합니다. 많이 힘들 때는 인연에게 기대세요. 쪽팔리게 생각하면 안 됩니다. 인연과 함께하고 마음을 나눈다는 것은 행복한 일입니다. 위로를 받거나 위로는 해주는 건, 사람이 살아가는 데 필요한 마음입니다.

5일 잘되길 응원할게

오늘 되는 일이 없어서
오늘 기분이 안 좋아서
오늘 죽고 싶은 마음이 있다면
무조건 이루어지지 않을 거야!
좋은 생각을 하면 모두 이루어질 거야!
오늘도 언제 어디서나
잘되길 응원할게!

안 좋은 생각은 기분 좋을 때 생기지 않습니다. 실수를 하거나 상처를 받으면, 자연스럽게 내 마음에 침투해서 스트레스를 받게 하거나 우울하게 만듭니다.

안 좋은 생각을 많이 하면, 안 좋은 일이 생깁니다.

'안 좋은 일이 생기기를 바라는 건 아니죠?'

그래서 우리는 힘들더라고 해도 좋은 생각을 많이 해야 합니다. 꼭! 이루어질 테니까요.

옆에서 기다려 주고, 보이지 않게 언제 어디서나 응원하겠습니다. 마음 푸시고 행복한 마음에 퐁당! 빠지세요.

6일 소중한 것을 챙기자

시간이 흐른다는 건
하나씩 하나씩 잊혀진다는 것.
그래서
잃어버리기 전에
우정, 사랑, 가족, 행복, 꿈 등을
소중한 것을 챙기며
살아가야
삶이 사랑스럽고 윤택해집니다.

하루하루 바쁘고 힘들고 고단하다 보면, 시간이 빠르게 흘러갑니다. 소중한 관계가 늘 있다고 생각하며 살아갑니다. 자신의 의사와는 상관없이 뜻하지 않게 이별을 할 수 있습니다. 저도 아버지가 돌아가신 후 한동안 슬픔에 빠져 있었습니다. 일이 손에 잡히지 않고 많이 힘들었습니다. 살아 계실 때 못 한 것에 대한 슬픔이 밀려올 때도 있습니다.

지금 자신에게 존재하는 소중한 것을 챙겨보세요. 생각하는 것은 의미가 없습니다. 행동으로 보여주세요. 장기간 못 만나고, 바빠서 잊고 왔다면 늦기 전에 챙겨보세요. 만나면 소소한 행복이 함께할 것입니다.

7일 의식하는 삶

삶이 무감각하게 흘러가는 대로
그냥 살아가면
세상의 감흥을 느끼지 못합니다.
의식하며 산다는 것
주변을 보며 좋은 걸 느낀다는 것이
얼마나 고마운 일일까요.
하늘을 봐도
같은 하늘이지만 매일 달라요.
반복적인 일상도
자세히 보면 멋진 것이 많아요.
우리 인생을 남에게 보여주며
희생하며 살지 말고
자신다운 삶을 의식하며 멋지게 살아요.

'반복적인 일상? 반복적인 집안일? 무덤덤한 하루?'

흘러가는 대로 아무 생각 없이 무표정하게 하루를 지내면 의욕도 없고 삶이 재미가 없어집니다.

'얼마나 슬픈 일일까요?'

사람도 대충 보면 매일 똑같은 얼굴이라고 생각되지만 아닙니다. 매일 보는 사람도, 매일 보는 하늘도, 매일 반복적인 일도 세세히 보면 다릅니다.

모든 것에 의식하며 산다는 건 좋은 일입니다. 어떤 하루는 멋있는 날, 어떤 하루는 예쁜 날, 어떤 하루는 선물 같은 날 등 우리에게 주어진 시간은 길다고 생각하면 길지만 지나고 나면 짧아요. 하루하루 좋은 일이 생길 것이라는 기대와 함께 활력 있게 살아요.

8일 좋은 인연은 노력이 필요하다

인연은 자연스럽게 우연히
따뜻하게 다가옵니다.
그리고 다시 만날 인연이라면
헤어져도 다시 오기도 합니다.
그런데
좋은 인연은
노력하는 가운데 찾아온다는 것을
잊지 않으면 좋겠습니다.
그리고
행복한 인연은 서로 존중하고
아껴주는 마음에서 시작합니다.

사람을 모두 믿는 건 좋지 않습니다. 의도적으로 접근하는 사람은 피하는 것이 좋습니다. 대부분의 인연은 회사, 학교, 동호회 등으로 인해서 만나게 되는 경우가 많습니다. 그러다가 마음이 맞아서 별도로 만나게 됩니다.

인간관계는 때로는 힘들게도 하지만, 좋은 관계의 인연은 힘들 때 자신을 지탱할 수 있는 원동력이 됩니다. 그리고 사소한 오해가 있다면 서로 마음을 빨리 풀어야 합니다. 서로 노력하지 않으면 인연이 오래 지속되지 않을 수도 있습니다.

9일 가장 힘든 순간에 많이 배운다

가장 힘든 순간에
가장 많이 배우고
가장 소중한 인연을 알게 되고
가장 필요한 지혜가 생기고
가장 중요한 경험이 생깁니다.
그러니 힘든 순간을 피하려고 하지 마세요.
이겨내는 순간 경험과 지혜로
자신이 더 성숙해지고
좋은 인연을 알게 됩니다.

가장 힘든 순간에 가장 많이 배우는 것이 맞습니다. 힘들어할 때 같이 공감해 주는 친구는 정말 좋은 인연입니다. 잘 이겨내면 인내와 경험이 생기고, 자신이 발전할 수 있는 계기가 됩니다. 그러나 매일 술 마시고 울면서 과거에 집착하면 폐인이 됩니다. 인생은 점점 절벽으로 떨어지게 됩니다.

힘든 순간을 절대 피하면 안 됩니다. 절대 약해지면 안 됩니다. 절대 기죽으면 안 됩니다. 분명 잘해 낼 수 있습니다.

10일 위축되지 말고 최선의 삶을 살자

남에게 피해를 주면서
마음대로 행동하는 것은 좋지 않지만
남에게 위축되어서
눈치를 보는 것도 좋지 않아요.

보여주는 선택보다는
나를 위한 선택을 하세요.
삶의 주체는 언제나 자신이므로
자신을 위한 최선의 삶을 살면 좋겠습니다.

남에게 피해를 주는 사람의 대부분은 자신이 그러면 안 된다는 것을 잘 모릅니다. 성인이 되어서는 잘 고쳐지지 않습니다.

내성적이거나 소심한 사람일수록 남의 시선에 눈치를 많이 봅니다. 그리고 지나친 배려를 하는 사람도 남의 눈치를 보는 경우가 종종 있습니다. 배려라는 명목으로 자신이 하고 싶은 말을 하지 않고, 모두 참는 건 배려가 아니고 위축되어서 하는 것입니다. 무조건 이해하고 무조건 배려하는 것은 옳지 않습니다.

삶은 남에게 보여주기 위해서 사는 것이 아닙니다. 남의 말에 휘둘려서 자신을 잃지 마세요. 그리고 당당하게 자신을 위해서 최선의 삶을 만들고 느끼며 생활하세요.

11일 멋진 사람이 되기 위한 마음의 자세

1. 긍정–할 수 있다.
2. 감사–고맙습니다.
3. 적극적–무엇을 도와드릴까요.
4. 수용–좋은 말입니다.
5. 헌신–열심히 하겠습니다.
6. 여유–도와드릴까요?
7. 협조–같이 해볼까요.
8. 능동–제가 할게요.

멋진 사람이 되고 싶은 마음은 있는데 의외로 마음가짐이나 성격 때문에 그렇게 되지 않을 때가 있습니다. 예를 들어, 어르신이 무거운 짐을 들고 갈 때 여러 사람이 있으면 선뜻 도와주는 사람이 없습니다. 다른 사람이 도와주겠지 하는 마음 때문입니다. 여러 사람이 있더라도 도와주세요. 여유가 있고 능동적이고, 협조적이고, 적극적인 마음이 있다면 쉽게 할 수 있는 문제입니다.

자신을 생각하며 자신의 미래를 보며 '멋진 사람이 되기 위한 마음의 자세'를 한번 해보는 것도 좋지 않을까요.

12일 바람은 언젠가는 멈춥니다

삶이 뜻대로 되지 않고
마음이 힘들 때가 있습니다.
주먹을 쥐면 쥘수록 힘들 듯
손을 펴고 기분을 풀어 보세요.
어쩌면
가장 힘들었던 순간이나
가장 좋았던 순간을 떠올린다면
힘든 시간은 지나가는 바람입니다.

바람이 불어도 언젠가는 멈춥니다.

여름에는 장마가 와서 비가 오랫동안 와도 결국 멈춥니다. 바람도 불다가 언젠가는 멈춥니다. 고통도, 아픔도 시간이 지나면 멈춥니다. 아니, 안 멈출 수도 있습니다. 아무것도 안 하고 폐인처럼 살면 지나가지 않습니다. 그렇지만 자신이 해결할 의지가 있고 이겨낼 의지가 있다면 시간이 결국 모두 지나갑니다. 아픔과 고통도 점점 옅어지며 마음이 제자리로 옵니다.

최선을 다해 노력하고 빨리 적응해서 이겨내면 장마가 아니라 순간 지나가는 소낙비가 되기도 합니다.

'슬픔에 빠져 있을 건가요?' 아니면 '빨리 이겨내서 즐겁게 살 건가요?'

선택하세요. 자신의 손에 달려 있습니다.

13일 휴식과 여유를 챙기는 삶

살면서 의욕도 적고
쉽게 지치는 사람이 많아요.
너무 바쁘게 살고 있지는 않은가요?
팍팍한 일상이 많이 힘드시죠,
아무리 바빠도
꽃을 보는 여유와
촉촉이 내리는 비에 충만한 감성,
그리고
틈틈이 휴식과 여유를 챙기면
삶은 그렇게 힘들지만은 않을 거예요.
우리 함께 묵묵히 열심히 살아요.

사람들이 주말이면 산이나 바다에 가는 이유가 있습니다. 숲이나 자연에서 스트레스를 없애고 강이나 바다에서 많은 엔도르핀(endorphin)을 얻으면 잡념도 사라집니다. 쉬는 날에 게임이나 TV를 하면 순간 재미있고 시간도 잘 가지만, 스트레스가 더 쌓여갑니다. 그러다 보면 작은 일에도 신경질적으로 변할 수 있습니다. 자연에서 얻는 힐링은 자신의 몸과 마음을 건강하게 해줍니다.

14일 그만 살고 싶다

'그만 살고 싶다.'라는 생각은
'행복하게 살고 싶다.'라는 말입니다.

오늘도 힘들지 않게
자신에게 토닥토닥 해주세요.
그리고
스스로에게 살아 있어서 고맙고
세상이 빛나고
'좋아해!'라고 해주세요.

'여태까지 함께한 자신을 잃고 싶은 사람이 어디 있겠습니까?'

'자신이 이렇게 힘들도록 왜 학대하셨나요?'

'스스로 많이 힘들게 했다면, 자신에게 사과하세요.'

'그만 살고 싶다.'라는 말은 죽고 싶은 것이 아니라 행복하게 살고 싶다는 자신의 외침입니다. 평소에 힘들 때 자신을 안아주고, 괴로울 때 '나는 괜찮아.'라고 해주고 틈틈이 스스로를 챙겨주세요. 그리고 무조건 이겨내고 행복하게 사세요.

15일 마음으로 전하기

늘 함께해서 고맙습니다.
미안하다는 말보다
진심으로 사랑하는 마음이
함께하면 좋겠습니다.
그건
사랑하는 마음이 함께해야
말보다 가슴으로 느끼는
진심이 보이거든요.

가슴으로 느끼는 것을 말로 표현해야 하지만, 말이 앞서는 경우가 많이 있습니다. 미안한 말투가 아닌데 의무적으로 '미안해.'라고 하면 상대방이 더 화가 날 수 있습니다. 진심으로 해야 상대방의 기분이 풀립니다. '사랑해.'라는 말도 마음에서 우러나야 더 애틋하고 감동을 받습니다.

회사 앞에 차를 파킹하는데 옆에 지나가던 모르는 어린아이가 자전거를 타면서 귀엽게 "안녕하세요."라고 했는데, 너무 사랑스럽고 감동을 받았습니다. 진심으로 하는 어린아이의 인사에도 행복이 전해 왔습니다.

행복의 시작은 아침 인사입니다. 따뜻한 인사와 함께 좋은 마음을 전해 보세요. 삶이 아름다워집니다.

16일 삶이 지치면 좋은 일을 만들자

삶이 지치면
아무 생각 없이 고단하고
힘들게 살아갑니다.
그러면 좋은 일이 없을 수 있습니다.
좋은 일이 자연히 생길 때도 있지만
좋은 일이 없을 땐
스스로 만들어야 합니다.

'좋은 일이 없나요?'

'아무 생각이 없나요?'

그러면 안 됩니다. 자신이 일에만 집중하다 보니 생각과 마음이 죽습니다.

가끔 맛있는 식사도 하고, 즐거운 산책도 하고, 기분 좋은 음악도 듣고, 취미 생활도 하고, 틈틈이 친구도 만나세요. 스트레스는 미리미리 풀어 줘야 합니다. 자신을 우울하게 만들지 않기 위해서 쉬어야 합니다. 자신의 행복한 삶을 누리기 위해 여유를 챙기세요.

17일 자신이 가고 싶은 방향

남의 방향을 따라가면
아무리 잘하고 노력해도
2등 이상은 될 수 없습니다.
자신에 대해서 인정하고
자신이 가고 싶은 방향으로 살아간다면
그대는 항상 1등입니다.

요즘에 '카페가 많이 생기니까?', '나도 하면 잘되겠지.', '내가 하면 잘 될 거야.' 이런 긍정적인 생각만으로 성공할 수 없습니다. 그리고 사전 준비 없이 하면 얼마 되지 않아서 망합니다.

무엇을 하든 사전 준비, 방향 등을 마스터하고 실행해야 합니다. 커피를 최고로 맛있게 만드는 방법을 습득하고, 다른 매장보다 차별화될 수 있는 메뉴를 준비해야 하고, 자신이 하는 카페에 손님을 끌 수 있는 것을 찾아야 합니다. '가격이 싸다, 인테리어가 좋다.' 등 특별한 것이 있어야 합니다. 프랜차이즈 가맹점을 하는 것이 아니라면 1등이 될 수 있는 뭔가 특별한 것이 있어야 합니다.

성공의 법칙이 있습니다. 새로운 아이템이나 남들이 잘 하지 않는 것을 해야지 성공하기 쉽습니다. 많이 하고 있는 것을 하면, 많은 경쟁자를 이겨야 하므로 쉽지 않다는 걸 기억해야 합니다. 즉 남들이 많이 하는 것은 성공하기 어렵습니다.

18일 사람은 가려서 만나세요

누구나 자신을 싫어하는 사람이 분명 있습니다.
그러면
신경 쓰지 말고 싫어하면 됩니다.
그런데
가끔 여린 마음에
싫어하지 않게 하려다가
상처를 받을 수 있어요.
사람은 쉽게 변하지 않습니다.
그래서
사람을 가려서 만나라는 말이 맞습니다.

'모든 사람이 모두 자신을 좋아하길 바라는 건 아니죠?'

아는 사람이 많다면 그렇게 될 수 없습니다. 정치인, 연예인, 운동선수 등 인기가 많으면, 많을수록 좋아하는 사람과 싫어하는 사람은 언제나 있습니다.

싫어하던 사람이 나중에는 좋아지는 경우도 있지만, 그렇지 않은 경우가 더 많습니다. 그렇기 때문에 일방적으로 참아가며 노력해도 의미가 없을 수 있습니다.

회사, 학교, 직장 등에서 싫은 사람하고 어쩔 수 없이 일을 할 때는 되도록 개인적인 이야기는 피하고 사무적인 이야기만 하면서, 무시할 건 무시하며 지내는 방법이 최선입니다.

19일 하루의 시작

하루의 시작에 30초를 투자하세요.
욕실에서 자신을 비춘 거울을 보며
'아자! 나는 오늘도 행복하게 즐길 거야.'
'까꿍! 도리도리! 하하하!'
자신의 얼굴을 보며 웃어 주세요.

일이 즐거워야 행복한 것이 아니라
마음이 즐거워야 행복합니다.
그리고
즐겁게 일하는 사람은 누구도 못 이깁니다.
뭐든 최고가 되면
그대를 좋아하고 사랑하게 됩니다.

일이 즐거워지려면 마음이 즐거워져야 싫어하는 일도 즐거워집니다. 억지로 하면 능률이 안 오를 수 있습니다. 어차피 하는 것 즐거운 마음으로 하세요.

하루의 시작을 웃는 여유를 챙기고, 행복할 것이라는 마음을 매일 심어 준다면, 자신이 변화하는 것을 느낄 것입니다. 습관처럼 한다면 삶은 즐겁고 기분 좋아집니다.

20일 좋아하는 사람 챙기자

싫어하는 사람은
생각조차 하지 말아야 합니다.
시간이 너무 아까워!
그런데 어려울 때가 있습니다.
좋아하는 사람을
생각하며 관심 있게 챙기세요.
너무 좋아요!

두 가지 생각을 동시에 집중하는 것은 불가능합니다.

'싫은 생각을 할 건가요?'

'즐거운 생각을 할 건가요?'

무조건 즐거운 생각을 선택해야 합니다.

싫은 사람 때문에 짜증 내지 않기 위해서는 좋아하는 사람을 만나고, 챙기고, 집중하면 됩니다. 자연히 시간이 지나면 기분이 풀리게 됩니다. 살다 보면 좋아하는 사람을 만나고, 챙기는 것도 어려울 때가 있습니다. 좋아하는 사람을 생각하며 약속 잡고 기분 좋은 시간을 만들어 보세요. 얼마나 설레는 일인가요.

21일 쉽게 생각하지 말자

쉽게 포기하지 말고
쉽게 짜증 내지 말고
쉽게 믿지 말고
쉽게 잊지 말고
조심하고 진실 되면 좋겠습니다.

잘되는 사람과 안 되는 사람의 차이는 노력과 인내가 있는 사람과 없는 사람의 차이입니다. 무슨 일을 하든 쉽게 되는 것은 거의 없습니다. 쉽게 포기하면 잘될 수가 없습니다. 뭐든 끝까지 하는 자세는 어떤 어려움도 극복할 수 있는 인내를 가지고 있다는 것입니다. 사람도 일도 사랑도 쉽게 포기하지 않고 노력하는 자세는 멋지고, 훌륭하고, 칭찬을 받아야 합니다.

22일 어른이 된 자신에게 필요한 것

1. 자신의 말에 책임을 진다.
2. 평정심을 잃지 않는다.
3. 잘난 체하지 않는다.
4. 잘못되어도 스스로 해결한다.
5. 가족과 함께 미래를 생각한다.
6. 법규를 잘 지킨다.
7. 사랑을 한다.

어렸을 때는 부모님 말 잘 듣고 공부하면 되었지만 어른이 되어서는 무엇이든 자신이 결정하고 책임져야 한다는 것이 심적 부담이 있을 때가 많이 있습니다.

결혼하고, 아이가 생기고, 불안한 미래 그리고 금전적인 문제로 인해 자신이 초라해 보일 때도 있지만, 사랑하는 가족이 있기 때문에 힘내며 살아갑니다.

코로나19, 경기 불황 등으로 지금 많이 힘들고 어렵겠지만, 잘 이겨내고 시간이 지나면, 언젠가는 좋아지는 건 진리입니다. 비가 오면 언젠가는 비가 그치는 것도 진리입니다.

어른이 된다는 것이 좋은 것만은 아닙니다. 모든 것에 책임을 져야 합니다. 책임감 있는 어른이 되어서 올바르게 살아가세요.

23일 내 마음에 보석상자

이유 없이 마음이 우울하고
기분이 별로 안 좋을 때가 있습니다.
그러다 보면
의욕 상실에 존재감이 떨어집니다.
그래서
자신의 마음에 보석상자를
가지고 있어야 합니다.
즐거울 때, 기분 좋을 때, 행복할 때
차곡차곡 보석상자에 넣어 두세요.
그러면
힘들 때 꺼내보면 덜 힘들고
휴식 같은 여유가 생깁니다.

힘들고 우울할 때는 좋은 기억이 생각나지 않습니다. 그러면 좋은 기억이 나게 만들어야 합니다. 핸드폰에 저장된 좋은 사진이나 동영상을 보거나 좋은 글을 보며, 마음의 위안을 찾을 수 있습니다.

평소에 긍정적인 마음이 있다고 인생이 잘 풀리는 것이 아닙니다. 정말 힘들고 아프고 죽고 싶을 때 좋은 추억을 기억하며 긍정적인 마음을 몸과 마음에 전해야 됩니다. 대부분은 최악이 되면 부정적인 마음으로 변해서 삶을 어려워지게 만듭니다. 스스로 긍정적인 마음이 있는 사람은 부정적인 마음으로 빨리 변하지 않게 막아 줍니다.

24일 일할 때, 도울 때, 힘들 때

일할 때
묵묵히 일하는 것보다
여유 있게 웃으며 일하는 것이 좋습니다.

도울 때
의견을 내세울 때보다
기분 좋게 도와줄 때 너무 감사합니다.

힘들 때
조언하는 것보다
이야기를 들어주는 것이 고맙습니다.

'일할 때' 가장 좋은 것은 즐겁게 하는 것이 가장 좋습니다. 회사, 직장, 학교 등 자신의 생각대로 되지 않을 때가 많이 있습니다.

'도울 때'는 자신이 조금 더 안다고 리더가 되려고 하지 말고, 돕는 입장이므로 지적보다는 존중의 마음이 있어야 합니다.

'힘들 때'는 힘든 상황을 다른 사람에게 말해야 기분이 좋아집니다. 때에 따라서는 조언이 필요하지만, 조언이 없어도 힘든 상황을 말하는 자체로 풀립니다. 그리고 듣는 사람은 '나한테 이런 말을 왜 해?'라고 생각하며 '내가 더 힘들어.'라고 자신의 생각을 말하면 안 됩니다.

25일 기분 좋아지는 미션

하나. 거울을 보고 자신한테 웃으며
넌 멋져! 잘할 수 있어! 토닥토닥 해주기

둘. 정말 좋아하는 것에 1시간 투자하기
음악 듣기, 산책하기, 게임하기, 담소 나누기 등

셋. 좋은 인연에게 전화, 카톡하기 등

미션 완수 부탁합니다.

'미션을 만들어 본 적 있나요?'

애인과 함께 미션, 가족과 함께 미션, 친구와 함께 미션을 함께하면 생각하지 못했던 지루한 일상이 설레는 날로 바뀔 수 있습니다.

오늘 메모지나 핸드폰에 좋은 미션을 만들어 보고 실천하면서 삶의 묘미를 느껴보면 좋겠습니다.

스스로 즐거운 미션을 만들면, 우울한 하루가 기분 좋은 하루가 될 수 있습니다.

26일 꽃을 좋아하는 마음으로

사람은 누구나
주고받기를 바랍니다.
그렇게 안 되면
마음이 상할 때도 있습니다.
그래도
좋아하는 것은 그냥 좋아하세요.

꽃을 좋아하면서
꽃에게 좋아해 달라고 하지는 않잖아요.

좋아하는 마음에는 질투도 있고, 나도 좋아해 주면 좋겠다는 마음도 함께 있을 수 있습니다. 사랑하는 것과는 달리, 좋아하는 것은 일방적이라도 감수하며 사는 것이 좋습니다. 함께 이야기를 나누고 계속 볼 수 있다는 건 참 좋은 일입니다. 힘들 때는 자신에게 위안이 되기도 합니다.

이성을 사랑하는 마음은 조금 다르겠죠. 일방적인 것은 오래 가지 못합니다. 너무 일방적이라고 생각되면 다시 생각해 보는 것도 나쁜 생각은 아닙니다. 평생 함께할 사람은 서로 마음이 비슷해야 이루어질 수 있습니다.

27일 인생 망가지는 방법

1. 무료하게 살아라.
2. 소심하고 위축하며 지내라.
3. 매사를 부정적으로 생각하라.
4. 비아냥거리며 지내라.
5. 말보다 욕이 앞서라.
6. 좌절하며 울기만 해라.
7. 무능한 자세를 보여라.
8. 남의 말을 듣지 마라.
9. 자신만 잘났다고 생각하라.
10. 남을 하찮게 여겨라.

'인생 망가지는 방법'에 해당하는 사람이 많습니다. 자신이 뜻하지 않게 해당될 수 있습니다. 하는 일이 계속적으로 잘 안 풀리거나 큰 아픔이 올 때 이겨내지 못하면 인생이 망가지는 방향으로 가게 될 수 있습니다. 자신이 망가지지 않게 의식하고, 노력하면 생각보다 쉽게 이겨낼 수 있습니다. 결국, 마음먹기가 중요합니다.

28일 진심을 받아주는 사람

사람들에게 진심으로 대하는 것은
참 좋은 일입니다.
그러나 무조건 진심으로 대하는 것은 좋지 않아요.
그것이 단점이 되거나 흠이 될 수 있습니다.
진심은 진심으로 대하는 사람에게
통한다는 것을 기억하세요.

대부분 사람은 진심으로 대하면 진심이 옵니다. 그러나 그렇지 않은 사람이 있습니다. 진심을 말한 것을 약점으로 사용하거나 나중에 험담하는 사람이 있습니다. 그리고 진심을 받지 않는 사람도 있습니다.

사랑하는 사람에게 진심으로 사랑하는 마음을 전했는데 생각이 달라서 마음을 안 받을 수 있습니다. 이런 경우에 상처를 받을 수 있으므로 서로 사랑하게 되면 진심으로 행동하는 것이 좋습니다.

29일 잘난 체하는 사람

자랑하거나 가식과 허세가
장점이 되고 있어 보인다고
생각하면 오산입니다.
사람들은 그 모습을 좋아하지 않습니다.
진정성 있고
솔직한 모습에
감동받거나 좋아합니다.

좋은 일이 있는 경우에 축하받는 건 자랑에 포함하지는 않습니다. 사람은 잘되는 부분을 인정받거나 축하를 받고 싶은 욕구가 있습니다. 그런데, 잘 안 되고 있는 사람 앞에서 잘되는 것을 자랑하면 그건 상대방의 배려가 부족한 것입니다. 상대방을 기분 상하게 할 수 있습니다. 분위기를 잘 파악해서 말하는 것이 중요합니다. 대부분의 사람은 자랑보다는 서로 공감하며 솔직하게 이야기 나누는 것을 좋아합니다.

30일 주의해서 만나야 할 사람

1. 자기 말이 항상 맞는다고 하는 사람
2. 욕을 자주 하는 사람
3. 남을 배려하지 않는 사람
4. 진심으로 대하지 않는 사람
5. 얻어먹기만 하는 사람
6. 아부를 많이 하는 사람

자신에게 좋은 말을 해주는 사람은 좋지만, 자신보다 지위가 낮은 사람이 좋게만 이야기할 때는 경계를 할 필요가 있습니다. 사기를 치는 사람은 투자 등을 말하면서 오랫동안 남에게 잘하고 도와주는 척하는 일이 있습니다. 좋은 사람도 많지만, 사람은 아무나 쉽게 친해지지 말고 가려서 만나야 합니다.

요즘 유튜버(YouTube content creator: 유튜브 동영상을 제작하는 사람)나 아이들은 욕하는 사람이 많습니다. 특히, 유튜브(YouTube)를 보면 욕하는 사람을 흔히 볼 수 있습니다. 욕을 한다고 다 나쁜 사람은 아니지만, 욕을 평소에 자주 하는 사람은 좋지 않습니다. 그리고 습관적으로 욕을 하는 사람도 많습니다. 욕을 하는 것이 당연하고 대중화되지 않길 바라봅니다.

31일 종교가 있는 삶

삶이 자신을 너무 힘들게 하면
스스로 지키기 어려워집니다.
종교를 믿으므로 마음이 편해지고
삶이 윤택해진다면
믿음을 가지는 것도 좋습니다.

좋은 말과 겸허한 자세가 함께할수록
삶에 도움이 됩니다.

어렸을 때는 친구가 좋아서 교회를 다녔고, 어른이 되어서도 친구가 좋아서 절을 다녔습니다.

지금은 교회나 절을 다니지는 않습니다. 경건한 마음으로 기도를 하거나 절을 하면 힘들었던 마음이 풀립니다. 그리고 예수님, 부처님의 좋은 말씀을 듣는 시간이 있다는 것이 살아가는 데, 많은 도움이 됩니다. 종교를 믿고, 다니면서 들었던 교훈적인 말씀이 삶에 방향을 주기도 했습니다.

가장 힘든 순간에 자신에게 기도하거나, 하나님에게 기도하거나, 부처님에게 기도를 합니다. 그러면 간절히 원하는 마음과 함께 굳은 결심이 생겨 무엇이든 더 잘할 수 있게 만들어 줍니다.

기도를 해서 잘하겠다는 굳은 결심이 생겨도 실천하지 않으면 안 된다는 것을 잊지 말아야 합니다.

6 June

– 잘하고 있는지 생각해 보기
– 올바른 방향으로 노력하기
– 힘들면 산책하며 기분 전환하기
– 누가 뭐라고 해도 휘둘리지 않기
– 좋은 기회가 생기면 놓치지 않기
– 사랑하는 사람을 이해하고 배려하기
– 잘하고 있다고 자신을 응원하기

걱정과 고민에 집착하면
더 힘들 수 있습니다.
힘들면 울어도 괜찮아요.
그 시간이 길지 않게 이겨내세요.
잘 이겨내는 성장하는 멋진 나를 볼 수 있습니다.

'목숨을 바칠 만큼 소중한 것이 있으면 지키세요.'
'죽을 만큼 힘들면 죽을 만큼 사랑을 하세요.'
'너무 애쓰지 말고 순응하며 이해하세요.'

1일 우리가 있기에 더욱 빛나

별이 빛나는 건, 어둠이 있기 때문입니다.
꽃이 빛나는 건, 자연이 있기 때문입니다.
삶이 빛나는 건, 인연이 있기 때문입니다.
내가 빛나는 건, 그대가 있기 때문입니다.

혼자일 때는 빛날 수 없습니다.
우리가 있기에 더욱 빛납니다.

'혼자서 잘하게 됐다고 생각하나요?'

세상에는 혼자 만들 수 있는 것은 없습니다. 자동차, 배, 비행기 등 모두 함께 만들어 갑니다. 자신이 혼자서 잘 났다고 생각해서, 독불장군(獨不將軍)처럼 행세하면 안 됩니다. 다른 사람에게 피해를 주면, 일 처리를 잘해 낼 수 없습니다. 사람들이 팀워크가 되어야 세상에 빛나는 멋진 제품을 만들어 내는 것입니다.

'혼자만 있다고 행복할까요?'

외롭습니다. 함께하는 인연이 있고, 함께 웃는 친구가 있고, 사랑하는 가족이 있고, 좋아하는 사람이 있어서, 감사하고 행복해서 자신의 빛나는 순간이 만들어집니다. 자신이 빛나는 것은 기분 좋은 일입니다.

각기 다른 사람이 살고, 각기 다른 생각을 하며, 부조리 같은 세상이지만, 각자 개성 있게 빛나며 조화를 이룹니다. 예쁘게 사랑스럽게 빛이 납니다. 자연을 보세요. 부조화 같지만 각자 다른 모양으로 인해 바위도, 꽃도, 나무도, 너무 예쁘게 빛나지 않나요. 같은 패턴만 존재한다면 세상은 피곤할 것입니다.

2일 미래의 나

과거의 나
현재의 나
미래의 나
그때그때 다릅니다.
뭘 하든, 무엇을 하고 있든
걱정하지 마세요.
미래의 나를 믿으세요.
미래의 나는 무엇이든 잘해 낼 것입니다.
멋진 나를 위해, 한 보 전진!

잘못된 과거의 자신에 집착하면, 언제나 과거의 자신이 됩니다. 그리고 현재의 나도 잘못된 과거의 자신이 됩니다.

현재의 자신이 미래의 자신을 만듭니다. 긍정적인 마음과 희망적인 마음으로 미래의 나를 만들면, 미래의 나는 현재의 나와 달라집니다. 자신이 생각하는 것보다 더 잘할 수 있습니다.

'미래의 나를 위해서 현재 파이팅!'

멋진 미래의 나를 만들기 위해서는 항상 잘못된 것을 반복하지 않게 철저하게 자신을 분석하는 것을 잊지 말아야 합니다.

3일 소중한 한 명만 있어도 행복하다

보고 싶은 친구가 있고
함께하는 인연이
한 명이라도 있다면
행복하게 사는 것 맞습니다.

많다고 더 행복한 건 아닙니다.

성격이 좋고, 사람들이 좋아하고, 인기가 많다고 행복할 것 같지만 아닙니다. 그럴수록 좋아하는 사람과 싫어하는 사람이 많을 수 있습니다.

인생에 있어 대부분 아주 친한 사람은 5명 이하인 경우가 많습니다. 그리고 많은 인연을 관리하고 모두 친하게 지내다 보면 의외로 인간관계에 대한 회의감이 들 수 있습니다.

한 명이라도 기분 좋은 편한 관계가 있고 죽을 때까지 함께할 인연이라면 그처럼 행복한 삶이 어디겠습니까?

많은 사람이 필요 없습니다. 내가 좋아하는 사람과 커피 한잔을 하며, 담소하는 것만으로 가장 행복할 수 있습니다.

4일 올바른 방향으로 가려고 노력하자

사람에게 크게 상처를 오래 받으면,
큰 파도가 몰아쳐서
몸과 마음이 산산이 부서질 수 있다는
사실을 인정하고 받아들여야 합니다.
그렇지 않으면
자신이 더 초라하고 삶이 어두워집니다.
그러니, 벗어나려고 노력하기보다는
밝은 생각과 선한 마음으로
좋은 사람과 마음을 나누며
올바른 방향으로 가려고 노력해야 합니다.

자잘한 상처에 잘 버티던 사람도 계속적으로 아픔이 오면, 어느 순간 모두 무너질 수 있습니다. 그리고 생각지도 않았던 사람의 죽음을 맞이하게 된다면, 죄책감이나 불안감에 술로 하루하루 지낼 수 있습니다.

아버지가 돌아가신 후 많은 시간이 힘들고, 일이 손에 잡히지 않았습니다. 그래서 어머니와 함께 주말마다 시골집에 가서 자연도 보고 활동적인 소소한 일을 하다 보니 마음도 편해지고 기분이 빨리 좋아졌습니다. 마음이 힘들어서 집에서 쉬고 아무것도 하지 않을수록 아픔이 더 커집니다.

친구도 만나고 즐거운 일을 찾으며 기분 좋은 마음을 만들면 더 나빠지지 않고 삶이 좋은 방향으로 바뀌게 됩니다.

5일 배려에 관하여

단점보다 장점을
말해주는 것도 배려이고
기분 상할 것 같은 것을
모른 척하는 것도 배려이고
험담을 옮기지
않는 것도 배려입니다.

사람들은 대부분 자신이 배려하면, 남들은 배려하려고 노력하지 않는다고 생각될 때가 있습니다. 배려는 바라지 않고 하는 행동 자체가 배려이고 '안녕하세요.' 하는 인사에서 배려가 시작됩니다.

연예인, 운동선수 등 자신과 직접적인 관련이 없는 사람의 험담은 무조건 나쁘다고 보지 않습니다. 사람에게는 남의 말을 하고 싶은 욕구가 있어서 말하는 것을 좋아하는 사람은 사실 막을 수 없을 때도 있습니다. 그러나 직접적인 관련이 있는 사람은 험담을 하지 않아야 합니다. 알게 되면, 서로에게 상처를 주거나 싸움이 됩니다.

직접적인 연관이 없더라도, 여러 명이 공유하는 공개적인 공간에서는 험담을 하는 글을 올리는 것은 바람직하지 않습니다.

6일 좋은 곳에 기운 쓰기

운동을 하거나 크게 웃거나
다른 사람을 도울 때 기운을 써야 합니다.

쓸데없이
성질을 내거나 감정이 격해지거나
짜증이 날 때 기운을 쓰면
방전되어서 삶이 더 힘들어집니다.

'오늘 얼마나 많이 웃었나요?'

'얼마나 좋은 기운을 쓰셨나요?'

기분이 좋아지는 행동을 하면 방전이 되는 것이 아니라, 밝은 생각을 하게 되어서 마음이 충전이 됩니다. 스트레스가 쌓이는 것이 아니라 스트레스가 줄어듭니다.

'기분이 많이 상했나요?'

'소소한 것에 짜증이 나요?'

'모두 하기 싫나요?'

짜증도 성질도 기운이 있어야 합니다. 그 행동을 하면서 혈압이 오르면, 나중에 몸도 나빠집니다. 그리고 상대방도 상처를 받아서 같이 방전됩니다.

'삶을 살면서 얼마나 많은 고민을 하고 살까요?'

우리 좀 더 상대방을 이해하며 밝은 마음으로 살면 좋겠습니다. 때에 따라서는 화가 나는 일도 많겠지만, 기분 좋게 넘기면 삶은 정말 즐겁고 행복할 것입니다.

7일 일이 느린 사람

일하면서 느린 사람이 있습니다.
실제로 일이 느린 사람은 거의 없습니다.
생각하는 시간이 많아서
느리게 하는 경우가 많습니다.
일을 벌이고
어영부영하며 지낸다면
삶이 더 초라해집니다.
빠른 결단과 올바른 계획으로
진취적으로 삶을 이끌어 가세요.
삶에 끌려가면
일이 힘들고 쉽게 지칩니다.

무슨 일을 하든 사전 계획과 준비 없이 생각하는 시간이 길면 작업하는 시간이 많이 걸립니다. 그러다 보면 다른 사람보다 자신이 잘못한다고 착각하거나, 시간이 촉박해서 짜증이 날 수 있습니다. 그리고 잘못된 경우 다시 해야 하므로 두 배의 시간이 더 걸릴 수 있습니다.

일이 중단됐을 때, 다시 진행하려는 빠른 결단을 해야 합니다. 일은 직접 많이 해본 경험 있는 사람이 할 수 있습니다. 일을 많이 안 해보거나 경험이 부족하면 못 할 수 있습니다. 그래서 일을 빨리 배우려면 경우의 수를 생각하며, 어떤 것이 가장 빠른 방법인지 생각하고 고민해야 합니다. 생각하지 않고 시키는 것만 하면 실력은 늘지 않습니다.

8일 마음이 아파도 포기하지 말자

조바심이 평정심을 잃게 하고
회의감이 꿈을 포기하게 하고
우울증이 잘하던 것을 못 하게 합니다.
하는 것이 잘 안 풀려서
마음이 아파도 포기하지 마세요.

포기는 항상 쉽습니다. 그냥 하지 않으면 됩니다. 인생을 살면서 포기하고 싶을 때 포기했다면, 얼마나 많은 것을 잃어버렸을까 하는 생각이 듭니다.

정말 미치도록 하기 싫으면 포기해도 됩니다. 그런데 포기하는 것을 습관처럼 해왔다면 절대 포기하지 마세요. 자신의 인내력의 한계가 얼마만큼인지 알아내세요. 인내력이 좋은 사람이 성공합니다. 그리고 포기하기 전에 자신이 향상되려는 노력을 했는지 스스로에게 물어보세요. 생각을 하지 않고 똑같이 반복적으로 하면 실력이 늘지 않습니다. 잘할 수 있는 방법을 찾아야 합니다.

자신과의 싸움을 이겨내서 짜릿한 기쁨을 만들기를 기원합니다.

9일 기회가 오면

최적의 기회만 기다리면
오지 않을 수 있습니다.
자신 없는 괜찮은 기회가 있다면
용기를 내서 도전해 보세요.
좋은 기회는 알아서 올 때보다
만들어질 때가 더 많습니다.
다양한 것을 도전해 봐야
좋은 기회도 자주 옵니다.

'자신에게 기회가 오지 않는다고 슬퍼하고 있나요.'

'최적의 기회를 기다리나요.'

절대 안 옵니다. 그런 마음으로 생각하셔야 합니다.

기회는 끝없는 도전을 해야 옵니다. 그리고 기회는 오는 것이 아니라 만들어지는 것입니다.

저는 항상 도전을 해왔습니다. 프로그래머 도전, 컴퓨터 책을 쓰는 도전, 회사 만드는 도전.

끝없는 도전이 좋은 결과가 되어서 기쁨과 행복을 안겨다 주었습니다.

'주저하고 있나요?'

도전을 하고 기회를 만들어 보세요. 꿈이 현실이 됩니다.

10일 우울증에 대한 생각

1. 불면증이 심하다.
2. 하는 일이 잘 안 풀린다.
3. 부정적인 생각을 많이 한다.
4. 사람에 대한 상처를 많이 받았다.
5. 만사가 귀찮고 아무것도 하기 싫다.
6. 밖의 활동을 잘 안 하고 집에만 있는다.
7. 소중한 것을 잃은 슬픔이 자꾸 생각난다.

'우울증은 당신이 약하다는 증거가 아닙니다.'

'우울증에 대한 생각'이 익숙해지면, 우울증에 걸릴 수 있습니다. 마음이 약해서 우울증에 걸리는 것이 아닙니다. 힘든 삶이 오랫동안 지속되어서 자신을 이기려고 애쓰고, 많이 지치고 힘들어서 그러는 것입니다.

한없이 부정에 빠지면 삶이 정말 살기 싫어집니다. 보는 시각에 따라 삶은 변할 수 있습니다. 이기려고 애쓰지 말고 좋은 것만 보세요. 자신이 우울증을 이겨내야 모두가 즐거워질 수 있습니다.

11일 꿈을 포기하고 싶을 때

1, 하기 싫어서
2. 능력이 안 되어서
3. 못 하는 자신이 견디기 힘들어서
4. 주변 상황이 안 좋아서
5. 새로운 것을 하고 싶어서
6. 남들에게 포기하라는 말을 자주 들어서
7. 갑자기 왜, 힘들게 해야 하는지 몰라서

하기 싫어서 꿈을 포기하는 사람은 의외로 적습니다. 잘 못 하고 있는 자신이 견디기 힘들고 괴로워서 합니다. 자신에 대한 믿음이 사라지면 회의감이 들어서 더 포기하고 싶어집니다.

사실 꿈은 자신을 포기한 것이 아닙니다. 자신이 힘든 과정을 이겨내기 싫어서 자신이 꿈을 포기한 것입니다.

꿈이 자신에게 맞지 않는다고 진심으로 생각하면, 과감하게 포기하세요. 새로운 것을 하는 것도 좋은 방법입니다. 인생의 길은 하나만 있는 것은 아닙니다.

12일 화가 나면 1분간 쉬었다 말하기

화가 날 때
즉각적인 반응은 상대방에게
상처를 주는 경우가 있습니다.

화가 나면 심호흡을 하고
1분 이상 쉬었다가 말하면
과격한 말을 줄일 수 있습니다.

사실 화를 내지 않는 건 어렵습니다.
그렇지만
조금 참고 후회하는 일이 없다면 좋겠습니다.

어려운 관계에서는 화를 잘 내지 않지만 쉬운 관계, 편한 관계, 가까운 관계에서는 화를 자주 내게 됩니다. 부모와 자식 간에, 부부 관계에서, 형제 관계에서, 직장 관계에서 등 다양하게 문제가 될 수 있습니다.

근본적인 문제는 화를 먼저 내는 사람이 고쳐져야 문제가 사라집니다. 그런데 화를 맞받아치면 싸움이 됩니다. 싸움이 되기 전에 상대방에게 화나는 이유를 물어봐야 합니다. 수긍이 가능하면 반발하지 말고 긍정적인 답변을 해야 합니다. 그렇지 않으면 서로 힘들게 됩니다. 그리고 화를 내는 사람도 화를 듣는 사람도 호흡을 1분 이상 하고 생각하고 한다면, 서로 상처받지 않게 대화가 풀릴 수 있습니다. 너무 과격해지면 한 사람이 피하는 것도 좋은 방법입니다.

13일 행운을 주는 습관

1. 진심(좋은 감정)으로 대하기
2. 나쁜 결과에 대해 남 탓하지 않기
3. 잘난 척하지 않고 겸손하기
4. 현재 가지고 있는 것에 만족하기
5. 기다릴 줄 아는 인내심 갖기
6. 편안한 마음 유지하기
7. 질투심 버리기
8. 운이 좋다고 생각하기
9. 잘될 것이라고 자신을 믿기
10. 어려운 사람을 능동적으로 돕기

나쁜 습관은 다른 사람에게 피해를 주며 기분을 나쁘게 할 수 있습니다. 행운을 주는 습관은 남에게 즐거움을 주고 기분 좋게 해줍니다.

사실 행운을 주는 습관은 마음이 상하거나 힘들 때는 갖기 어렵습니다. 그래서 쉽게 고쳐지지 않을 수도 있습니다. 좋은 습관을 가지려면, 자신이 즐거워야 할 수 있습니다. 항상 즐거운 마음을 유지하고 기분 좋게 행동하면 자연히 됩니다. 그리고 항상 자신이 잘하고 있는지, 잘못하고 있는지, 의식하며 생각하는 자세도 좋습니다. 그래야 스스로 행운을 주는 사람으로 변화합니다.

14일 스스로 이겨내는 법

아이가 엎어지면
스스로 일어나기 전에
일으켜 주면 안 됩니다.

아이가 일어날 때까지
기다려 주고 응원해 줘야 합니다.
그래야 스스로 이겨내는 법을 배웁니다.

어렸을 때 스스로 자립하는 방법을 몸에 익히지 않으면 성인이 되어 어려운 일이 생겨도 스스로 해결하지 못합니다. 어려운 시기를 이겨내려면 인내심, 용기, 이겨낼 수 있는 능력이 있어야 합니다. 어렸을 때부터 성인이 될 때까지 오랫동안 부모님에게 의지한 사람은 혼자 해내는 능력이 부족할 수 있습니다. 그리고 없던 능력이 갑자기 나타나지 않으므로 어떤 일이든 참고 견뎌야 합니다. 그리고 홀로서기를 노력해야 합니다. 이겨내는 방법을 경험해야 자신이 성장합니다. 스스로 습득하고, 많이 겪어서 알아내야 합니다. 그래서 시행착오, 실수, 잘못 등을 잘 처리하면 자신의 능력이 향상되고 성숙해집니다.

15일 좋은 생각하는 좋은 사람

좋은 생각을 하면
좋은 사람을 끌어들입니다.

나쁜 생각을 하면
나쁜 사람이 찾아옵니다.

그렇기 때문에
어떤 생각을 하느냐에 따라
인생이 좋아질 수도 있고
인생이 초라해질 수도 있습니다.

자신에게 나쁜 사람이 꼬인다면 자신에게 문제가 있을 수 있습니다. 재산이 많다고 자랑하거나, 잘난 체를 많이 하면, 능력을 인정받아서 좋은 사람이 생긴다고 생각할지 모릅니다. 아닙니다. 사기 치려고 하는 사람이 생길 수도 있고, 자신을 이용해 이익을 보려고 친한 척하는 사람도 생깁니다. 진정한 친구가 아닐 수 있습니다. 재산이 없어져서 자신이 힘들 때는 등을 돌릴 수 있습니다.

좋은 생각을 하면 좋은 사람이 많이 생기고, 좋은 일이 많이 발생해서 삶이 더 좋아집니다. 그리고 좋은 친구는 재산과 같아서 자신도 빛나게 해줍니다. 좋은 친구가 있다면 약속을 잡고 같이 즐거운 이야기를 나눠보세요. 삶이 즐거워집니다.

16일 자신을 잘 지키고 이해하는 사람

가장 잘 사는 사람은
잘 이겨내는 사람이 아닙니다.
자신을 아프지 않게
잘 지켜내는 사람입니다.

가장 멋진 사람은
잘생긴 사람이 아닙니다.
남이 아프지 않게
잘 이해하는 사람입니다.

'잘하고 싶은가요?'

'잘 이겨내고 싶은가요?'

죽을 때까지 함께하는 사람은 사실 자신입니다. 잘 이겨내려면 힘들 때 '잘하고 있어.', '여태까지 잘했잖아.', '괜찮아! 잘될 거야.' 하고 자신에게 꼭 말해주세요. 그리고 무슨 일이 있더라도 자신을 포기하면 안 됩니다.

인연이 될 사람은 같이 웃고, 같이 울고, 같이 공감하는 사람을 좋아합니다. 그렇게 하려면 상대방에 대해서 잘 이해하고 있어야 합니다.

'잘 이해해 주는 좋은 인연을 누가 멋지지 않다고 생각할까요?'

이런 사람이 사랑을 받을 자격이 충분히 있는 사람입니다.

17일 기적 같은 일

이곳에 이렇게
살고 있는 것이 기적 같아요.
세상에 한 사람인
그대를 만날 수 있는 건
정말 기적입니다.
그리고
기적 같은 인연을 사랑하고
소중히 생각하고
아끼며 살아가면 좋겠습니다.

우주에서, 지구에서 같은 시간에 같은 공간에서 만나게 되는 건 쉬운 일이 아닙니다. 그리고 사랑을 하게 되면 기적 같은 일입니다.

인연을 쉽게 생각하지 말라는 글입니다. 자신이 어떻게 해도 만날 인연은 만난다는 말은 이별의 슬픔을 아프지 않게 위로해주기 위한 글입니다. 소중한 인연이라고 생각하면 좋은 마음을 전하고, 노력하고, 배려하면, 오해나 뜻하지 않은 이별을 피할 수 있습니다.

미래는 깜깜한 세상입니다. 알 수 없습니다. 그렇지만 자신이 하기에 따라 미래는 빛이 될 수 있습니다.

18일 불안감과 우울증

보이지 않는 불안감을
해결하는 방법은
지금 바로 할 수 있는 일을 찾는 것이고

우울증에 빠져 있을 때
가장 빠른 방법은
활동적인 것을 찾아서
몸을 바쁘게 만드는 것입니다.

미래가 예측되지 않거나, 아무것도 하지 않거나, 해야 할 일을 하지 않으면 마음이 불안해집니다. 그때는 무엇이든 바로 할 수 있는 것을 하세요. 못 한 일을 하거나, 다른 생각을 할 수 있게 친구를 만나거나, 청소를 하거나, 그냥 바로 할 수 있는 걸 하면서 불안한 생각을 떨치게 됩니다.

우울증은 금방 생긴 병이 아닙니다. 원인이 있을 수도 있고, 없을 수도 있습니다. 우울증을 해소하기 위해서는 꾸준한 노력이 필요합니다. 그렇기 때문에 매일 가벼운 운동, 산책, 요가 등이 좋을 수 있습니다. 그리고 바쁘게 활동적인 일을 하면 피곤해서 밤에 잠이 잘 오기도 합니다. 바쁘게 생활하는 것이 도움이 됩니다.

19일 억울한 일 이겨내기

살다 보면 억울함에 직면할 수 있습니다.
억울함 때문에
자신이 망가진다면
세상에서 가장 아프게 살 수 있습니다.
누구나 억울한 것 하나쯤
가지고 있습니다.
집착에서 벗어나
자신을 포용해 주고
좋은 생각에 집중하며
미래를 위해서 살면 좋겠습니다.

'살다 보면 억울한 일 없나요?'

누구나 있습니다. 특히 자신이 하지 않은 것을 했다고 할 때, 자신을 믿어주지 않는다면, 상대방이 정말 미울 수 있습니다.

억울한 일을 당했을 때 상대방과 대화로 풀리면 다행이지만, 안 풀리는 경우가 더 많습니다. 그리고 서로 자기의 주장을 내세우면 상황에 따라 싸움이 생기기도 합니다.

사람은 완벽하지 않습니다. 자신에게 잘못된 부분은 감추려고 하지 말고 솔직히 말하고 양보할 것은 양보해야 합니다. 따지는 말투로 하지 말고, 부드러운 말투로 의견을 조율하면 대부분 해결될 수 있습니다.

해결되어서 자신이 그 일에서 벗어나지 못하고 괴로워하면 안 됩니다. 집착에서 벗어나 미래를 위해 현재에 충실하기 바랍니다.

20일 인생길을 가다 보면

고난과 역경을 피해야 한다면
참아서라도 피해야 하고
피할 수 없다면 즐겨야 합니다.

돌아가야 한다면
힘들어도 돌아가야 하고
돌아가지 못한다면
정면 승부를 해야 합니다.

고난과 역경은 피하는 것이 좋고, 참아야 한다면 힘들어도 참아야 합니다. 그런데 피할 수 없는 상황에는 힘들어도 이겨내야 하고, 항상 즐기는 마음으로 하면 잘 이겨 낼 수 있습니다.

어떤 일을 처리할 때 정면 승부를 하는 것이 좋지만 다시 준비를 하고 천천히 단계를 밟고 가야 한다면 시간이 오래 걸리고 힘들어도 돌아가는 것이 좋습니다.

사람마다 사는 인생이 다를 수 있지만 억지로 사는 인생보다 즐기는 인생이 잘살고 행복해질 수 있습니다.

21일 그대가 있어 행복합니다

그대는 예뻐요.
그대를 보고 싶어요.
그대는 사랑스럽습니다.
그대가 있어 행복합니다.
그대는 존재 자체로 빛나요.
그대가 함께해서 너무 감사합니다.
그대가 공기 같아서 없으면 죽어요.
그대가 어디에서 무얼 하든 응원합니다.

이 글 읽는 분이 그대입니다.

'자신이 예쁘지 않다고 생각하나요?'

'자신이 멋지지 않다고 생각하나요?'

그렇게 생각하면 그렇게 됩니다. 그렇게 생각하지 않으면 좋겠습니다. 자신을 가꾸고, 자주 웃고, 그러면 인상은 변합니다. 친구를 얼굴로 뽑지는 않습니다. 대부분 사람은 마음이 잘 통하고, 긍정적인 사람을 좋아합니다.

그대는 멋지고 좋은 사람입니다. 그러니까 좋은 마음을 전하면서 행복하게 즐겁게 하루하루 보내세요.

22일 목표 세우기

도전하다가
좌절하거나 괴로운 것보다
더욱 슬픈 건
무능하다고 생각해서
아무것도 하지 않는 것입니다.

목표는 크지 않아도 괜찮습니다.
작은 목표라도 세우고
도전해 보세요.

'목표가 없나요?'

'목표가 너무 크지 않나요?'

'목표를 달성한 것이 없나요?'

성공이나 목표를 이루지 못한 사람은 절대 큰 목표를 잡으면 안 됩니다. '목표는 무조건 크게 잡아라.'라는 위대한 사람의 말은 참고만 하세요.

좌절이나 실패를 많이 한 사람은 긍정적인 마음과 의욕이 생기지 않습니다. 아픔과 상처가 많아서 아무것도 못 한다고 생각하면, 목표 없이 살아도 좋습니다. 매일 아파서 힘든데 도전하라고 하면 더 힘들어서 삶이 절망적일 테니까요. 나중에 기운이 나면 목표를 만드세요.

작은 목표를 세우고 달성하면 기쁨을 축하하며 사세요. 그러다가 자신감이 생기면 좀 더 높은 목표를 세우고, 점점 성장하는 자신을 보며, 응원하며, 격려해 주세요.

23일 과거를 잊고 이겨내자

이미 벌어진 일은
되돌리기에 늦었습니다.
그러나
다시 시작하기에는
충분한 시간이 있습니다.
그래서
빨리 과거를 잊고 이겨내야 합니다.

가장 불행한 사람은 잘못된 것에 집착하며 사는 사람입니다. 의외로 그런 사람이 많습니다. 과거의 큰 실수는 쉽게 잊히지 않습니다.

성공하는 사람과 성공하지 못하는 사람의 가장 큰 차이점은 잘못을 인정하고 빨리 해결하는 점이 다르고, 같은 실수를 하지 않습니다. 바로잡을 충분한 시간이 있다고 생각하며 무조건 이겨내야 합니다.

24일 축하해 주는 인연

힘들 때 자신의 이야기를 들어주는
인연도 좋지만
좋은 일에 축하해 주고
공감하는 인연도 너무 좋아요.
그리고
내 마음을 항상 좋게 받아주는
인연이 참 좋아요.

힘들 때 공감하는 것은 생각보다 쉽습니다. 자신보다 못한 상황이나 같은 상황은 쉽게 동화되고 공감합니다. 그런데 잘되어서 축하해 달라는 것은 생각보다 어려울 때가 있습니다. 결혼, 돌잔치 등과 같이 공개적인 것은 거부감을 느끼지 못하지만, 자신보다 우월한 것에 잘된 것은 공감하기 어려워서 자랑으로 받아들이는 경우가 흔합니다.

25일 밤에 걱정거리 생각 안 하기

가장 나쁜 건
밤에 걱정거리를 생각하며
잠 못 자고 악몽을 꾸는 것이고

가장 좋은 건
아침에 밝은 생각하며
기분 좋게 행복한 하루를 보내는 것입니다.

아침에 일어나서 기분 좋게 시작하는 것이 익숙해지고 습관이 되어야 합니다. 그래서 긍정적인 생각과 오늘은 잘 지내야지 하는 생각을 하면 평상시보다 더 즐거워집니다.

우울증이나 불면증이 있는 사람은 밤에 생각이 많습니다. 음악도 슬픈 음악보다는 마음이 편해지는 음악을 듣는 것이 좋습니다. 밤에 좋은 생각을 해야 기분 좋은 꿈을 꾼다는 건 알지만, 뜻대로 되지 않을 때가 있습니다. 즐거워지는 동영상이나 기분 좋은 글을 보는 것도 도움이 됩니다.

26일 혼자만의 시간

외로워서 혼자 있을 때는
기분이 다운되지만
사람에 치이거나
좋은 생각을 할 때는
혼자만의 시간이 좋습니다.

혼자 있을 때, 가장 좋은 생각이 나기도 합니다.

하는 일이 잘 안 되거나, 가까운 사람의 상을 치르고 나서는 혼자 있는 시간을 피해야 합니다. 고민이나 슬픔에 오래 빠져 있으면 삶에 독이 될 수 있습니다. 사람들을 만나거나 즐거운 활동을 하세요.

'일에 치이고, 가정일에 치이고 있나요?'

그럴 때는 혼자 있는 시간을 가지며, 자신을 돌아보고 휴식을 취하는 것이 좋습니다.

세계의 위인들도 가장 위대한 아이디어는 혼자 있을 때 떠오릅니다. 기분 전환이 필요할 때나, 아이디어가 필요할 때는 기분 좋은 편안한 음악을 들으면서 생각을 할 때 좋은 집중력이 생깁니다.

혼자 있는 시간에 자기계발, 취미생활, 아이디어 등 자신을 돌아보면 더 잘할 수 있는 계기가 됩니다.

27일 자신을 칭찬하고 자존감을 높여주자

잘하고 있는 사람도
자신이 기대한 만큼 못 하면
실망하게 됩니다.
기준이 높다고 좋은 것도 아니고
기준이 낮다고 좋은 것도 아닙니다.
자신의 눈높이에 만족하며
자신을 칭찬하고 자존감을 높여주세요.

스스로 잘하고 있어도 더 이상 실력이 늘지 않으면 힘들어하게 됩니다. 그리고 자신이 잘하고 싶지만 마음을 먹은 만큼 안 될 때가 있습니다. 힘들 때는 낮은 사람을 보고 좀 더 발전하고 싶으면 나은 사람을 보는 것이 좋습니다. 힘들어서 쉬고 싶으면 현재 상태에 만족하면 됩니다. 그리고 너무 격차가 큰 사람을 보고 그 사람과 비슷하지 못하면 자신에 대해 실망이 커질 수 있습니다. 무엇이든 갑자기 발전하는 경우는 없다는 것을 기억하고 차근차근 한 단계 한 단계 밟고 올라가세요. 마음이 급하다고 빠르게 올라가면 다치거나 숨이 차서 힘들 수 있습니다. 조급한 마음을 버리세요.

28일 너무 보고 싶다

시간이 지나서 잊을 줄 알았는데
비가 왔다 안 왔다 하는 변덕에
내 마음도 그대가 생각납니다.
사랑하는 사람은 쉽게 잊히지 않네요.
서로 애틋하게 아껴주던
마음을 다시 느끼고 싶어서
그대가 너무 보고 싶네요.

사랑하게 되면 서로 보고 싶고 자주 연락합니다. 좋아하는 감정은 하루를 기운 나게 하고 즐겁게 만듭니다. 다른 사람이 자신을 많이 좋아한다는 건 좋은 일입니다. 연애 감정은 시간이 지나도 그리운 감성입니다. 다시 연애를 하고 싶은 건 이런 감정을 다시 느끼고 싶어서일지도 모릅니다.

사랑하는 사람과 이별을 하면 잊어야지 하면서도 계절이나 날씨에 따라 감정이 바뀌면서 보고 싶고 그리울 때가 있습니다. 그것이 마음대로 되면 좋은데, 뜻대로 안 되어서 마음 아프기도 합니다. 그리고 첫사랑은 항상 마음속에 남아 있습니다.

'사랑은 계속되어야 합니다.'

봄, 여름, 가을, 겨울 계절이 바뀌고 마음이 변해도 사랑은 마음속에 늘 있어야 합니다.

29일 매너가 좋은 사람

매너가 좋은 사람은
사람을 끌어당기고
매너가 나쁜 사람은
사람을 잃어버립니다.
근데
매너가 없으면 싫어한다는 것을
모르고 있는 사람도 있습니다.
남에게 무시당하지 않으려면
기본적인 예의를 지키는 것이 좋습니다.

매너가 없는 사람이 더 많기 때문에 매너가 좋은 사람에게 끌리는 것입니다. 자신이 매너가 없다는 것을 모르는 사람이 많습니다. 사람을 만나는 경우 매너의 기본은 '안녕하세요.'라는 인사입니다. 물론 메시지나 카톡은 만나는 인사를 잘 하지 않으므로 '감사합니다.'가 기본 매너입니다.

예의 바른 사람을 보면 어떻게 성장했는지 알 수 있습니다. 그러므로 예의는 자신만의 문제가 아니라 가족에게까지 영향을 준다는 것을 기억하세요. 부모와 가족을 멋진 분들로 만들어 주세요.

30일 더 많이 사랑하자

조금 더 공감하고
조금 더 이해하고
조금 더 배려하고
조금 더 들어주고
더 많이 사랑하면 좋겠습니다.
그런 마음이 온다면
나도 더 많이 사랑하겠습니다.

세상에 사기꾼도 많고 나쁜 사람도 많지만 좋은 사람도 많이 있습니다. 공감하고, 이해하고, 배려하고, 들어주는 사람이 있다면 좋아하고, 사랑하지 않을 수 없습니다. 때로는 그렇게 하는 것이 많이 힘들어서 울고 싶을 때도 있지만 조금 더 힘내고 용기 있게 살아가면 삶이 그렇게 힘든 것만 있지는 않을 것입니다. 오늘을 더 사랑하며 보이지 않았던 사랑을 챙겨보세요.

7 July

– 비처럼 쏟아지는 아픔도 언젠가는 그칩니다.
– 더워도 기분 좋은 마음 챙기기
– 바다를 보며 힐링하기
– 더운 만큼 더 열정적으로 생활하기
– 사랑하는 사람과 행복한 꿈꾸기
– 책을 읽으며 소소한 여유 챙기기
– 시원한 커피와 함께 담소 나누기

바람이 계속 불어도
비가 계속 와도 언젠가는 그칩니다.
아픔 때문에 죽을 만큼 힘들어도 지나갑니다.
현실에 충실하며 잘 지내보세요.
금방 지나가고 행복한 시간이 옵니다.

'아침에 거울을 보며 긍정적인 마음가짐을 챙기세요.'
'고민이 많으면 활동적인 것을 찾아서 하세요.'
'바다를 걸으면서 행복한 꿈을 꾸세요.'

1일 오늘도 많이 힘들었지

오늘도 많이 힘들었지.
난 너를 정말 좋아해!
혼자 있지 말고 마음 풀고
우리 함께하자!
네 모습이 그리워!
화를 내야 하는데
슬퍼서 울어야 하는데
넌?
무표정으로 너만의 세계를 느끼는구나.

인간관계가 좋을 때도 있지만, 자신을 힘들게 할 때도 많이 있습니다. 인간관계에서 힘들지 않으려면 이해하고, 상처를 받지 말고, 자신이 항상 옳다고 생각하지 말고, 미리 결론을 내지 말고 현재 상황만 생각해야 합니다.

속상한 것이 울어서 마음이 풀리면 울면 되고, 혼자 있고 싶으면 혼자 있어도 되지만 친구를 만나서 자신의 생각을 말하면서 기분을 푸는 것이 가장 효과적입니다. 그리고 상대방과 빨리 풀 수 있으면 좋겠지만 안 되어도 마음을 빨리 수습하고 평상시처럼 돌아와서 회복하려는 노력을 해야 합니다.

2일 친구와 돈 거래는 좋지 않다

가까운 친구에게 돈을 빌리거나
빌려주는 금전 거래는
친한 친구일수록
하지 않는 것이 좋습니다.

금전적인 약속을 지키지 못하면
상황에 따라 원수보다 못 할 수 있습니다.

가까운 친구가 돈을 빌려 달라고 하면 거절하기 어렵습니다. 거절을 한다고 의리가 상하면 진정한 친구가 아닙니다. 만약, 돈을 빌려줘야 한다면 자신이 가지고 있는 여윳돈이나 돈을 갚지 않아도 된다는 생각을 해야 합니다. 그렇지 않으면, 친구끼리 의리가 상합니다.

보증은 가족이 아니라면 친척, 친구 등에게 서주면 안 됩니다. 무조건 거절해야 합니다. 보증 문제는 자신 외에 가족에게까지 영향을 주기 때문에 삶에 치명적인 상처가 될 수 있습니다. 없어도 되는 여윳돈이 있다면 차라리 인연에게 돈을 주는 것이 좋습니다.

3일 쓸데없는 말은 버리고 좋은 말 메모하기

상처 주고, 아프게 하고,
힘들게 하는 말을 스스로 걸러낼 수 있는
필터가 있어야 합니다.
그래야 마음이 정화되고 아프지 않습니다.

쓸데없는 말은 한 귀로 듣고 한 귀로 흘려보내고
필요한 좋은 말을 기억하고
메모하는 습관을 키워야 합니다.
그래야 자신이 올바른 방향으로 발전합니다.

상대방이 하는 지나가는 말을 민감하게 듣다 보면 스스로 상처를 받거나 스트레스를 받을 수 있습니다. 그럴 때는 상황에 따라 모른 척하며 넘어가고, 잊어버리는 것이 자신에게 좋습니다.

조언을 받는 경우에는 기분이 상할 수 있습니다. 좋은 말에 집중하고 기억하세요. 기분 나쁜 말이나 도움이 되지 않는 말을 버려야 합니다. 달리는 말은 채찍질하면 더 잘 달립니다. 항상 자존심을 내세우기 전에 기분이 상해도 배울 건 받아들여야 더 발전합니다.

말은 기억에서 사라집니다. 좋은 글을 읽거나, 좋은 말을 들으면 메모하는 습관을 기르면 좋습니다. 삶에 많은 도움이 되고 지혜가 생깁니다.

4일 인생은 후회의 연속입니다

내가 조금 더 잘해 줄걸.
내가 조금 더 잘할걸.
내가 조금 더 진심으로 대할걸.
내가 조금 더 이해해 줄걸.
내가 참았어야 했는데.
내가 용기를 냈어야 했는데.
내가 조심을 했어야 했는데.

'인생은 후회의 연속입니다.'

후회하고 살고 있지만 후회를 덜 하는 방법은 있습니다. 반복적인 실수를 하지 않기 위해서는 실수했던 것을 기억하거나 메모를 해 놓아야 합니다.

사전 조사 없이 알아서 되는 것은 없습니다. '나는 운이 좋으니까 잘될 거야.', '무조건 잘될 거야.' 등의 생각을 버리세요.

무슨 일을 하든지 생각 없이 무조건 하는 것이 아니라, 하기 전에 생각하고 미리 준비해야 합니다. '잘될 거야.'라는 생각은 하던 일이 잘 안 되고 포기하고 싶을 때 생각하는 것입니다. 의미 없는 긍정적인 생각은 삶에 도움이 안 됩니다. 긍정적인 생각은 실천하면서 힘들 때나 포기하고 싶을 때 생각하면 큰 도움이 됩니다.

5일 사람이 가지고 있는 꽃

제가 비밀 하나 알려드려요.
사람에게는 마음의 중심이 되는
꽃이 하나 있어요.
매일 생각하고 느끼며 꿈을 꾸며 살아요.
근데 상처를 받거나, 나쁜 생각을 하거나,
우울한 생각을 하면
천천히 꽃이 시들 수 있어요.
그러니까요.
매일매일 꽃에 물을 주듯
좋은 생각을 하며 긍정적인 마음으로 살아가면
꽃이 활짝 피고
그대는 향기로운 사람이 됩니다.

사람의 성품은 꽃과 같습니다. 좋은 성품은 한 번에 이루어지지 않고 많은 시간이 필요합니다. 때로는 어려움이 오면 나쁜 쪽으로 생각이 기울어집니다. 그럴 때마다 자신이 좋은 생각을 하고 긍정적인 마음을 갖지 않으면 상황이 좋아지지 않고 하루하루 힘들어집니다.

향기로운 사람일수록 긍정적으로 살며, 좋은 생각을 남에게 전하며, 기분 좋게 해줍니다. 그럼 자연히 좋은 향기가 나며 좋은 성품이 만들어집니다.

6일 인사와 감사

어리거나 내성적인 사람은
아는 사람에게 인사를 하거나
감사하는 마음이 있을 때도
쑥스러워서 감사하다는 말을
못 할 수 있습니다.
몸에 배이도록 노력해야 합니다.

누군가에게는
'안녕하세요.'라는 인사 외에
'감사합니다.'라는 말에
감동받고
삶을 따뜻하고 기분 좋게 살 수 있습니다.

인사를 하거나 배려를 안 하는 사람이 나쁜 사람은 아닙니다. 어렸을 때부터 이런 교육을 받았으면 좋겠지만, 우리나라는 과거에 6.25전쟁을 치르고 먹고살기 바쁘다 보니, 남을 배려하는 것을 인식하지 못하는 경우가 있습니다. 나이가 많을수록 더 그럴 수 있습니다.

어렸을 때 내성적인 아이는 인사를 잘 못 합니다. 인사를 잘 못 한다고 혼내면 안 됩니다. 천천히 꾸준히 시키면 잘하게 됩니다. 어른이 되어서도 못 하면 문제가 됩니다.

인사하는 것이 어려운가요?

인식하며 인사나 배려를 잘하는 습관을 기르는 것이 좋습니다.

7일 다 잘될 거야

무슨 일이 있어도 네 편이 되어 줄게.
외롭고 힘들면 말해.
네 말을 듣고 공감해 줄게.
안 되는 것이 많아서 많이 힘들지.
지금부터 잘 풀릴 거야.
지금부터 점점 빛날 거야.
지금이 최악이라고 생각되면
지금부터 좋아지는 것만 남았어.
그러니
내 말 듣고 힘내는 거야.
토닥토닥! 괜찮아!
긍정적인 마음과 인내심이 있다면
다 잘될 거야.
넌 멋지고 소중한 사람이야.

삶에 있어서 힘들 때, 내 편이 있다는 건 참 좋은 일입니다. 좋은 일보다 힘든 일이 더 많겠지만, 우리 서로 응원하며 소중하게 생각합시다. 삶은 더 아름답고 즐거울 것입니다.

짜증이 나고 스트레스를 받을 때도 있지만 남에게 풀지 말고 조금 더 즐거운 마음으로 이해하며 생활하면 모두에게 행복을 줄 것입니다.

8일 삶의 열정을 갖자

나이가 많든 적든 간에
사람을 볼 때마다
눈빛이나 시선을 보면
다른 것을 느낍니다.

그건 '열정'이 있느냐 없느냐의
차이인 것 같습니다.

무료한 마음을 잊기 위해서는
꿈이나 목표를 갖고
열정을 가지면 좋겠습니다.

젊을 때는 꿈을 향해서 땀과 열정을 다해서 도전하고 멋지게 살아갑니다. 나이가 들수록 현재 생활에 안주하며 삽니다.

삶의 목표가 없다고 삶이 힘들고 좋지 않은 삶을 사는 건 아닙니다. 편하다고 좋은 것 같지만, 사람이 무료한 생활을 오래 하다 보면 무슨 일이든 의욕이 없어집니다. 눈빛만 봐도 알 수 있습니다.

꿈을 갖고 열심히 도전하고 산다는 건 참 멋진 일입니다. 운동, 취미, 등산 등 무엇이든 목표나 꿈을 갖고 활동적인 삶을 살면 건강도 좋아지고, 의욕도 생기고, 활기가 생깁니다.

9일 기분 좋은 마음으로

무슨 일을 하든 어떤 기분으로
시작하느냐에 따라
실수도 적게 하고 능률이 오릅니다.
지금은 잘 풀리는 것이 아니라
성공으로 가는 길이라고 생각하며
기분 좋은 마음으로
인생을 즐기면 원하는 것이
반드시 이루어집니다.

비슷한 실력을 가진 사람이 서로 경기를 하게 되면 누가 승리할까요? 이길 수 있다고 간절히 생각하는 마음과 컨디션이 좋은 사람이 실수도 적게 하고 승리할 가능성이 큽니다. 그만큼 살면서 좋은 기분으로 임하는 것이 얼마나 중요한지 알 수 있습니다.

매일 아침이 되면 잘할 수 있다는 마음을 심어주세요. 지금은 잘 안 풀리고 있지만 성공으로 가는 길이라고 생각하면 됩니다. 바로는 아니지만, 시간이 많이 지나면 잘되는 방향으로 인생이 바뀌게 됩니다.

10일 인생 망가지는 방법

1. 무료하게 살아라.
2. 소심하고 위축되며 지내라.
3. 매사를 부정적으로 생각하라.
4. 비아냥거리며 지내라.
5. 말보다 욕이 앞서라.
6. 좌절하면서 울기만 해라.
7. 무능력한 자세를 보여라.
8. 남의 말을 듣지 마라.
9. 자신만 잘났다고 생각하라.
10. 남을 하찮게 여겨라.

인생을 망가지는 길로 가는 사람은 의외로 많습니다. 대부분 힘든 생활에 익숙하다 보면 그냥 살아가는 것에 익숙합니다. 자신이 반성하거나 되돌아보는 시간을 갖지 않으면 잘못 살고 있다는 것에 대해 인지하지 못합니다.

인지하지 못하는 사람은 '그래도 잘살고 있는데, 왜 그래!', '나한테만 그래.', '나보다 나쁜 사람이 더 많은데.'라고 생각할 수 있습니다. 나중에 이런 사람은 친한 사람도 없고 자신을 알아주는 사람이 없어도 잘 산다고 생각하기도 합니다.

사람이 살아가는 세상은 적어도 태어나서 죽을 때까지 남에게 큰 피해를 주면 안 됩니다. 미안하게 생각해야 합니다.

'한 번 사는 인생 베풀며, 좋은 일도 하며 멋진 모습으로 살면 어떻겠습니까?'

좋은 사람으로 남는 건 세상에서 가장 멋진 일입니다.

11일 인생에 관하여

인생에서
누구와 함께 있느냐는 매우 중요합니다.
그대를 생각해 주지 않고
같이 있어서 문제가 생긴다면
그 사람과는 있으면 안 됩니다.
그렇기 때문에
그대를 생각해 주고
같이 있으면 마음이 편하고
잘 풀리는 사람과 함께하세요.

'자신을 더 낫게 하는 사람을 만나라.'

어리석은 사람은 좋은 사람을 못 알아보고 당연하다고 생각합니다. 현명한 사람은 자신에게 인연이 될 사람을 알아보고 소중하게 생각하는 사람입니다. 자신만 생각하고 인연을 놓치는 일이 없어야 합니다.

인생을 살면서 다양한 사람을 만납니다. 좋은 사람, 나쁜 사람, 싫은 사람 등. 근데 사람을 가려서 만나는 것이 좋아요. 끼리끼리 논다고 잘 풀리는 사람을 만나면 인생도 술술 잘 풀립니다. 삶에 있어 인연은 재산입니다.

12일 객관적인 자세로 생활하자

일이 잘 안 풀릴 때
다급하게 생각하면 시야가 좁아집니다.
그래서
지름길로 가려고 합니다.
마음을 추스르고
조금 떨어진 마음으로
객관적인 자세로 천천히 생각해 보면
올바른 길이 나옵니다.

전쟁에서 총에 맞아 옆 사람이 죽었다고 흥분해서 자신이 무리하게 공격하면, 자신도 총에 맞아 금방 죽을 수 있습니다. 이처럼 잘 안 풀린다고 무조건 지름길로 간다면 그 길이 잘못된 길일 수 있습니다.

생각대로 잘 안 되어서 문제가 생길 경우, 마음을 추스르는 것이 가장 중요합니다. 그리고 자신의 위치에서 보지 말고 삼자의 위치에서 조금 더 떨어져서 객관적으로 천천히 생각해 보세요. 그럼 보이지 않았던 길이 보이고, 잘 풀리지 않았던 것도 잘 풀릴 수 있습니다. 무슨 일을 하든 흥분하지 않고 객관적으로 사는 것이, 자신이 얼마나 잘하고 있는 사람인지 깨닫게 해줍니다.

13일 인간관계 유지하기

인간관계는
언젠가는 정리해야 할 때도 있고
그냥 놔두어야 할 때도 있고
난로처럼 적당한 거리를
두어야 할 때가 있습니다.

인간관계에 마음 아프지 않으면 좋겠습니다.

사람을 좋아하게 되고 싫어하게 되는 것은 자연스러운 일입니다. 자신이 좋아했던 사람이 자신을 싫어하면 마음이 아플 수 있습니다. 인간관계를 일부러 정리하려고 하지는 마세요. 그렇지만 정말 나쁜 인연이라고 생각되는 사람은 정리하는 것이 좋습니다.

사이가 너무 친하다고 함부로 대하거나 쉽게 말하는 건 안 됩니다. 가족관계도 부모나 자식에게 함부로 하면 사이가 나빠질 수 있습니다. 거리가 멀다고 소홀하게 대하면 상대방이 서운하게 생각하게 됩니다. 그러므로 인간관계는 적당한 거리를 유지하세요. 배려와 존중은 필수입니다.

14일 제일 부러운 사람

1. 건강한 사람
2. 사랑하는 사람
3. 맛있게 식사하는 사람
5. 푹 쉬며 잘 노는 사람
6. 예쁜 꿈을 꾸며 자는 사람
7. 스트레스 적은 사람
8. 여유 있는 사람
9. 소소한 행복을 느끼는 사람
10. 자기 일을 즐기는 사람

'제일 부러운 사람이 어떤 사람일까요?'

가장 우선은 건강입니다. '건강하지 않으면 삶은 무슨 의미가 있을까요?' 하루하루 힘들고 짜증 날 것입니다. 사실 재산이 많거나 지식이 많아도 건강하지 못하면 아무 의미 없습니다.

'무슨 낙으로 살까요?'

먹는 것도 싫고, 여행도 귀찮고, 그렇다고 딱히 하고 싶은 것도 없을 때가 있습니다. 삶의 재미는 사랑하는 마음에서 시작합니다. 무엇인가가 좋아지면 사람은 자동으로 움직이고 싶어 합니다. 사랑하는 마음을 갖고, 좋아하는 것을 만들고 찾아보세요.

'제일 부러운 사람'이 되도록 삶을 즐기며 살아보세요. 삶이 더 재미있고 기분 좋아질 겁니다.

15일 속에 있는 생각 말하기

남에게 말하기 어려운
마음속의 생각을
이야기할 수 있는 친구가
있어야 근본적인 외로움을
달랠 수 있습니다.

'절친'이라고 생각되는 사람이 있다면
감사한 마음을 전하고
소중한 추억을 만드세요.

사람은 대화하면서 살아가야 행복합니다. 좋을 때도 힘들 때도 자신이 마음에 두었던 생각을 표현할 때 기쁨도 오고 아팠던 마음도 풀립니다.

속에 있는 말은 아주 친한 사람이거나 자신과 상관없는 사람에게 말하는 것이 바람직합니다. 왜냐하면, 어중간한 사람에게 말하면 비밀을 보장받을 수 없습니다. 그리고 나중에 험담이 되어서 자신에게 다시 돌아와서 약점이 되거나, 구설수에 오를 수 있습니다. 그러면 인간관계에 대한 회의감도 생기고, 사람을 피하게 될 수 있습니다.

16일 행복하게 살아가는 길

그대여!
잘못된 것에 자책하지 말고
실수해도 위축되지 말고
이별해도 마음 아파하지 마세요.

누구나 겪는 과정입니다.
지혜롭게 잘 이겨낸 사람만이
누구보다 멋지게 행복하게 삽니다.

정도 차이는 있겠지만, 역경을 자신만 겪는다고 착각하면 안 됩니다. 아픔을 참고 잘 이겨내는 사람이 잘살아요. 다른 사람도 잘 이겨내고 있는데 자신만 못 하면 안 됩니다. 이겨내지 못하면 삶을 잘못 살아온 것입니다. 이겨내면 더 발전하고 강해집니다. 지금 많이 힘들겠지만 기운을 내서 멋지게 이겨내며 살아요.

17일 관심 있는 사람

다른 사람의 삶을 부러워하지 말고
자신의 삶을 부끄러워하지 말고
올바른 길이라고 생각하면
기죽지 말고 산책하는 기분으로
자신의 길을 가세요.
그리고
자신이 관심 있는 사람과
자신에게 관심 있는 사람만
생각하며 삶을 즐기세요.

싫어하는 사람은 신경 쓰지 마세요.

남보다 못한 자신을 보고 사는 건 참 불행한 일입니다. 올바른 길이라고 생각하면 자신의 일에 대해 자부심을 가지세요. 편안한 마음으로 자신의 길을 가면, 현재에도 미래에도 기분 좋아집니다.

주변 사람들이 뭐라고 해도 그것에 신경 쓰면 아까운 시간을 낭비하는 것입니다. 자신이 좋아하는 사람과 함께 행복을 즐기며 살면, 그것만큼 좋은 일이 어디 있을까요. 행복 그 자체입니다.

18일 상처 주는 말을 하지 말자

말을 하면 사라지는 것이 아닙니다.
말을 하는 순간
상대방의 가슴에 담깁니다.
상처가 되는 말은
영원히 사라지지 않을 수 있습니다.
그러므로
쉽게 말하지 말고
상처 주는 말은 하지 않으면 좋겠습니다.

힘들고 소심할수록 별것 아닌 말에 상처받습니다. 그래도 원인 제공은 상처를 주는 사람이므로 말을 조심해서 해주는 것이 좋습니다. 가장 잘못된 습관은 기분 좋지 않은 일로 다른 사람에게 화풀이하는 행동입니다. 그건 어렸을 때부터 잘못 배워진 습관입니다. 분명 가족, 학교, 직장 등에서 그런 사람이 있는 걸 보고 무의식적으로 배운 것입니다. 모두 행복하길 원하나요? 그럼 나부터 말을 조심하고 좋은 말을 하면서 살면 됩니다.

19일 좋은 충고를 자신의 것으로 만들기

충고는 발전이 없는 사람에게 하면
의미가 없습니다.
달리는 말에 채찍질을 하면
더 잘 달릴 수 있게 해줍니다.
좋은 충고는 마음 상해하지 말고
도움이 된다면 자신의 것으로 만드세요.

상대방에게 충고하는 것은 발전하길 바라는 마음으로 하는 경우가 많습니다. 발전하기를 거부하거나, 받아들이기 싫은 사람에게 충고를 하는 것에는 의미가 없습니다.

충고할 때 주의할 점은 동등한 위치인 경우에는 기분 좋게 받아들이기 쉽지 않으므로 충분한 이해를 시키면서 충고하는 것이 바람직합니다. 선생님이 아니라면 아랫사람이더라도 훈계하듯이 충고한다면 받아들이는 사람이 거부감을 느낄 수 있습니다.

자존심이 센 사람일수록 충고를 잘 받아들이지 않습니다. 좋은 충고라면 자존심을 버리고 자신의 것으로 만들어 스스로 발전할 수 있게 해야 합니다.

20일 살면서 버려야 할 10가지

1. 남에게 집착하는 것
2. 남을 질투하는 것
3. 남을 의심하는 것
4. 남과 비교하는 것
5. 남을 기만하는 것
6. 자신을 싫어하는 것
7. 부정적인 생각을 하는 것
8. 지나친 욕심을 부리는 것
9. 남의 허물에 뒷말하는 것
10. 시작도 안 했는데, 고민하는 것

'즐거운 삶을 꿈꾸나요?'

'자신이 행복하길 원하나요?'

'살면서 버려 할 10가지'를 힘들어도 버리거나 줄여야 합니다.

오랫동안 쌓아둔 자신의 잘못된 습관은 쉽게 변하지 않습니다. 노력하는 사람과 노력하지 않는 사람의 차이는 천지 차이입니다. 긍정적인 마음을 갖고 노력하세요.

미래의 불확실 때문에 시작도 안 했는데 고민하는 사람이 많습니다. 생각하는 것이 잘 풀리지 않는 사람일수록 그럴 수 있습니다. 작은 목표를 자주 이루면 그런 생각이 줄어듭니다.

21일 기분 좋은 분위기

우울할 때
아무 말 안 해도
그냥 옆에만 있어도
참 좋습니다.

별것 아닌 말에
웃어주고
화기애애한 분위기가
참 좋습니다.

'기분 좋은 사람은 어떤 사람일까요?'

'자신에게 선물을 주는 사람인가요?'

그건 잠시 기쁜 사람입니다.

우울할 때나 울고 싶을 때 옆에만 있어도 기분 좋은 사람은 생각만 해도 든든합니다.

대학에 진학 못 하고 집에만 있을 때가 있었습니다. 미래의 불확실성 때문에 매일 울기만 한 적이 있었습니다. 같이 누워서 미래를 말했던 친구가 있었습니다. 내 이야기를 들어주고 옆에만 있어도 고마웠습니다. 지금도 같이 잘 지내는 친구입니다.

만나면 우울하게 하는 사람도 있고 만나면 기분 좋게 하는 사람도 있습니다. 썰렁한 이야기, 안 웃긴 이야기 등에서 잘 웃어주는 친구가 있다면 삶이 늘 즐거울 것 같습니다. 그런 좋은 친구를 만나세요.

22일 소소한 꿈 해보기

매일 매일 하고 싶은 소소한 꿈을 하나씩 해보세요.

1. 보고 싶은 영화 보기
2. 즐거운 산책하기
3. 좋아하는 음악 듣기
4. 차 한잔의 여유 챙기기
5. 행복한 추억 생각하기
6. 좋아하는 노래 부르기
7. 재미있는 게임하기
8. 좋아하는 영화 보기
9. 친구와 이야기 나누기
10. 좋아하는 사람 만나기

'매일 게임만 한다고 즐겁나요?'

'매일 TV만 보면 즐겁나요?'

뇌를 한쪽만 쓰면 머리가 나빠지거나, 치매가 빨리 오거나, 주의력이 부족하게 될 수 있습니다.

식사할 때 골고루 반찬을 먹어야 건강해지듯, 아무리 재미있는 것도 한 가지만 계속하면, 주의력이 부족해지고 과잉 행동을 하게 될 수 있습니다. 심해지면 주의력 결핍이 생길 수 있습니다.

매일 새로운 마음으로 다양하게 1시간 이상 즐기면서 뇌를 골고루 쓰면, 행복한 마음도 생기고, 마음도 젊어지고, 삶이 아름다워지는 것을 느낄 수 있습니다.

23일 상처 준 사람 때문에 힘들지 않기

살면서 가장 속상할 때가 있어요.
자신에게 상처를 준 사람 때문에
잠도 못 자고 스트레스받는 것입니다.

상처받은 것도 아픈데
삶이 우울하면 얼마나 억울할까요?
누구 좋으라고.
그러니까
좋은 것만 생각하고
잘 먹고 잘 지내며 살아요.

회사를 운영하다 보면, 물건을 사가고 돈을 갚지 않는 사람이 많이 있습니다. 사업 초기에는 그런 사람들 때문에 잠도 못 자고, 일도 손에 안 잡히고, 너무 힘든 때가 있었습니다. 그러다 보니 회사 운영에 방해가 되어서 회사 매출도 줄었습니다.

지금은 돈을 갚지 않는 것을 편안하게 생각합니다. 그 사람 때문에 스트레스받으면, 더 억울하다는 마음가짐을 인식시켰습니다. 그리고 잠을 잘 자고, 해야 할 일을 열심히 했습니다. 그랬더니 회사 매출이 다시 원상회복이 되었습니다.

그러니까요, 상처 주거나 힘들게 하는 사람 때문에 고민하거나 잠 못 자면 안 돼요. 그냥 기분 좋게 이겨내고 할 일 다 하세요. 안 되는 것이 어디 있어요. 이 악물고 힘내면 무조건 됩니다.

24일 뒤통수 맞지 않게 조심하자

살다 보면
게으르고 나태하고
어디로 갈지 방황하며
우울해서 마음을 못 잡을 때가 있습니다.
그런 시간이 길어지면
차곡차곡 쌓이지 않게
빨리 마음을 가다듬어야 합니다.
그렇지 않으면 상황에 따라
그것이 자신의 뒤통수를 때릴 수 있습니다.

'회사를 그만두고 놀고 있나요?'

'무엇을 할지 고민하나요?'

'꿈이 없나요?', '아무것도 하기 싫은가요?'

마음만 편하면, 놀 때가 가장 좋습니다.

그렇다고 '집에서 게임만 하는 건 아니죠?'

인생은 한 번 즐기기에 아까울 수 있습니다. 그렇지만 한 번 사는 인생 평생 놀기에도 아깝습니다.

놀 때 확실히 놀고, 일해야 할 때 확실히 해야 합니다. 나중에 후회하지 말고, 자신이 무능력하다고 생각하지 말고, 용기가 나지 않아서 하지 못한 것을 도전하세요. 꼭! 하세요. 나중에 후회해서 뒤통수 맞았다고 울면 안 됩니다. 힘차게 도전!

25일 쉴 때 쉬어야 멋진 사람

최선을 다한다는 건
묵묵히 성실히 일하는 것은 맞아요.
그렇지만
쉬지 않고 일하라는 말은 아닙니다.
자신을 혹사하면
자신이 망가질 수 있어요.

쉴 때 쉬고
일할 때 열심히 하는 사람이
진정 멋진 사람입니다.

'가족을 위해 일만 하나요?'
'자신의 시간이 없나요?'

아이를 키우거나, 회사 일이 바쁘거나, 고민이 많으면 자신의 시간을 갖지 못할 때도 있습니다. 자기만의 시간을 챙겨야 합니다. 자신의 시간 없이 바쁘게만 살면 나중에 우울증이 걸리거나 몸과 마음이 고장이 납니다. 기계도 사람도 정말 망가지면 못 고칩니다. 그러기 전에 바빠도 시간을 내서 친구도 만나고 여가 생활도 하세요.

지금은 열심히 일하고 늙어서 놀겠다는 생각은 접으세요. 그 나이에 맞게 노는 건 늙어서 느낄 수 없습니다. 그리고 나중에 늙어서 다리가 안 좋으면 어디를 가도, 어느 나라를 가도 재미없습니다. 건강할 때 즐기고 노는 것입니다. 그리고 틈틈이 놀아야 건강해집니다.

항상 기억할 건 일할 때는 열심히, 놀 때도 열심히 노는 것입니다.

26일 만나지 말아야 할 사람

1. 듣기 싫은 말을 자주 하는 사람.
2. 자기밖에 모르는 사람
3. 남에게 상처 주는 사람
4. 말을 함부로 하는 사람
5. 받기만 원하는 사람
6. 사기 치는 사람
7. 부정적인 사람

친구가 없더라도 만나지 말아야 할 사람을 만난다면 무조건 만나지 마세요. 알면서도 만나면 자신도 만나지 말아야 할 사람입니다. 부모님이 항상 '사람은 가려서 만나야 한다.'라고 말씀하셨습니다. 맞는 말입니다.

좋아하게 되면 사랑하게 되면 장점만 보입니다. 잘생기거나 예쁜 사람이라서 모두 이해되는 건 없습니다. 그리고 결혼할 사람이라도 다른 사람에게 물어보거나 가정환경을 잘 보아야 합니다. 세상에는 좋은 사람도 많지만 정말 나쁜 사람도 많습니다. 그리고 나쁜 사람이 되지 않도록 노력해야 하고, 나쁜 사람을 만나지 않게 피해 다녀야 합니다.

27일 사랑이 변하나요

사랑했잖아요.
긍정적이었잖아요.
좋아해서 시작했어요.
사랑해서 결혼했잖아요.
사랑해서 연애 중이잖아요.
꿈을 향해 열심히 했잖아요.
잊지 마세요.
사랑이 변하나요.
마음이 변하나요.
너무 많이 변했네요.

둘이 죽고 못 사는 사이라도 변하지 않을 사랑도 시간이 지나면 소홀해질 수 있습니다.

사랑하는 두 사람이 시간이 지나면 모두 변합니다. 한 사람이 초심을 생각해서 잘하려고 해도 사랑하는 사람이 호응을 하지 않으면 쉽게 포기할 수 있습니다. 그래서 한 사람이 꾸준히 노력해서 상황을 바꾸든지 아니면 포기하고 있는 그대로 편하게 지내는 것이 최선일 때도 있습니다. 그리고 한 사람이 노력해서 상대방도 좋아지는 경우도 있으므로 쉽게 포기하지 않으면 좋겠습니다.

결혼한 지 오래된 부부인 경우에는 사랑만으로 사는 것은 아닙니다. 아이를 낳고 가족이 생기면서 서로 위로해 주는 친구 같은 사이로 살게 됩니다. 사랑하는 마음이 변했어도 함께 있고 싶다는 마음은 변하지 않으면 좋겠습니다.

28일 창문에 하트를 그려 본다

온도 차가 있는 창문에
하트를 그려 본다.
창문의 하트는
점점 흐려서 비가 내린다.
내 사랑은 아직 마음 깊이 남아 있는데
잊힌다는 건
시간이 흘러 슬픔으로 밀려온다.
슬픔이 내 마음처럼
함께 오래오래 있고 싶은가 보다.

첫사랑의 추억은 오래 남고 잊혀지지 않습니다. 그래서 많이 힘들 수 있습니다.

'첫사랑이 끝사랑이면 얼마나 좋을까요?'

삶은 뜻대로 되지 않을 때도 많지만 사랑을 마음에 담는 그 느낌은 언제나 가슴 뭉클하게 합니다.

비가 오는 날에 버스 안이나 자동차 안에서 하트를 그리는 사람이 종종 있습니다. 습도나 온도 차이로 인해 잘 그려집니다. 창문에 그린 하트에 사랑을 담아 그리움을 전해 봅니다.

29일 그대가 너무 사랑스럽다

그대가 너무 좋아.
그대가 너무 사랑스럽다.
그대가 너무 보고 싶다.
그대가 참 좋다.
그대의 웃는 모습이 참 좋다.
그대와 함께해서 참 좋다.
그대는 나에게 희망이고 꿈이고 사랑이다.

누구에게 한 번쯤은 너무 사랑스러운 사람이 생깁니다. 없다면 매우 슬픈 일입니다. 없으면 사랑하는 사람을 만들어야 합니다. 사랑도 노력하는 사람에게 생깁니다. 아무것도 하지 않고 집에만 있으면 절대 생기지 않고 솔로로 남을 수 있습니다.

동호회, 취미활동, 미팅 등 만날 수 있는 기회를 만들어야 사랑하는 사람도 생기고 사랑이 이루어집니다.

사랑하는 사람이 생기면 사랑하는 마음을 잘 표현하고 꿈과 사랑과 희망을 담아 보세요. 삶이 사랑스러워집니다.

30일 나의 진심을 받아주길 바랄게

너의 향기가 좋아서
같이 있으면 기분이 좋아서
눈 감으면 그리워서
끝까지 함께하고 싶었어.
마음은 진심이었는데.
내가 많이 서툴렀지.
시간이 흘러서
서로의 마음이 무뎌졌지만
서로 후회하지 않게
나의 진심을 받아주길 바랄게.

사랑하는 사람에게 적어도 속이지 않고 진심으로 대하는 마음은 서로에게 신뢰를 주고, 기분 좋게 만드는 일입니다.

'다른 이성을 만나거나?', '거짓말을 하거나?', '상대에게 숨기거나?' 이런 것이 많다면 사랑하는 사람에게 집착하거나, 의심하게 만들어서 불만이 생깁니다. 그리고 점점 사이가 좋지 않아질 수 있습니다.

헤어지기 싫어서 아는 것도 모르는 척하고 넘어가기도 합니다. 그런 것이 쌓이면 나중에 헤어질 때 원망과 분노가 함께 할 수 있습니다.

그냥 아는 사이는 상황에 따라 진심으로 대할 필요는 없습니다. 그렇지만 서로 사랑하는 사람이라면 진심으로 대하기 바랍니다. 진심이 있어야 사랑이 이루어집니다.

31일 좋은 생각에는 빛이 있다

좋은 생각에는 빛이 있어요.
그래서
좋은 생각을 하면
좋은 마음이 되고
예쁘게 빛이 납니다.
그리고
그 빛은 세상을 밝혀주고
좋은 세상을 만들어 주고
좋은 사람이 오게 합니다.
좋은 생각 하세요.

아무 생각 없이 흘러가는 대로 사는 사람은 좋은 생각을 잘 하지 않습니다. 그냥 주어진 일에 충실하게 의무적으로 생활합니다. 그렇게 살아도 남에게 피해를 주지 않으면, 잘 살아갑니다.

삶은 흘러가는 대로 살다 보면 어느 순간에 잃어버린 자신을 뒤돌아보며 슬퍼할 수 있습니다. 그렇기 때문에 좋은 생각을 하고 좋은 글도 보며 예쁜 마음을 만드는 것이 좋습니다.

기분 좋게 웃고, 남에게 즐거움도 주고, 애틋한 마음이 살아 있다는 건 정말 예쁘고 아름다운 일입니다. 아름다운 세상에서 우리 좋은 사람과 함께 예쁜 사랑하고 빛나는 세상에서 즐겁게 살아요.

8 August

- 힘든 마음을 풀어주는 여행하기
- 더워서 짜증이 나도, 결과를 생각하고 말하기
- 소소한 일상에 행복을 찾기
- 충분히 휴식하고 기분 좋은 마음 만들기
- 시원한 도서관에 가서 책 보기
- 사랑하는 사람과 뜨거운 사랑하기
- 포기하지 말고 용기 내서 이겨내기

더우면 사소한 것에 짜증이 생깁니다.
주변 상황을 핑계로 짜증을 내면
주변 상황 때문에 안 풀린다고 착각합니다.
기분 좋은 마음과 생각을 유지하면
좋은 일이 더 많이 생기고 잘 풀립니다.

'회의감은 자신의 적입니다. 잘하고 있습니다.'
'힘들어도 자신을 믿고 최선을 다하세요.'
'좋은 말을 해야 좋은 일이 생깁니다.'

1일 내가 대신 아픈 것이 낫다

내가 가장 소중히 생각하는
그대의 아픔이 마음에 머물지 않고
내게 모두 오면 좋겠다.
그래서 나아진다면
그래서 잊힌다면
그래서 좋아진다면 소원이 없겠다.
차라리 내가 아픈 것이 더 낫다.
나는 너를 너무 사랑한다.

사람마다 다르겠지만 옆에 있는 사람이 아픈 것을 싫어하는 사람도 있고, 옆에 있는 사람이 아프면 마음이 편하지 않은 사람이 있습니다.

대부분 사람은 사랑하는 사람이 아프면 걱정되어서 마음이 편치 않습니다. 때로는 자신이 차라리 대신 아프길 바라게 됩니다. 대부분 부모가 자식에 대한 사랑일 때 그런 경우가 흔히 있습니다.

가까운 사람이 아프지 않고 잘 지내는 것도 행복입니다. 행복을 너무 거창한 곳에서 찾으면 불행할 수 있습니다.

2일 사랑과 이별의 이유

사랑에는 이유가 없어요.
그냥 사랑하니까요.

이별에는 이유가 있어요.
싫어졌으니까요.

사랑하게 되면 이유가 있을 것으로 생각하지만, 대부분 사람은 그냥 사랑하는 경우가 많이 있습니다. 그래서 '내가 왜 좋아?' 하고 물으면 '다 좋아.'라고 말하는 사람이 많습니다.

사실, 사랑하게 되면 장점과 단점을 모두 좋아하기 때문에, 싫은 것이 잘 보이지 않습니다. 근데 시간이 많이 흐르면 사랑이 식을 수 있습니다. 그러다 보면 단점도 보이고, 싫은 것이 보이기 시작할 수 있습니다. 결혼을 10년 이상 한 사람의 다수는 사랑보다 정으로 사는 경우가 있습니다. '사랑이 왜 변하나요?' 슬픕니다. 변하지 않기를 바라봅니다.

이별하게 되면 참으로 이유가 많아집니다. 습관, 행동 등이 마음에 안 드는 부분이 많이 있습니다.

사랑해서 이별한다는 것은 자신을 지키기 위해서 이별하는 것입니다. 이별을 하게 되면 자신이 더 마음이 편해질 것 같아서입니다. 그러니 정말 사랑한다면 이별은 하지 마세요. 이별을 먼저 하는 사람은 이별의 구실을 일부러 많이 만들지 마세요. 상대방에게 상처를 줄 뿐입니다. 상처를 주면 자신도 똑같이 상처받을 수 있다는 것을 인식해야 합니다.

3일 밝게 웃으면 좋겠다

그대에게 어떤 아픔이 와도
슬픔을 잊고
예쁜 사람과 함께하면 좋겠습니다.
그래서
마음에 꽃이 피고
봄이 되면 아름다운 세상에서
함께 밝게 웃으면 좋겠습니다.

어렸을 때 많이 잘 웃던 사람도 성인이 되어서는 웃지 않게 됩니다. 사실 바쁜 생활을 하다 보면 웃을 일이 별로 없고, 짜증 나는 횟수가 더 늘어납니다. 마음에 여유를 챙겨야 한다는 것을 잊지 마세요.

사실 웃는 건 간단합니다. 제 말에 집중하세요.

'까꿍! 하하하!'

'웃으니까 예쁘네요.'라는 말 한마디에도 웃을 수 있습니다. 웃지 않는 건 삶이 힘들고 걱정거리가 많아서 그럴 수 있습니다.

웃는 여유 챙기시고 유쾌한 하루를 만들어 보세요. 삶이 참 즐겁습니다.

4일 인간적인 모습

많은 사람들은
자신의 아픔을 감추기 위해 연기하며
괜찮은 척하며 살아갑니다.
연기는 충분히 했습니다.
때론 솔직히 표현하는 법을 배우세요.
그런 그대의 인간적인 모습을 더 좋아합니다.

자존심이 센 사람일수록 남에게 약한 모습을 보여주기 싫어서 괜찮은 척합니다. 고민이 많아도 내색하지 않는 건 누구나 할 수 있는 건 아닙니다. 그렇기 때문에 많이 힘듭니다. 때로는 가족이나 친구까지 자신의 마음을 속이는 경우도 있습니다.

'엄마라서?', '아빠라서?', '지위가 높아서?', '다른 사람에게 신경 쓰이지 않게 하기 위해서?' 때로는 괜찮은 척하는 것이 다른 사람에게 배려라고 생각할 수도 있지만 자신이 그것으로 인해 멍이 생긴다면 좋지 않습니다. 때에 따라서는 자신의 모습에 솔직할 필요가 있습니다.

혼자 세상의 무거운 짐을 다 짊어지면 안 됩니다. 나누면 짐이 가벼워집니다. 나누면 반으로 줍니다.

5일 스스로 책임져야 하는 삶

나이를 먹을수록
누구의 도움 없이
삶을 스스로 책임져야 하고
스스로 성장해야 하는
고통이 따를 때가 있습니다.

나이가 많이 먹을수록 주변에 있던 사람들과 이별을 하거나 사라지게 됩니다. 부모님이 돌아가시고 때에 따라서는 친구도 이별하게 됩니다. 홀로 선다는 건 많이 외로울 수 있습니다.

뜻하지 않는 사건이 발생하면 감당하기 어려울 때가 있습니다. 이별의 상처로 인하여 피해 의식이 생기면 사람을 피하기도 합니다.

사람은 혼자 살지 못합니다. 이별에 의한 고통은 올 때마다 힘들고 아픕니다. 기력이 없어서 한없이 괴로울 때도 있습니다. 매일매일 술과 함께 눈물로 지새울 때도 있습니다. 남에게 의존해도 되겠지만, 결국 스스로 이겨내야 합니다. 아픈 만큼 성장합니다.

마음을 안정시켜 주고 좋은 것을 생각하며 이겨내면, 비가 와도 비가 그치듯 언젠가는 지나갑니다.

6일 이기적인 사람

이기적인 사람은 다른 사람의 말을
귀 기울이지 않기 때문에 설득이 되지 않아요,
그러니까
쓸데없는 감정 소모에 우울하지 말고
이기적으로 살려고 하세요.
그 사람은 알아서 외톨이가 됩니다.

회사, 학교, 동호회 등에서 이기적인 사람을 만나면, 참 힘들 수 있어요. 어쩔 수 없는 사람이라면 되도록 말을 적게 하고, 의견 충돌을 피해야 합니다. 이기적인 사람은 화도 잘 내고 남의 말을 잘 듣지 않습니다.

길거리나 지하철 등에서 나이가 어리든 나이가 많든 이기적인 사람을 만나면, 무조건 피하는 것이 좋습니다. 충고나 말싸움을 하면 하루가 엉망진창이 됩니다.

'똥이 무서워서 피하나 더러워서 피하지.'가 맞습니다.

이기적인 사람은 그냥 놔두어도 스스로 외톨이가 됩니다. 그런 마음으로는 사람 관계가 좋을 수 없습니다.

7일 인연은 자신이 만든다

스쳐 지나가는 인연도
함께하는 인연도
멀어져 가는 인연도
결국 자신이 만들어 갑니다.
마음 가는 인연을 만나게 되면
용기를 내서
좋은 기회를 만드세요.

'알아서 되는 인연은 없습니다.'라는 말은 인연을 알게 되는 건 학교, 직장 등에서 우연히 만날 수 있지만, 인연을 유지하는 것은 자신이 노력하지 않으면 안 된다는 말입니다. 결국 인연을 막 대하고 짜증을 부리면 그 사람과 멀어지고 헤어집니다.

친구인 경우에 친해지고 싶으면 먼저 다가가서 말도 하고, 연락도 자주 하면 됩니다. 그렇지만 혼자 사랑하는 이성인 경우 좋아하는 정도가 다르다면 친해지기 어려울 수도 있습니다. 무조건 솔직하게 직설적으로 다가가는 것은 문제가 될 수 있습니다. 적절한 타이밍을 맞추면 좋은 관계를 유지할 수 있습니다.

8일 우주의 힘이 꿈을 이루게 합니다

아름다운 이야기를 하고 싶습니다.
우주에는 자신을 지켜주는 별이 있습니다.
그대가 뭔가에 푹 빠져서
열정을 다해 최선을 다한다면
그 별이 당신을 비추며
온 우주에 있는 기운을 줄 거예요.
그래서 그대의 꿈이 이루어집니다.

중학교 때 기술 선생님이 간절히 원하는 것을 노트에 쓰면 이루어진다고 했습니다. 그래서 컴퓨터가 너무 사고 싶어서 노트에 1년 가까이를 컴퓨터라고 쓰고 컴퓨터를 샀습니다. 간절한 소망 덕분인지 컴퓨터로 프로그래머도 되고, 컴퓨터 책도 10권 쓰고, 컴퓨터 관련 사업도 하게 되었습니다. 성인이 되어서는 목표를 이루고 싶을 때 너무 힘들면 스스로에게 기도하며 할 수 있다는 마음을 항상 심어 주었습니다.

세상에는 눈으로 보이지 않는 세계가 있습니다. 그 힘을 자신에게 가져오려면 간절해야 합니다. 그리고 자신을 믿고 최선을 다해야 합니다. 목표를 노트에 적거나, 마음으로 이룰 수 있다고 자주 생각해야 합니다. 그 힘이 자신에게 전해지면 무엇이든 됩니다. 그리고 꿈은 이루어집니다. 그대를 지키는 별이 그대의 소원을 들어줍니다. 그러니까 열정을 갖고 이겨내세요. 우리 파이팅!

9일 좋은 사람

많이 힘들면
자신에게 좋은 사람이 되세요.
마음에 여유가 있으면
남에게도 좋은 사람이 되세요.
우리는 늘 마법처럼
좋은 사람에게 끌려요.

힘들 때는 남을 먼저 챙기지 말고 자신을 먼저 챙기고, 자신이 힘들지 않게 토닥토닥해 주세요. 남을 챙기는 것은 마음에 여유가 있을 때 하세요. 무리하게 남을 챙기는 것은 좋지 않아요. 그리고 자신에게 나쁘게 하고, 자기밖에 모른 사람에게 좋은 사람이 될 필요는 없어요. 때에 따라서 할 말을 해야 합니다.

10일 괜찮은 척하기

괜찮아? 하고 물어보았는데
괜찮다고 하면?
말만 듣지 말고
표정이나 눈빛도 봐주세요.
괜찮은 척하지만
속은 엉망진창일 때가 있어요.

부모님이 돌아가시거나, 커다란 실수를 하거나, 사랑하는 사람과 이별을 하게 되면 주변 사람에게 약한 모습을 보이고 싶지 않을 때가 있습니다. 그런 경우 '괜찮아?' 하고 물어보면 '괜찮아.' 하고 대답을 하지만 실제로는 아닌 경우가 많습니다. 그럴 때는 표정이나 눈빛을 자세히 봐주세요. 활동적인 것을 하거나, 좋아하는 것을 하도록 유도해 주세요. 그리고 결혼한 사이라면 아이를 봐주고 놀러 갔다 오라고 해주는 것도 좋습니다. 사실, 가족은 힘들 때 도와주고 응원하고 격려해 줘야 합니다. 서로 힘들다고 하면 기댈 곳이 없어서 삶이 절망적일 수 있습니다. 마음에 여유가 있다면 가족을 챙기고 사랑하는 마음을 전해 주세요. 사실, 가족은 끝사랑 같은 사람입니다.

11일 보고 싶은 사람

1. 다정하고 친절한 사람
2. 늘 같은 편인 사람
3. 투정 부려도 항상 그 자리에 있는 사람
4. 잠이 들기 전에 누우면 생각나는 사람
5. 울고 있을 때 기대고 싶은 사람
6. 잠깐 쉴 때 생각나는 사람
7. 만나면 행복감을 주는 사람

'보고 싶은 사람 있나요?', '없나요?'

누구나 보고 싶은 사람이 있을 겁니다. 없다면 생깁니다.

감정이 메마르면 좋은 마음을 잊고 살 때도 있습니다. 사실 보고 싶은 사람보다 보고 싶은 사람이 되는 것이 더 좋을 수도 있습니다.

다른 사람이 나를 보고 싶다는 건 가슴 설레는 일입니다. 좋은 마음을 전하며, 보고 싶은 사람이 되어서 세상이 따뜻하고 기분 좋게 되면 좋겠습니다.

12일 누구나 같아요

속이 좁은 건 누구나 같아요.
단지, 마음을 넓힐 수 있는 유연한
사람이 넓어집니다.

화가 나는 건 누구나 같아요.
단지, 화를 줄일 수 있는
사람이 지혜로워집니다.

꿈을 꾸는 건 누구나 같아요.
단지, 어려움을 잘 참는
사람이 꿈을 이룹니다.

바다같이 넓은 사람이 되는 건 쉽지 않습니다. 대부분 사람은 속이 좁습니다. 그렇기 때문에 생각보다 화를 참는 건 쉽지 않습니다. 화를 안 내는 사람은 화가 안 나는 것이 아니라 화를 잘 참고 잘 넘기는 사람입니다. 그렇기 때문에 화를 안 낸다고 무시하면 안 되고 고맙게 생각해야 합니다. 화를 내지 않는 인연은 고마운 인연이고 아껴야 할 사람입니다.

꿈을 이루는 사람은 정말 멋진 사람입니다. 자신을 이겨내고 어려움에도 포기하지 않고 해냈기 때문입니다. 꿈은 누구도 이룰 수 있고 마음먹기에 따라 해낼 수 있습니다. 자신과의 싸움에서 이겨내서 꿈을 이루세요.

13일 여유를 챙기는 시간

하루에 한 번은
여유를 챙기는 시간을 가지세요.

커피 한잔과 함께 행복한 시간
사랑하는 사람을 생각하는 시간
좋은 생각을 하는 즐거운 시간
힘들면 자신을 위로하는 시간
꿈을 꾸는 아름다운 시간

'여유 있는 시간이 없나요?'

'할 일이 많아서 우울한가요?'

사실 일보다 중요한 것이 여유입니다. 하루를 기분 좋게 하고, 삶이 힘들지 않게 건강하게 유지해 주는 시간입니다. 챙기지 않으면 나중에 몸과 마음이 상처받을 수 있습니다.

힘들게 살고 싶지 않고, 바쁘게 살고 싶지 않지만, 그렇게 살 수밖에 없는 경우가 많습니다. 바쁜 생활 속에 틈틈이 행복과 함께 여유를 챙기며 팍팍한 삶을 이겨내세요.

14일 감성 표현하기

좋아하는 것을 보면 '좋아해.'
사랑하는 것을 보면 '사랑해.'
예쁜 것을 보면 '예쁘다.'
보고 싶은 것을 보면 '너무 좋다.'

삶이 팍팍해지다 보면
감성이 건조해질 수 있어요.
표현해야 그 소중함의 가치를 알게 됩니다.

사실 나이가 들수록 감정 표현하는 것이 멀게만 느껴질 때가 많습니다. '좋아해.', '사랑해.' 하고 말로 표현해 본 적이 있나요?

감정 표현하면서 웃는 모습은 정말 보기 좋아요. 상상만 해도 즐거울 때가 있습니다.

자주는 아니더라도 좋은 감성을 느끼며 말하며 행동하면 삶이 더 따뜻해질 겁니다. 심쿵한 마음을 함께 하세요.

15일 아픔을 품고 있는 사람

사랑하지 않는 사람은
예전에는 사랑을 품고 있던 사람이고
혼자 있는 걸 좋아하는 사람은
예전에는 사람을 좋아했던 사람이고
현실에 안주하는 사람은
예전에는 꿈이 많았던 사람입니다.

가혹한 현실에 익숙해지고
아픔을 품고 있다 보면
좋은 감정을 잃을 수 있어요.

사랑에 대한 상처가 있으면 다시 사랑하는 것이 생각보다 어렵습니다. 그리고 상처가 있는 사람은 혼자 있는 것을 좋아합니다.

꿈이 있었는데 너무 힘들어서 포기하며 살기도 합니다.

삶은 자신에게 너무 가혹할 때가 있습니다. 가혹한 현실이 반복되면 긍정적인 사람도 잘 이겨내기 힘듭니다. 그렇지만, 나쁜 마음을 먹는다면 상황이 더 악화할 수 있습니다.

좋은 감정은 가장 힘들 때 강제로라도 넣어야 합니다. 이 말이 더 힘들게 느낄지 모르겠지만 참고 이겨내길 바랍니다. 분명, 시간이 지난 후에 자신이 잘했다고 느낄 때가 옵니다.

16일 살아가는 동안 실패는 없다

삶을 살아가는 동안 실패는 없다.
좌절만 있을 뿐이다.
꿈은 언제나 그 자리에 있다.
좌절해서 마음이 바뀔 뿐이다.
그러니
오늘이 가고
새로운 내일이 오면
새로운 마음으로 다시 시작하자.

사업하다가 그만두거나 도전하다가 그만두는 건 실패를 하는 것이 아닙니다. 그냥 단순한 좌절입니다. 계속하는 것이 많이 힘들고 어려워서 잠시 쉬는 것입니다. 실패는 도전도 하지 않고 아무것도 하지 않고 죽을 때까지 사는 것이 실패입니다. 계속 도전하면 좌절만 있는 것입니다.

좌절은 자신을 성장하게 하는 원동력입니다. 그렇기 때문에 과거의 잘못된 것을 반복하지 않게 철저한 계획과 준비를 하고 도전하길 바랍니다.

17일 강하고 실력 있는 사람

자신의 약점이나
자신의 단점을 받아들일 줄 알고
자신의 실수나
자신의 잘못을 인정하는 사람은
삶의 지혜를 가지고 있고
강하고 실력 있는 사람입니다.

선천적인 단점이나 자신의 약점에 집착하면 남이 별로 신경 쓰지 않는 부분인데도, 자신에게는 더 커 보입니다. 단점 때문에 더 열심히 해야 한다면 더 열심히 하는 방법밖에 없을 수 있습니다. 억울하게 생각하지 말고 더 노력하면 됩니다.

실수하지 않는 사람은 없습니다. 근데 변명을 늘어놓고 자신을 합리화시키면 마음은 편하게 되지만, 자신이 발전하지 않을 수 있습니다. 그리고 정말 잘못했다면 빨리 인정하는 것이 가장 좋은 방법입니다. 그리고 빨리 잊고 현실을 충실하게 살면 강하고 멋지고 실력 있게 됩니다.

18일 바꿀 수 있는 건 자신뿐

소중한 사람의 조언도
위대한 사람의 명언도
친한 친구의 말도
자신을 바꿀 수 없습니다.

자신을 바꿀 수 있는 건
오직 한 사람 바로 자신입니다.

잘 안 풀리고 있다면
힘들더라도 자신이 변해야 기회가 옵니다.

좋은 글을 보거나 명언을 봐도 가슴으로 느끼지 않는다면 스쳐 지나가는 말이나 글입니다.

'좋은 글을 보고 실천하지 않으면 삶에 무슨 의미가 있겠습니까?'

명언이나 좋은 글의 주의점은 보편적으로 생각하는 것이므로 자신에게 맞지 않을 수 있습니다. 맞는 부분과 필요한 부분을 찾아서 자신에게 맞게 해석하고 적용해야 합니다. 무조건 모두 받아들이는 것은 자신에게 해가 될 수도 있습니다.

하는 일이 잘 안 되면 외부 영향도 있겠지만 자신을 돌아보고 잘못된 부분이 있는지 확인하고 자신이 변해야 풀리는 것이 많습니다. 자신의 변화로 좋은 방향으로 가세요.

19일 우리 다시 시작할까?

너와 헤어진 후
오랜 시간이 많이 흘러서
너를 찾아간다면
정말 보고 싶어서
정말 그리워서
만난 것이니까!
우리 다시 시작하면 안 될까?

사랑하는 사람과 사귀다 헤어지는 건 슬픈 일이지만 때로는 어쩔 수 없이 헤어질 수도 있고, 다툼으로 기분 상하게 헤어질 수도 있습니다. 과거에 안 좋게 헤어졌다면 보고 싶다고 다시 찾아가도 다시 시작하기는 어려울 것입니다. 그냥 좋은 추억으로 남는 것이 더 좋을 수도 있습니다.

어쩔 수 없이 헤어져서 미련이 남았다면 다시 시작해 보는 것도 좋겠지만 사람 관계는 강요로 될 수 있는 것은 아닙니다. 뜻대로 되지 않는다고 집착을 보이면 더 큰 상처를 줄 수 있습니다.

사랑은 마음을 따뜻하게 해주고 기분이 좋게 해줍니다. 사랑이 아픔이 되지 않길 바랍니다.

20일 함께 있고 싶은 사람

너무 사랑스럽지 않았어야지.
너무 예쁘지 말았어야지.
귀엽기까지 하면 어떡해?

너무 보고 싶게 하지 않았어야지.
너무 친절하지 않았어야지.
함께 있고 싶어지잖아.

'사랑하고 있나요?'

'사랑받길 바라나요?'

'사랑하는 사람이 있나요?'

사랑하거나 사랑을 받는 건 참 좋은 마음입니다.

아침에 일어나서 사랑하는 사람이 보고 싶고 즐거울 때가 생각나면, 우울했던 하루가 기분 좋은 하루로 됩니다.

사랑하는 사람이 지금 없어도 걱정하지 마세요. 친절하고 좋은 마음으로 대하면 사랑받을 거예요. 사랑이 함께하는 즐거운 나날을 보내세요.

21일 3자 입장으로 보자

자신이 보기에는
가장 중요한 일도
중요한 다툼도
어쩌면 소심한 마음에서
시작할지 모릅니다.
자신이 집착하는 아픔이나 고통을
조금 더 떨어져서
3자 입장이나 객관적으로 생각하면
별것 아닐 수 있습니다.

부부 싸움, 말다툼, 자기 주장 등으로 심각하게 싸우는 경우가 있습니다. 두 사람은 정말 중요하다고 생각하며 전투적으로 싸우지만 3자 입장으로 보면 아무것도 아닐 수 있습니다. 상황에 따라서 3자인 경우는 사소한 것에 싸운다고 두 사람이 화해하라고 말하는 경우도 생깁니다.

사실, 둘이 싸움이 나면 3자 입장으로 생각하기는 쉽지 않습니다. 그래도 한숨 돌리고 이성적으로 생각하면 싸울 가치가 없는 것일 수도 있고, 양보하면 될 문제일 수도 있습니다. 자기중심으로 생각하지 말고 객관적으로 생각해야 합니다. 자기 생각이 틀리다면 자존심 세우지 말고 빨리 양보하는 것이 좋습니다.

22일 슬픔을 오래 기억한다

사람은 기쁨보다 슬픔을 오래 기억합니다.
우울할 땐
오랜 시간을 생각하는 것이
좋지 않을 수 있습니다.
그래서
몸을 쓰는 활동적인 것을 찾아야 합니다.

기쁨은 스쳐 지나가는 바람처럼 지나갈 때가 많지만, 슬픔은 오래가기 때문에 많이 힘들 때가 많습니다.

뜻하지 않게 부모님이 돌아가시거나 자식이 사고로 죽었을 때, 그 아픔이 너무 오래가서 긴 슬픔에 빠질 수 있습니다. 특히, 죄책감이 마음을 지배하게 되면 한없이 아파집니다.

아픔을 이겨내는 것은 살아 있는 사람의 몫입니다. 과거를 바꿀 수 없습니다. 자꾸 추억이 생각나서 일이 손에 잡히지 않습니다.

살아 있는 사람은 살아야 합니다. 아픔을 이겨내지 않으면 남겨진 가족에게 더 큰 아픔이 옵니다. 무조건 빨리 이겨내서 일상생활을 해야 합니다. 생각을 줄일 수 있는 활동적인 것을 하세요. 기분 좋은 생각을 하며 행복한 미래를 위해서 무조건 이겨내야 합니다.

23일 화를 잘 내는 사람

감정 기복이 심하거나
상대방을 만만하게 보거나
문제가 생길 때
화를 내는 사람이 있습니다.

습관이 되면 다른 사람에게
피해를 줄 수 있습니다.

감정 기복이 심한 사람은 잘 웃고 화를 잘 내는 사람입니다. 기분이 상하면 화를 잘 내므로, 따지면 역효과가 날 수 있습니다. 그냥 놓아두는 것이 바람직합니다. 시간이 지나서 기분이 풀렸을 때 부드러운 말투로 따질 건 따지는 것이 좋습니다.

직장 상사가 아래 직원에게 자주 화를 내는 건 만만하게 봐서입니다. 만만하게 보이지 않으려면 해줄 건 해주고, 부당하다고 생각할 때는 정확한 이유를 말해야 합니다.

문제가 생길 때 화를 내는 사람은 이성적인 사람이기 때문에 문제만 서로 해결되면 기분이 풀립니다.

자주 화를 내는 건 자신의 기분 상태가 좋지 않아서입니다. 평소에 스트레스를 풀며 기분 좋은 마음을 갖추려고 노력해야 합니다.

24일 나이가 들수록 빨리 가는 시간

나이가 들면 신경이 무뎌지고
눈과 귀가 점점 나빠집니다.
그렇기 때문에 민감한 변화를 느끼지 못합니다.
그래서 나이가 들수록 시간이 빨리 흐릅니다.
새로운 경험과 진취적인 마음으로
변화를 느끼면 삶의 가치도 커지고
시간도 느리게 갑니다.

'20대의 시간 속도는 20km', '30대는 30km', '40대는 40km'라는 말이 있습니다. 그만큼 나이가 들수록 시간이 빨리 흐른다는 의미입니다.

나이가 들면 잠이 적어지고 아침에 일찍 일어나는 경우가 많습니다, 그리고 잠이 깊게 들지 않으며, 화장실도 자주 가서 하루가 피곤한 삶이 될 수도 있습니다.

아침 일찍 일어나서 하루를 시작하면 하루가 길어집니다. 살아 있는 동안 하고 싶은 것을 많이 하세요. 나중에 다리가 아프면 놀러 다니려고 해도 못 다닙니다.

25일 즐거운 삶을 만들기

1. 변화를 시도한다.
2. 가진 것에 감사한다.
3. 조그마한 것이라도 감사한다.
4. 열정적인 생활을 한다.
5. 가장 하고 싶은 것을 한다.
6. 실수해도 괜찮다고 생각한다.
7. 질투심을 버려야 한다.
8. 인내심을 갖는다.
9. 잠을 충분히 잔다.
10. 식사를 거르지 않는다.

즐거운 삶의 기본은 식사를 거르지 않고, 잘 먹고, 충분히 자는 것입니다. 그러면 힘든 상황이 와도 잘 견뎌낼 힘이 생깁니다. 몸이 피곤하면 집중이 잘 되지 않고, 식사를 거르면 힘이 나지 않고, 기운도 없어서 기분도 나빠집니다.

가진 것이 많다고 돈 걱정을 하지 않는 것이 아닙니다. 자신이 가지고 있는 것에 만족하며, 즐거운 삶을 살아가는 것이 중요합니다.

힘들 때는 만족하면서 지내는 것이 좋고, 기분이 나아지면 조금 더 나아지는 생각을 해야 발전도 합니다. 무조건 현재의 자신을 만족하는 것도, 상황에 따라 발전에 방해가 될 수 있다는 것을 기억해야 합니다.

26일 삶이 싫어집니다

삶이 싫어지는 건
싫어하는 것에 집착한다는 경고입니다.
그리고
좋아지고 싶다는 마음의 표현입니다.
그러니
싫어하는 것에 집착하지 말고
좋아하는 것에 집중하세요.

삶이 싫어지는 데는 이유가 있습니다. 싫어지는 원인을 빠르게 해결하거나 불가능한 것이라면 과감하게 잊고 포기를 해야 합니다.

부모님이나 형제가 자신보다 먼저 돌아가시면 인정하고 감당해야 할 문제이고, 일이 잘못된 것은 빨리 해결해야 하고, 사랑을 고백해야 한다면 용기를 내야 하는 등 빠른 인정과 결정을 해야 몸도 마음도 편해집니다.

자신의 마음이 안 좋을 때는 빨리 풀어야 합니다. 그렇지 않으면 우울증이나 불면증으로 인해 삶이 피곤해질 수 있습니다.

나쁜 것에 집착하는 것은 상당한 에너지를 소비하게 됩니다. 그러면 몸이 좋지 않게 됩니다. 틈틈이 좋아하는 것을 생각하며 집중하는 습관을 기르면 삶이 싫어지는 것을 막을 수 있습니다.

27일 공감해주세요

"많이 힘들어." 할 때 뭔가 해결해 주려고 하거나
"나도 힘들어." 하면 마음이 더 상할 수 있습니다.
"많이 힘들었지. 수고했어."라고 해주세요.

"몸이 아프네." "할 때 병원에 가." 하거나
"나도 몸이 아파." 하면 더 기분이 상할 수 있습니다.
"많이 아프겠네. 괜찮아?"라고 해주세요.

사람은 누구나 힘들 수 있습니다. 아닌 척하고 살아가기 때문에 가까운 부부 사이나 절친 사이에는 공감이 먼저입니다. 자신도 힘든데 다른 사람이 힘들다고 하면 짜증이 나는 경우가 있습니다.

"많이 힘들어."라고 할 때 "너만 힘드냐. 나도 힘들어."라고 하면 서로 힘들어도 우리 같이 잘해 보자는 대답으로 들리지 않습니다. 대부분 기분 나쁜 말로 들립니다.

같이 동일한 일을 하는 경우에는 "힘들어."라고 하면 "나도 힘든데, 같이 잘해보자."라는 말이 나올 수 있지만, 부부 사이나 절친 사이에는 공감을 먼저 해야 한다는 것을 잊지 마세요.

28일 좋은 것만 생각하세요

운이 나쁘다고 생각하면 나쁜 일이 생기고
나쁜 일이 생기면 소심해지고
소심해지면 고민이 생기고
고민하면 잔병이 많아지고
잔병이 많아지면 잠이 안 오고
인간관계가 나빠집니다.
운이 나쁠 때보다는
그렇게 생각될 때가 더 많습니다.

좋은 생각을 깊게 하는 것이 도움이 되지만, 고민이나 좋지 않은 생각을 많이 하면 할수록 스스로를 아픈 수렁에 빠지게 합니다.

하는 일이 잘 안 풀리고 자신감이 없어지면 소심하게 되고 고민이 많은 스타일이 되어서 자신이 싫어질 때도 있습니다. 상대방이 지나가는 말을 했는데 '의도가 뭘까?', '나한테 왜 그러지?' 하며 있는 그대로 받아들이지 못할 수 있습니다. 그리고 그 말 속에 '다른 의미가 있을까?' 하고 고민하기도 합니다.

자신에 대해서 당당할 필요가 있습니다. 그리고 중요하지 않다고 생각하면 넘어가야 합니다. 자신이 하고자 하는 일에 집중하세요. 의기소침(意氣銷沈)하지 말고 자존감을 갖도록 노력해야 합니다.

29일 자신이 행복해야 한다

내가 슬프니까 사람들이 힘들어 보입니다.
내가 기쁘니 사람들이 즐거워 보입니다.
내가 아프니 사람들이 괴로워 보입니다.
내가 좋아하니 사람들이 예뻐 보입니다.
내가 우울하니 사람들이 꿀꿀해 보입니다.

내가 즐거워야 다른 사람도 행복해 보입니다.

행복은 남에게서 오는 것이 아니라 자신에게서 옵니다. 그래서 힘들면 틈틈이 쉬어야 하고, 좋은 일을 찾아가며 즐겨야 합니다. 그리고 억지로 일을 하면 일이 잘 안 풀려서 슬럼프에 빠지기도 하고 자신을 힘들게 할 수 있습니다.

자신이 힘들고 짜증이 나면 남에게 화풀이를 하게 되는 경우가 많습니다. 남도 자신에게 화를 냅니다. 그렇게 되면 스스로 행복하지 않다고 착각하게 됩니다. 내가 즐거워야 주변 사람도 즐겁게 되고 행복해진다는 것을 잊지 마세요.

30일 후회하지 않기 위한 자세

1. 약속 잘 지키기
2. 자존심 지키기
3. 남의 행동을 좋게 받아들이기
4. 나보다 부족한 사람에게 친절하기
5. 자기 생각의 기준 높이기
6. 잘못했을 때 바로 인정하기
7. 섣부른 판단을 하기 전에 남의 말 들어보기
8. 미리 계획하고 실천하기
9. 꿈을 쉽게 포기하지 않기
10. 남에게 상처받는 말 하지 않기

살면서 얼마나 많이 후회하면서 사나요? 후회를 많이 하게 되면, 자신이 재수 없는 사람이라고 생각할 수도 있습니다. 그래서 '후회하지 않기 위한 자세'는 삶에 매우 중요합니다.

'후회하지 않기 위한 자세'를 잘 지킨다고 해도 세상에는 변수가 많아서 후회하는 일이 생깁니다. 후회를 줄이며 살면 좋은 일이 더 많이 생기고, 마음 상하는 것을 줄일 수 있습니다. 현재 아무 생각 없이 사는 것이 삶을 편하게 할지는 모르겠지만 나중에 삶을 더 힘들게 할 수도 있습니다.

31일 좌절, 포기, 상심하지 말자

좌절하고 있다면 새롭게 출발하라.
시작도 안 했으니 잃을 것도 없다.
포기하고 싶다면 계속 도전하라.
지금 포기하면 많은 것을 잃는다.
포기하기에는 너무 이르다.
상심하고 있다면 걱정하지 마라.
늦게 시작하면 못 할 수도 있고
하다 보면 실수할 수 있다.

기존에 하던 것에 익숙해지면 새로운 것을 겁내는 사람이 많습니다. 어떤 일을 하든 자신감이 있으면 무엇이든 도전하기 쉽겠지만 그런 마음이 생기기는 쉽지 않습니다. 제가 컴퓨터 책을 쓸 때도, 프로그래머가 될 때도, 회사를 운영할 때도 자신이 없었습니다. 새로운 도전에 용기를 갖고 나도 할 수 있다는 생각과 포기하면 안 된다는 끈기를 갖고 해왔습니다.

새로운 것을 한다면 포기하지 말고 끈기있게 해보세요. 하다가 분명히 회의감이 오면 '괜찮아, 잘될 거야. 잘 풀릴 거야.' 하고 자신을 응원해 주세요. 힘들 때마다 한 번씩 초심을 생각하면, 무슨 일이든지 잘해 낼 수 있습니다.

9 September

– 보름달을 보며 소원 빌기
– 힘든 일이 있으면 지혜롭게 이겨내기
– 별을 보는 마음으로 세상을 바라보기
– 좋은 추억을 생각하고 남기기
– 다른 사람과 비교하지 않기
– 감정에 치우치지 말고 이성적으로 생각하기
– 사랑의 추억 만들기

감정이 넘치지 않게 마음의 컵이 필요합니다.
넘치기 전에,
항상 컵을 비우는 노력을 해야 합니다.
감정이 넘치면
의도하지 않는 결과로 인해 인해 후회하게 됩니다.

'나쁜 추억을 담지 말고 휴지통에 버리세요.'
'마음의 컵을 준비해서, 넘칠 것 같으면 비우세요.'
'이성적으로 생각하면 올바른 방향으로 갈 수 있습니다.'

1일 멋진 인생 만들기

조금 더 힘내자.
조금 더 참자.
조금 더 웃자.
조금 더 사랑하자.
많이 힘들 때 필요한 생각입니다.
조금 더가 모여
멋진 인생을 만들어 줍니다.

평소에 힘들고 우울하다면, 조금 더 힘내며 살아야 합니다. 처음부터 많이 힘내는 것은 생각보다 힘듭니다. 너무 큰 옷을 입으면 어색하게 느껴집니다.

어떤 것이든 갑자기 성장하고 갑자기 좋아지는 건 그렇게 좋지 않습니다. 안 좋아질 때는 급격히 떨어질 수 있습니다.

기분 좋은 것은 '조금 더' 나아져 그것이 모여 인생을 빛내 줄 것입니다. 금방 변하는 것은 없으므로 조금 더 노력해서 행복한 꿈꾸며 아름다운 나날을 보내세요.

2일 작은 것에 기쁨을 느끼자

그대가 우울하면
바라보는 사람도 침울해집니다.
그대가 좋은 것을 느끼면
많은 사람이 즐거워집니다.
많이 힘들죠.
작은 것에 기쁨을 느끼면
함께 공감하는 사람도 행복해집니다.

세상은 혼자 살아가는 세상이 아닙니다. 회사, 학교 등 집단생활을 합니다. 누군가가 짜증을 내면 주변 사람들도 짜증이 납니다. 누군가가 웃으면 따라서 즐거워집니다. 서로 마음이 동화되기 때문입니다. 가까운 사이일수록 마음이 금방 동화가 됩니다.

'항상 즐거운 일만 있나요?'

없습니다.

사람들 나름대로 배려하고, 이해하고, 노력하며 살고 있습니다. 자신이 사소한 것에 짜증이 나도 참고 기분 좋게 넘어간다면 서로 기분 좋은 마음으로 대할 수 있습니다.

자신이 모든 것을 참고 살고 있다는 착각은 잊어야 합니다. 때론, 내성적이라서 소극적이라서 참고만 살았다면 정말 옳다고 생각하는 것은 자신이 설득력 있게 말을 해야 합니다. 그렇지 않으면 남이 자신을 무시한다고 생각할 수 있습니다.

3일 즐겁게 사는 법

1. 어린아이처럼 많이 웃자.
2. 자신감을 갖자.
3. 모든 일을 즐겁게 하자.
4. 남과 비교하지 말자.
5. 좌절감, 불안감은 휴지통에 넣자.
6. 하루를 시작할 때 초심을 심자.
7. 장점을 만들자.
8. 자신을 사랑하자.
9. 행복한 생각을 많이 하자.
10. 기분 좋은 여유를 챙기자.

특별하게 사는 것보다 중요한 것은 자신을 특별하게 생각하며 아끼며 즐겁게 사는 것입니다.

즐겁게 살기 위해서는 좌절감, 불안감, 우울감 등과 같은 부정적인 요소를 줄여야 합니다. 그러기 위해서는 스스로를 사랑하며 행복한 시간을 챙기고, 자존감을 갖고, 즐겁게 생활해야 합니다.

'자주 웃나요?', '일이 힘든가요?', '단점이 싫은가요?', '남과 비교하나요?', '초심을 갖고 있나요?'

이 질문에 한 번 더 생각하며 좋은 방향으로 나가기 위해서 노력하고 실천한다면 더 삶이 즐거워질 겁니다.

4일 행복한 마음이 함께하기

우울해서 아무것도 하지 않고
마음 아파서 울기만 하고
좌절해서 집에만 있고
그러면 불행이 따라 다닙니다.

희망을 품고 용기를 내고
즐거운 것을 바라보고
자신을 믿고 열심히 살고
여유 속에 꿈을 찾고
그러면 행복한 마음이 함께합니다.

'행복한가요?', '불행한가요?'

정말 힘들면 아무것도 하기 싫어집니다. 주말에 하루나 이틀을 아무것도 하지 않는 것이 휴식입니다. 때로는 아무것도 하지 않을 때 도움이 됩니다. 자신만의 시간을 가지며 새로울 것을 충전할 수 있는 계기가 됩니다. 그렇지만 며칠을 아무것도 하지 않으면 나쁜 생각에 빠지고 우울증이 생길 수 있습니다. 그리고 안 되는 일이 겹치면 죽고 싶은 생각도 듭니다.

사람은 움직여야 건강합니다. 일을 하거나 산책을 하거나 걸어 다니면 혈관도 튼튼해집니다. 만약 무능력해서 아무것도 하지 않으면 아무것도 안 됩니다. 생각나는 것은 무엇이든 하세요. 우울감에서 벗어나서 자신을 찾으세요. 그리고 행복한 꿈을 꾸며 무엇이든 하세요.

취미든 목표든 무엇이든 할 때, 자신이 필요한 사람이라고 생각하게 됩니다.

5일 마음먹기에 따라 다르다

기쁠 때보다 슬플 때가 많습니다.
편안할 때보다 힘들 때가 많습니다.
아프지 않을 때보다 아플 때가 많습니다.
그 이유는 힘든 것을 오래 기억하기 때문입니다.
마음먹기에 따라 반대가 될 수도 있습니다.

기분 좋게 사는 사람은 고민이 없고 긍정적인 사람입니다. 단순히 생각하면 긍정적인 사람이 쉽게 될 것이라고 생각하지만 아닙니다. 불확실한 미래, 힘든 가정일, 힘든 회사 일, 스트레스 등으로 힘들다고 생각되는 날이 더 많아서 긍적적으로 생각하기가 쉽지 않습니다.

사람은 좋은 것보다 힘든 것을 오래 기억합니다. 그리고 마음이 편하지 않으면, 힘든 것을 자꾸 기억하게 만듭니다. 그렇기 때문에, 즐거운 마음을 간직하거나 행복한 것은 틈틈이 찾아서 해야 합니다.

돈과 명예를 찾고 일만 하는 사람은 못난 사람입니다. 열심히 일하면서 틈틈이 힘들지 않게 쉬는 사람이 정말 멋진 사람입니다. 자신을 힘들게 하면 부정적인 마음은 언제든 생깁니다. 그렇게 되지 않게 쉬면서 즐기면서 살면 자연히 긍정적인 마음이 함께합니다.

좋은 마음을 먹으면 행복한 삶이 유지됩니다. 마음먹기 따라 삶이 달라집니다.

6일 현재의 고통은 스쳐 지나가는 바람

가까운 것만 보면 눈이 나빠집니다.
삶도 가까운 고통에 집중하면
괴롭고 힘듭니다.
현재의 고통에 집중하지 말고
멀리 보는 넓은 시야로 미래를 생각하세요.
현재의 고통은 스쳐 지나가는 바람입니다.

길을 걷다가 신경 써서 보지 않으면 자갈이나 돌에 넘어지지만, 멀리 보이는 산에는 걸려 넘어지지 않습니다. 너무 힘들 때는 가까운 것에 집착하면 고통이 더 심해질 수 있습니다. 현재의 고통을 이겨내려면 미래를 보며 잘될 것이라는 희망을 가져야 합니다.

겨울이 지나고 봄이 옵니다. 잘 견디고 잘 지내면 원하지 않아도 사계절처럼 봄이 옵니다. 봄이 올 때까지 미래의 계획을 잘 세우고 올바른 방향으로 갈 수 있게 준비하세요.

7일 정말 소중하고 특별한 사람

사랑하면 사랑한다고
좋아하면 좋아한다고
힘들면 힘들다고
보고 싶으면 보고 싶다고 말하는 것이
그렇게 어려운 일인가요?
자존심 때문에, 상처 때문에
솔직하지 못했다면 용기를 내세요.

'당신은 정말 소중합니다. 특별합니다.'

'좋아하는 사람이 있나요?'

'보고 싶은 사람이 있나요?'

없다면 마음이 메마른 사람입니다. 좋은 추억을 생각해 보면 누구나 있을 겁니다.

과거의 상처 때문에, 자존심 때문에, 나이가 많아서, 결혼해서 사랑하는 사람에게 표현하지 못할 수 있습니다. 상처가 있는 사람은 또 다른 상처를 받지 않기 위해 거리를 두는 경우도 있습니다. 이럴 때, 표현을 자제하게 됩니다. 결혼한 지 오래된 부부도 초기에는 잘했지만 시간이 많이 지나면서 좋아하는 마음을 표현하지 않게 됩니다.

사랑 표현을 하는 건 더 좋은 관계를 만들어 수 있습니다. 사랑하는 사람에게 마음을 표현하며 예쁜 사랑을 하세요. 너무 아름답지 않나요.

8일 기억에 남는 사람

능력이 부족해도 노력하는 사람이 참 좋다.
잘나지 않아도 친절한 사람이 참 좋다.
멋지지 않아도 단정한 사람이 참 좋다.
능력이 부족해도, 잘나지 않아도, 멋지지 않아도
좋아해 주는 사람이 있다면 행복한 일입니다.
그런 사람이 더 기억에 남습니다.

연인을 만나고 이별한 후 한참 동안 기억에 남는 사람이 있습니다. 잘난 체하거나, 배려가 없거나, 자기밖에 모르는 사람은 오랫동안 기억에 남지 않습니다. 나중에 생각하면 잘 헤어졌다는 생각이 듭니다.

기억에 오래 남는 사람은 대화도 잘 통하고, 친절하고, 많이 좋아해 주고, 좋은 감정으로 알게 된 사람입니다.

아무리 잘생겨도 상대에게 나쁘게 대하거나, 사람을 함부로 하는 사람은 좋아할 수가 없습니다.

'기억에 남는 사람이 되고 싶나요?'

그럼, 좋은 인상이 남도록 친절하고 좋은 마음을 전해주세요. 그대를 정말 좋아하게 될 겁니다.

9일 사랑하는 마음

좋아하는 사람이
내가 기대하는 만큼
나한테 잘해주지 않거나
나에게 관심이 없거나
나를 좋아하지 않을 때
감정 조절이 안 되어서
상심하거나 상처를 받을 수 있습니다.

자연스러운 마음입니다.

내가 사랑하는 사람이 내가 사랑하는 만큼 사랑하면 싸울 일도 없고 마음 상할 일도 없습니다. 실제로 그런 경우는 드물어요.

사랑이라는 감정은 자신을 기쁘게도 하지만 때로는 아픔을 주기도 합니다. 그래도 사랑하는 감정이 너무나 좋아서 포기할 수 없습니다.

사람마다 마음이 다르고 표현하는 스타일이 달라서 인정할 것은 인정해야 합니다. 다름을 인정하며 상대방에게 집착하지 않도록 유의하는 것이 좋아요. 상대방에게 집착하면 마음을 상하게 할 수 있습니다. 사랑하는 사람을 의심하지 않고 믿어주는 것도 필요합니다. 사랑이 힘들 때도 있지만 사랑하는 마음은 삶을 더 행복하게 만들어 줍니다.

10일 이별의 아픔

그 사람이 좋아서
마음껏 퍼주고 싶었습니다.
그 사람을 사랑해서
아픔도 나누고 싶었습니다.
그 사람 곁에 있고 싶어서
친구가 되려고 했습니다.
모든 것이 혼자만의 생각일 뿐
자신의 존재가 아무것도 아니라는 생각에
아픔을 담아 봅니다.
또, 잊히고 새로운 사람을 만나겠죠.

사랑하게 되면, 모든 것을 다 줄 만큼 소중하게 생각됩니다. 아픔도 함께 나누고 싶어집니다. 따뜻한 사랑은 언제나 좋습니다.

남녀 사이에는 친구가 존재하기 힘듭니다. 사랑하다 보면 이별을 하기 마련입니다. 하지만 헤어지기 싫어서 친구가 되길 바라는 마음이 생기기도 합니다. 그것도 힘들어지면 이별을 하고, 새로운 사람을 만나게 됩니다. 누구를 만나든 사랑했던 사람은 가슴에 남아 있습니다.

11일 자신을 위한 기도

아주 힘든 순간에
할 수 있다는
용기와 신념을 생각하며
자신을 위해서 기도해 보세요.
간절한 기도로
인생을 바꿀 수 있습니다.

'나에게 인내와 용기와 희망과 지혜를 주세요.'

이렇게 기도하세요. 꿈을 이루는 데 많은 도움이 될 것입니다.

종교를 갖지 않아도 기도를 하는 마음은 좋습니다. 자신을 되돌아보거나 희망을 갖게 하기도 합니다. 너무 힘들 때, 포기하고 싶을 때, 너무 아플 때에 자신을 위한 기도를 하면, 소홀했던 자신을 믿고 강한 자신을 만들 수 있습니다.

자신을 위한 기도는 용기나 신념을 주지만 이루게 할 수 없습니다. 이루려면 용기와 신념을 갖고, 초심의 마음이 되어서 더 힘내서 도전해 보세요. 자신과의 싸움에서 이겨야, 성공할 수 있습니다.

12일 실천해야 이루어진다

총을 쏘지 않으면 맞출 수 없고
병뚜껑을 따지 않으면 마실 수 없고
하지 않으면 이룰 수 없습니다.
그런데
될 것이라고 생각하여
착각하며 살기도 합니다.
아무것도 하지 않으면
아무것도 이루어지지 않습니다.

힘들어도 용기 내서 도전해 보세요.

'총을 쏘지 않는데 표적을 맞출 수 있나요?'

잘 맞추려면 총 쏘는 연습을 해야 합니다.

'뚜껑을 따지 않는데 음료수를 마시려고 하나요?'

자신이 원하는 것을 얻고자 한다면 실천해야 원하는 것을 얻을 수 있습니다.

무언가를 이루려고 할 때 긍정적인 마음이기 때문에 이룰 것이라고 착각하는 경우가 많습니다. 막연히 '잘될 거야.' 하는 생각만으로는 아무것도 되지 않습니다.

실천하지 않고, 노력하지 않으면 무엇이든 이룰 수가 없습니다. 무엇이든 이루려고 한다면 목표를 정하고 용기를 내서 실천해야만 이루어진다는 것을 기억하세요.

13일 어떤 부류의 사람인가요

칭찬하는 사람은
뭔가를 얻고자 하는 사람이고
지적하는 사람은
자신이 낫다고 생각하는 사람이고
질문하는 사람은
관심이 있는 사람이고
대답하는 사람은
뭔가를 알려주고 싶은 사람입니다.

친구끼리 칭찬하는 경우는 얻고자 하는 것이 거의 없습니다. 사회에서는 직업 때문에, 직위 때문에, 잘 보이려고 칭찬하는 경우가 많이 있습니다. 칭찬은 사람에게 호의적으로 다가가는 방법 중의 한 가지입니다. 신뢰가 생기기 전에 칭찬을 자주 하는 사람은 경계를 할 필요가 있습니다.

윗사람, 상사, 선생님 등이 지적하면 되도록 참고 인정을 해야 할 것은 인정하고, 버릴 건 버리는 것이 좋습니다. 그렇지 않으면 마음에 앙금이 생길 수 있습니다.

내성적인 사람이나 소극적인 사람은 말을 많이 하지 않으므로 가까워지고 싶으면 질문을 많이 해야 합니다. 질문을 많이 한다는 건 친해지고 싶거나 관심이 있다는 것입니다.

'그대는 어떤 말을 많이 하는 사람입니까?'

14일 연락하지 않고 사는 삶

심한 상처를 받거나
회사 일, 가정일 때문에 바쁘다 보면
아무도 연락하지 않고
아무도 보지 않고 사는 때가 있습니다.
바쁘게 사는 것이
자신의 미래를 위해서라고 생각하지만
결코 자신을 위한 것은 아닙니다.

어렸을 때는 누구나 가족보다 친구가 우선순위였을 때가 있습니다. 성인이 되고 가정을 꾸리고 직장을 다니게 되면 친구보다 가족을 더 신경 쓰고 힘든 가정일이나 직장생활로 친구하고 연락도 덜 하게 되어 점점 멀어질 수 있습니다.

삶은 능동적으로 사는 것이 좋습니다. 사람을 챙기고 사는 사람이 더 잘 삽니다. 그러니까 좋은 친구나 인연이 있다면 먼저 연락하고 만나며 사세요. 나이가 들수록 인간관계의 폭은 좁아지고 외로워집니다. 현재 돈 버는 것에 연연하지 말고, 친구도 만나고 즐거움을 찾으세요. 그래야 우울증에 안 걸리고 행복해집니다.

15일 만나면 좋은 사람

1. 나를 배려해 주는 사람
2. 나를 위로해 주는 사람
3. 내가 주는 만큼 보답하는 사람
4. 나를 기쁘게 하는 사람
5. 나를 좋아해 주는 사람
6. 나를 사랑해 주는 사람
7. 내 이야기를 잘 들어주는 사람
8. 나를 웃게 해주는 사람
9. 나와 비슷한 성향인 사람
10. 나와 대화가 잘 통하는 사람

좋은 사람을 만나면 우울했던 마음이 즐거워지고 만나고 난 후에 힘이 납니다. 공부를 같이하면 학업 능률이 오르고, 직장에서는 같이 일하면 즐거워져서 성과가 좋아지고, 인연으로 만나면 같이 행복하게 됩니다.

'좋은 사람이 있나요, 없나요?'

없다면 자신이 먼저 좋은 사람이 되면 좋은 사람이 생깁니다. 사람과 함께해야 하는 이유는 자신에 대해 알고 싶고, 자신을 알려주고 싶고, 마음을 나누고 싶어서입니다. 그리고 사람과 소통하며 자신의 존재를 확인하고 함께하고 싶은 마음이 있어서입니다.

16일 나를 사랑하자

남에게 사랑받지 못하는 이유는
스스로를 사랑하지 않는 데서 시작합니다.

자신을 예뻐하고
자신을 토닥토닥해주고
자신에게 용기를 주고
자신에게 최선을 다하면
자신감도 생깁니다.

누군가를 사랑하는 마음도 생기고
누군가에게 사랑받는 마음도 생깁니다.

'우울한 사람을 좋아하나요?'

'초라하다고 생각하는 사람을 좋아하나요?'

'못났다고 생각하는 사람을 좋아하나요?'

자신도 그런 사람이 싫은데, '누가 좋아하겠습니까?'

'사랑받길 원하나요?'

아침에 일어나서 거울도 보고, 한번 웃어 주세요. 기분 좋게 시작하고, 스스로 사랑한다고 말해 주세요. 그러면 자신도 기분 좋고, 다른 사람에게 친절하게 대할 수 있습니다. 그러면 당당해지고 좋게 변해갑니다.

'그런 사람을 누가 싫어할 수 있나요?'

자기 자신에게 좋은 사람이 되어서 남에게도 좋은 사람이 되세요.

17일 같은 시간이 다르게 느껴지는 이유

시간의 흐름을 생각하지 못할 때
가장 행복하고
시간이 정말 안 갈 때
가장 불행하고
시간이 촉박할 때
긴장하고
시간이 빨리 갈 때
기쁨을 알게 되고

시간은 상황에 따라 다르게 흘러갑니다.

시간은 일정하게 흐르지만 기분에 따라 시간이 달라질 수 있습니다. 그래서 어떻게 일을 하느냐가 중요합니다.

억지로 하면 일의 능률도 안 오르고 시간이 정말 안 갑니다. 삶도 짜증이 날 수 있습니다. 즐거운 마음으로 일을 하면 능률도 오르고 시간도 빨리 갑니다.

당연히 알고 있는데 '짜증을 내면서 하나요?' 어차피 할 일이라면 즐겁게 하면 모두가 즐거워집니다. 설마 '다른 사람이 즐겁게 일하는 것이 싫은 건 아니죠?' 우리 서로 피해 주지 말고 행복을 전해 주세요. 그대는 참 멋진 사람입니다.

18일 이겨내는 방법

1. 슬프면 마음으로 울어서 푼다.
2. 우울하면 좋아하는 것을 한다.
3. 아프면 약을 먹고 아프다고 말한다.
4. 힘들면 좋은 친구를 만난다.
5. 사랑하면 사랑하는 마음을 전한다.
6. 일이 힘들면 여유를 챙긴다.
7. 좋은 글을 메모하고 힘들 때 본다.
8. 졸려서 집중이 안 되면 충분히 잠을 잔다.
9. 화가 나면 잠깐 생각하고 말을 한다.
10. 머리가 무거우면 산책, 명상 같은 휴식을 취한다.

슬프면 울면 되고, 아프면 약을 먹으면 되고, 졸리면 자면 됩니다. 당연한 것을 하지 않으면서 힘들어하는 사람이 많습니다.

'할 일이 많아서 못 잔다?'

한숨 자고 일해보세요. 일이 더 잘됩니다. 하기 싫어서 억지로 하다 보니 진척도 안 되고 시간만 지나간 적이 많지 않나요.

화를 내거나 사랑하는 사람과 이별을 할 때 상처 주는 말은 하지 않는 것이 좋습니다. 화가 나서 과거를 이야기하거나 막말을 하면 후회를 하게 됩니다. 말하기 전에 생각하고 말하면 문제가 생기지 않게 잘 이겨낼 수 있습니다.

19일 기분 좋은 말 세 가지

하나.
너를 만나서 너무 좋았어.
다음에 또 만나자.

둘.
오늘 시간 되니?
너무 보고 싶다.

셋.
넌 참 좋은 친구야.
우리 우정 변치 말자.

친구랑 만나고 '너무 좋았다.'라는 말은 기분을 좋게 합니다. 그리고 '다음에 또 만나자.'라고 하면 '얼마나 설레일까요.'

'시간 나면 다음에 보자.' 하고

만나지 않는 친구가 얼마나 많나요?

이런 식으로 지나간 시간이 몇 달일까요?

생각나는 친구가 있다면 '친구야! 보고 싶다.' 하고 약속을 잡고 얼굴 한번 보세요. 기분 전환에는 친구가 제일 좋습니다.

오랫동안 만나는 친구는 사진만 봐도 흐뭇합니다. 나이가 들수록 행복은 친구와 함께 만드는 것입니다.

20일 처음부터 강한 사람은 없다

처음부터 강한 사람은 없습니다.

강해 보이는 사람도
처음에는 나약한 사람이었습니다.

의지가 자신을 강하게 만들고
노력이 자신을 강하게 만들고
열정이 자신을 강하게 만듭니다.

사람은 나약하게 태어납니다. 부모의 도움이 없으면 살아갈 수 없습니다. 먹는 것, 입는 것, 노는 것 등을 부모가 보살펴 줘야 아이가 어린이가 됩니다.

'강한 사람은 어떤 사람일까요?'

'아픔을 잘 이겨내는 사람?'

'성공을 한 사람?'

'어려움을 딛고 도전하는 사람?'

누구도 금방 그렇게 되지 않습니다.

'쉽게 됐다고 생각하나요?'

원하는 것만 보았다면, 그렇게 됐다고 착각할 수 있습니다.

아픔을 겪어 봐서 잘할 수 있고, 어려움을 이겨내서 잘할 수 있고, 인내를 갖고 잘 참아서 잘할 수 있게 된 것입니다.

'어려움 없이 강해지려고 했나요?'

상상의 삶을 만들어 내지 마세요. 무조건 어려움이 오면 이겨내세요. 그럼, 강한 사람이 되고 성공의 길로 가게 됩니다.

21일 사랑 안에 기적과 행복

내 인생에 사랑이 없으면
누구도 사랑할 수 없습니다.

내 인생에 사랑이 있으면
누구에게 사랑해달라고 할 필요가 없습니다.

사랑 안에는 기적이 있고
사랑 안에는 행복이 있습니다.

'사랑이 없다면 삶이 재미있을까요?'

없습니다.

'사랑을, 이성만을 생각하는 건 아니죠?'

반려동물, 꽃, 아이 등 좋아하는 것을 넘어서 애틋하고, 마음이 따뜻해지는 마음이 사랑입니다.

나이를 많이 먹으면서 감정도 메마르고 사랑도 메마를 수 있어요. 그러니까요? 삶이 재미없고, 회의감을 느끼면서 사랑하는 마음을 잃어서입니다. 그럴 때가 있습니다.

가끔 하늘도 보고, 꽃도 사서 화분에 심어보고, 자연을 걸으면 풍경도 보세요. 세상에는 예쁘고 아름다운 것이 많이 있습니다.

아침에 일어나서 사랑하는 마음을 느껴보세요. 삶이 온몸으로 행복하게 느껴질 때가 있습니다. 못 느꼈다면 하고 싶은 것을 도전해 보세요. 우울한 마음이 사라지고 기적 같은 행복이 옵니다.

22일 그리움, 다정함, 행복함, 꿈

'그리움'
한 사람이 보고 싶을 때 느낍니다.
누군가를 생각하는 애틋한 마음입니다.

'다정함'
그게 참 좋습니다.
그 느낌은 마음이 기울어질 때 더 느낍니다.

'행복함'
함께하는데 힘들 땐 보이지 않습니다.
반복적인 평범한 일상에 숨어 있습니다.

'꿈'
자신이 발전할 수 있는 원동력입니다.
너무 힘들게 할 때도 있지만, 열정이 함께합니다.

비가 오거나 밤이 되면 사랑하는 사람이나 좋아하는 사람이 생각나서 보고 싶을 때가 있습니다. 한 사람을 보고 싶은 마음이 그리움입니다.

성질내고 까칠한 사람을 좋아하는 사람은 거의 없습니다. 다정한 사람은 좋고 만나면 기분이 좋아집니다.

행복은 소소한 삶 속에 스며들어 있습니다. 즐거움을 찾으면 거기에 있습니다.

꿈을 꾸는 사람이 아름답습니다. 나이가 들어도 꿈을 잃지 말아야 합니다.

23일 부자가 되는 법

1. 과소비하지 않기
2. 재테크를 잘하기
3. 목표를 달성하는 긍정적인 마인드 갖기
4. 남들이 안 하는 것을 하기
5. 저축과 절약하고 투자하기
6. 시작하기 전에 계획을 세우기
7. 시작하기 전에 시장 조사하기
8. 잘할 수 있는 것 찾기
9. 비용 절감하는 방법을 찾기
10. 끊임없이 포기하지 말고 도전하기

가장 중요한 사항은 긍정적인 마인드입니다. 모든 시작은 자신에게서 나옵니다. 판단, 결정, 인내, 의지 등을 이끌어 가는 힘이 마인드입니다. 쉽게 포기하지 않고, 어려운 문제를 극복해서 이겨낼 수 있고, 새로운 도전을 이겨낼 가능성이 높아집니다.

긍정적인 마인드를 갖기 위해서는 어려움이 왔을 때, 부정적인 마음이 들지 않기 위해서 평소에 자존감을 높이는 자기관리를 해야 합니다. 좋은 글도 보고, 여유도 챙기고, 운동도 하며 기분 좋은 상태를 유지하세요.

부자가 되는 건 쉽지 않습니다. 꼭! 자신을 이겨내고 성공하세요.

부자가 되지 않더라도 만족하며 즐겁다면 충분히 부자입니다. 마음의 부자가 진짜 부자일지도 모릅니다.

24일 원하는 대로 되지 않는 삶

친해지고 싶지만, 그냥 바라보고 있고
싫을 정도는 아니지만, 그냥 아는 척은 하고 있고
마음을 알지만, 행동은 꺼려지고
마음을 몰라서, 눈에 밟혀 생각나고
다가오는 길 기다리지만, 마음은 점점 멀어지고
멀어지고 싶지만, 쉽지 않습니다.

삶이 원하는 대로 되지 않고
마음과 생각이 다를 때가 있습니다.

좋아하는 사람과 친해지고 싶으면 노력을 하세요. 그냥 바라만 보지 마세요.

친해지고 싶지 않고 알고만 싶으면 굳이 정리하지 말고 관계를 유지하는 것이 좋습니다.

행동은 해보고 후회하세요. 남의 생각을 일일이 너무 배려하면 아무것도 할 수 없습니다.

마음이 다가가려고 노력하는데도 불구하고 멀어지면 하는 수 없어요. 그냥 놓아 주세요.

삶은 원하는 대로 되지 않기 때문에 상대방의 마음도 이해하면서 살아가야 합니다.

많이 생각하고 복잡하게 살면 인간관계에 대한 회의감을 느낄 수 있습니다. 있는 그대로를 받아들이면서 편하게 즐기며 살면 됩니다.

25일 태도와 말투에 관하여

말을 듣는 태도가 좋고
말을 하는 말투가 부드러우면
상대방이 기분 좋게 되고
그 사람을 좋아하게 됩니다.

서울말은 부드러운데 비해 경상도 말은 억양이 세고 빠른 편입니다. 서울에서 오래 산 사람이라면 오해를 할 수도 있습니다. 억양의 차이는 서로가 이해할 필요가 있습니다.

오랜만에 인연을 만날 때, "살이 많이 쪘네?", "피곤해 보인다?", "아직도 노니?" 이런 등의 툭 던지는 말투로 기분이 상하면, 받아들이는 태도도 안 좋아져서 부드러운 대화를 하기 어렵습니다.

대답은 "살찌는 데, 보태준 것 있어?", "고민이 많아서 그래.", "노니까 좋네." 하며 그냥 넘기는 것이 좋습니다.

민감한 신체나, 좋지 않은 상태를 거론하는 것은 좋지 않습니다. 그리고 듣는 사람도 기분 나쁘게 할 의사가 아니라면 마음에 담지 말고 편하게 대답하세요. 서로 마음속에 담으면 대화가 피곤해질 수 있습니다. 친구끼리는 덜 하겠지만 직장 상하, 친척 관계에서는 상대방을 기분 나쁘게 하는 행동을 피하는 것이 필요합니다.

태도와 말투가 좋으면 호감이 생깁니다. 그러면 좋아하는 마음도 생기게 됩니다.

26일 실천해서 원하는 것을 얻자

소심한 생각으로
자신이 하고자 하는 것을
미루고 있습니까?

삶이 뜻대로 되지 않는다고 생각하나요?

실천해야 이루어지고
자신이 원하는 것을 얻을 수 있습니다.

자신에 대해서 소심해지면 생각이 많아지고 생각을 행동으로 옮기기 어렵게 되는 경우가 생깁니다. 할까 말까 고민할 때는 나쁜 것이 아니라면 무조건 하는 것이 맞습니다. 일어나지도 않은 일이기 때문에 미리 걱정할 필요는 없습니다. '후회하며 살았나요?' 해보고 후회하세요. 시도조차 해보지 않고 후회하는 것보다 해보고 후회하는 것이 더 낫습니다.

무슨 일을 하든지 생각하는 것을 실천하는 습관이 삶을 살면서 많은 도움이 됩니다. '안 되는 것이 많아서?', '귀찮아서?', ' 하기 싫어서?' 생각하는 시간이 많으면, 쉴 시간이 줄고 오히려 자신에게 좋지 않습니다. 무조건 생각하는 것을 실천하고 자신이 원하는 것을 얻어 내세요. 그래야 잘삽니다.

27일 두려움 없이 나이 먹기

1. 오지 않은 죽음을 두려워하지 말자.
2. 과거에 집착하지 말고 잊자.
3. 인연 관계를 잘 유지하자.
4. 다치지 않게 조심하고 몸을 아끼자.
5. 몸이 안 좋아지는 것을 인정하고 적응하자.
6. 움직일 수 있을 때 활동하자.
7. 노후 대책을 마련하자.

나이가 든다는 것은 자연스러운 일입니다. 눈도 안 좋아지고, 귀도 잘 안 들릴 수 있습니다. 인정하지 않고 스트레스받는다면 삶이 더 힘들어집니다. 때에 따라서는 건강 보조 식품을 먹는 것도 좋습니다.

'나중이라는 말은 하지 마세요.'

걷기 힘들어지기 전에 여행도 가고 친구도 만나고 하고 싶은 것 다 하세요. 어차피 한 번 사는 인생 그리고 자식을 위해서 살지 말고 자신을 위해서 사세요.

지금 죽는다고 생각하면 막막할 것입니다. 우리는 언제 죽을지 모르는 시한부 인생입니다. 나이가 들수록 과거의 기억도 흐려집니다. 죽을 때 걱정은 하지 않아도 됩니다. 지금 살아있다는 것에 감사하고 하루하루 즐겁게 보내세요.

28일 삶에 돈이 전부는 아니다

성인이 되면서 돈만 벌려고
모든 것을 포기하고
살면 안 됩니다.

돈 때문에
연애, 꿈, 미래, 행복을
포기하며 살지 마세요.

나이에 맞게 사는 건 중요합니다. 돈을 벌기 위해서 원하는 것 모두 포기하면서 살면 미래가 없어집니다.

20대, 30대는 돈을 벌면서 연애도 하고 꿈을 키워나가야 합니다. 시기가 늦으면 주변에 아무도 남아 있지 않을 수 있습니다. 그렇기 때문에 연애와 꿈을 포기하는 건 바람직하지 않습니다.

두 가지, 세 가지를 모두 한다는 것이 부담될 수 있지만, 사람은 익숙해지고 몸에 배면 가능해집니다. 자신이 생각하는 것보다 자신은 약하지 않습니다. 그리고 시기가 지나면 후회해도 다시 돌아올 수 없습니다.

돈 때문에 미래를 포기하지 말 것, 돈 때문에 연애를 포기하지 말 것, 돈 때문에 꿈을 포기하면 안 됩니다. 한 번 사는 인생 도전하며 쉴 때 쉬고, 행복하게 사세요.

29일 여태까지 잘했어요

힘들어서 주저앉기도 하고
눈물을 흘리며 엉엉 울기도 하고
마음 아파서 가슴을 쳤지만
잘 이겨내고 잘 참아내고
충분히 잘해 냈어요.
여태까지 잘했으니까요.
미래에도 잘해 낼 것이라고 믿어요.

꿈을 이루지 못하고, 아픈 일도 있었고, 숨 가쁘게 살아 왔지만 지금까지 잘 지내고 있다면 잘 살아 온 것 맞습니다.

자신에게만 삶이 힘들었다고 생각하는 마음을 버려야 합니다. 많은 사람들이 힘들게 살고 있지만, 내색하기 싫어서 내면에 있는 말을 거의 하지 않고 삽니다. 그리고 지금 느끼는 고통은 다른 사람도 겪었던 것일 수 있고, 모두 이겨내며 살고 있습니다. 남도 이겨내는데 나만 못 이겨내면 안 됩니다. '많이 힘들고 아팠죠.' 그 마음 알아요.

지금 자신이 힘들다면 오늘부터 새로운 마음으로 이겨내세요. 그까짓 것! 하며 즐거운 마음으로 출발! 이 또한 지나갑니다.

30일 나이 먹으면 후회하는 것

1. 아이들하고 같이 많이 못 놀아 준 것
2. 자존감이 부족했던 것
3. 가고 싶은 여행을 못 간 것
4. 중간에 꿈을 포기한 것
5. 헤어질 때 상처 준 것
6. 악연으로 남게 놓아둔 것
7. 학교 다닐 때 공부를 덜 한 것
8. 사랑하는 사람에게 사랑 표현을 못 한 것
9. 인연 챙기지 않고 일만 한 것
10. 모든 일에 쉽게 포기한 것

나이를 먹으면서 가장 후회가 되는 것은 쉽게 포기하는 마음인 것 같습니다. 사실 저는 쉽게 포기하는 성격이 아니라서 지금까지 열심히 살아왔습니다. 책도 쓰고, 20대에 회사를 차려서 20년 이상 회사를 경영하고 있습니다. 그리고 상가 건물도 샀습니다. 나이를 더 먹기 전에 목표가 있다면 포기하지 말고 끈기 있게 하세요. 삶에 큰 변화를 줄 겁니다.

'지금 후회하는 것이 있습니까?'

생각나는 것이 있거나 하고 싶은 것이 있으면 늦기 전에 해보세요. 삶의 가치는 스스로 만들어 가는 것입니다. 후회 없는 삶으로 마음에 담아둔 아픈 기억을 지워 보세요.

10 October

- 속어 등을 사용하지 않고 올바른 한글을 사용하기
- 식사 잘하고 건강을 챙기기
- 마음이 춥지 않게 따뜻한 마음을 느끼기
- 갈대처럼 유연한 마음 갖기
- 자기 생각만 말하지 말고 소통하기
- 충분한 수면으로 나쁜 감정 줄이기
- 나무가 낙엽을 버리듯, 나쁜 추억을 버리기

식사를 잘하고 충분한 수면을 하면
하루가 기분이 좋아집니다.
좋은 감정이 생기면
사람을 대하는 태도가 좋아집니다.
좋은 감정과 태도로 행복한 삶을 만들어 보세요.

'부드러운 말투로 신뢰를 얻으세요.'
'좋지 않은 습관으로도 나쁜 감정이 생길 수 있습니다.'
'좋은 태도로 상대방에게 신뢰를 줄 수 있습니다.'

1일 좋은 관계 유지하기

'너만 참으면 해결돼.'라는 말은 이기적인 말입니다.
나도 참아야 해결됩니다.

'너나 잘해.'라는 말은 자신을 모르는 말입니다.
나도 잘해야 관계가 좋아집니다.

나는 참지 않는데 상대방이 참을 것이라고 생각하는 자체가 위험한 생각입니다. 그리고 나만 참으면 문제가 해결될 것이라는 생각도 위험한 생각입니다.

참지 않는 사람은 참는 사람을 괴롭힐 수 있고, 참는 사람은 괴롭힘을 당할 수 있습니다. 이 관계는 오래 유지될 수 없습니다.

결혼한 사이라면 이혼할 수 있고 친구 사이라면 의리가 상할 수 있습니다.

좋은 관계를 유지하기 바란다면 서로 조금씩 참고 이해하며 살아야 행복할 수 있습니다.

'화가 났을 때 대화가 어렵나요?'

'기분 나빠, 이렇게 해'라며 강압적으로 하지 마세요.

이것보다는 '이렇게 하면 더 좋겠어.'와 같이 말을 부드럽게 말하세요. 그러면 기분 상하는 일이 적을 수 있습니다.

2일 힘든 순간에 감사하는 마음

가장 예쁜 얼굴은 웃는 모습이고
가장 아름다운 마음은 사랑하는 마음이고
가장 즐거운 마음은 보약 같은 마음이고
가장 좋은 생각은
힘든 순간에 감사하는 생각입니다.

우울하고 슬프고 힘이 안날 때, 즐거운 마음 하나만 있으면 힘이 팍팍 납니다. 즐거운 마음을 매일 챙겨야 삶이 행복해집니다.

어떻게 '힘든 순간에 감사하는 마음을 가질 수 있을까요?'

힘든 순간은 자기 자신을 마음 아프게 하고 괴롭힙니다. 자신의 의지를 시험해 보는 순간이라고 생각하세요. 그것은 돈 주고 살 수 없는 소중한 경험입니다. 그리고 스스로 성장할 수 있는 계기를 만들어 줍니다. 힘든 순간을 괴로워하지 말고 즐기세요. 스스로가 멋져지고 거기에 따른 보상을 받으면 성취감도 느끼게 됩니다.

'자신의 멋진 모습이 기대되지 않나요?'

힘들수록 더욱 감사하게 생각하세요. 힘들 때는 마음 상하는 말일 수 있지만 이겨냈을 때는 그 순간이 가장 행복한 시간입니다.

3일 삶에 꼭 필요한 것

1. 사랑
싫은 것이 많으면 되는 것이 없어요.
사랑하는 마음이 있어야 즐거워집니다.

2. 여유
모두가 바쁘게 살고 반복적인 일상이 힘듭니다.
여유는 삶의 활력을 줍니다.

3. 꿈
꿈을 찾고 살아있다는 기쁨을 챙기세요.

4. 자신감
해보지도 않고 안 된다고 하지 마세요.
자신감을 갖고 도전해 보세요.

5. 음식
식사는 잘 챙겨 드세요.
음식을 먹지 않으면 힘이 안 나서 우울해집니다.

사랑, 여유, 꿈, 자신감, 음식은 살아가면 꼭 챙겨야 할 것입니다. 챙기지 않는다면 크게 우울하게 되고 많은 날을 후회하게 됩니다. 잘 챙겨서 행복하고 아름다운 삶을 찾으세요.

4일 공감하며 웃는 사람

이 세상에서 가장 예쁜 사람은
얼굴이 예쁜 사람이 아니라
같이 공감하며 웃어 주는 사람입니다.

나는 그래서 그대를 가장 예뻐하고
사랑합니다.

대부분 사람은 공감을 잘해주고 편한 사람을 좋아합니다.

'얼굴이 예쁘면 모든 것이 용서 된다.'라고도 하지만 살다 보면 현실은 그렇지 않을 때가 많습니다. 같이 공감하며 웃어주는 사람이 호감도 가고 상대방을 즐겁게 해줄 수 있습니다. 그러면 그 사람이 더 예뻐 보이고 사랑스러울 수 있습니다.

5일 자신밖에 모르는 사람

다른 사람의 실수를 용납하지 못한다면
다른 사람의 좌절을 이해 못 한다면
다른 사람의 아픔을 알지 못한다면
다른 사람의 친절을 느끼지 못한다면
자신밖에 모르는 사람입니다.

'당신은 실수하지 않고 살았나요?'

'다른 사람이 실수한다고 잔소리를 하며 화를 낸 적 없나요?'

과거의 스스로를 생각하며 화를 줄이고 친절하게 알려 주세요. 자신을 더 좋아하게 될 것입니다.

'다른 사람의 친절을 못 느꼈나요?'

일부 몰지각한 사람이 있어서 마음 상하기도 하지만 많은 사람이 친절하게 하려고 노력하고 있습니다. 그것을 못 느끼면 자신도 배려하지 않고 몰지각한 사람처럼 행동할 수 있습니다. 항상 친절은 친절로 오지 않을 때도 있지만 대부분은 친절로 옵니다.

'굳이 좋은 사람이 되기 싫은 건 아니겠죠?'

자신밖에 모르는 사람이 되지 않으면 좋겠습니다.

6일 자신을 지키는 지름길

통쾌하게 상대방의 비방하는 말을 외면하고
초콜릿 같은 달콤한 거짓말에 귀 닫고
입이 근질근질해도 나쁜 말을 옮기지 않고
잘난 척하고 싶어도 겸손하게 말을 해야 합니다.

그것이 스스로 나를 지키는 지름길입니다.

귀가 얇은 사람은 주관이 뚜렷하지 않아서 자신에 대한 확신이 없습니다. 그래서 남의 말에 잘 휘둘려 잘못된 길을 가거나 실수를 합니다. 그리고 자기 위안을 위해 남의 탓을 합니다. 자신의 결정을 회피해서 위안 삼기를 좋아합니다. 스스로 결정하고 스스로 책임지는 자세가 필요합니다.

남을 험담하는 것을 즐기는 사람이 있습니다. 매우 잘못된 습관입니다. 많은 사람들이 이런 사람 때문에 인간관계에 대한 회의감을 느끼고 상처받습니다. 남의 험담을 하는 사람은 나쁜 사람입니다.

자신을 알리고 싶고 자랑하고 싶은 건 자연스러운 일입니다. 그러나 힘들어 하는 사람 앞에서는 겸손한 자세를 보여주는 것이 좋습니다. 남의 기분을 상하게 하면서 잘난 체하는 건 옳지 않습니다.

7일 최악의 상처를 주는 이별

1. 납득되지 않는 이별
2. 메시지나 카톡으로 통보받는 이별
3. 연락 두절 및 회피 이별
4. 싫어하는 것만 하며 이별 유도
5. 바람피우고 이별 통보
6. 네가 성격이 나쁘다고 이별
7. 전화로 네가 싫어졌다고 이별

두 사람이 오랫동안 계속 사랑하면 좋겠지만 이별하는 건 어쩔 수 없는 상황입니다. 사랑하지 않는데 계속 만나면 서로를 힘들게 할 수 있습니다. 이별을 하면서 사랑했던 사람을 헌신짝처럼 버리는 것은 정말 잘못된 것입니다. 하물며 키우던 강아지도 버리면 처벌을 받습니다. 비난을 받는 사람이 되지 않게 이별도 예의를 지키는 것이 바람직합니다.

'어떤 이별이 좋을까요?'

사실 정답은 없지만 적어도 최소한 납득할 수 있는 말은 해줘야 합니다.

좋게 이별한 사람 중에는 이별을 한 후 시간이 많이 지나서 좋은 관계로 다시 만나는 사람도 보았습니다. 이별은 아프지만 상대방에게 최소한의 예의를 갖추세요. 미래는 어떻게 될지 모릅니다. 악연을 만드는 건 좋은 일은 아닙니다.

이별이 힘들고 아파도 꼭 사랑을 하세요. 그리고 마음 아프지 않는 예쁜 사랑을 하세요.

8일 상처 받은 사람

크게 상처를 받은 사람은
어떤 달콤한 말에도
다시 상처받지 않기 위해 쉽게
마음을 열지 않습니다.
그래서 혼자 있는 것이 익숙합니다.
그게 당연하다고 느낄 때도 있습니다.
정말 좋아하면
조금씩 천천히 다가오면 좋겠습니다.
안 좋아하는 것이 아닙니다.
좋아하는데 다가가지 못하는 것뿐입니다.

사랑하고 이별하면서 큰 상처를 받은 사람은 선뜻 마음을 열기 쉽지 않습니다. 그리고 이별의 상처를 또 받을지 모른다는 불안감이 내면에 잠재되어 있습니다. 그래서 다시 마음 아프지 않기 위해서 거리를 유지합니다. 마음이 허락하는 만큼 적당히 좋아하려고 합니다.

정말 사랑한다면, 용기 있게 천천히 다가가세요. 그러면 마음의 문도 열리고 좋은 사랑이 함께할 것입니다.

9일 사랑과 행복

내가 그대를 바라보는 동안
내가 그대를 기억하는 동안
내가 그대를 사랑하는 동안
어떤 아픔에도 흔들리지 않고
어떤 슬픔에도 힘들어하지 않고
어떤 실패에도 굴하지 않고
좋은 것만 바라보며
좋은 것만 기억하며
아름다운 것만 생각하며
내 사랑이 아름답고
내 사랑이 영원하고
내 사랑이 행복하면 좋겠습니다.

'사랑하는 사람이 삶의 배경이 되면 얼마나 좋을까요?'

'사랑하는 사람이 가는 길에 동행이 되면 얼마나 행복할까요?"

'사랑하는 사람과 함께 예쁜 삶을 살고 싶습니다.'

사랑하는 사람과 사랑하는 마음을 나누는 것은 애틋하고 하루하루를 즐겁게 해줍니다.

바쁘게 살다 보면 사랑하는 마음을 잃어버리고 힘든 생활에 지치게 됩니다. 사랑이 담긴 글로 위로를 건네주고 싶습니다.

10일 부정적인 생각을 버리자

1. 뭘 하든지 의욕이 없다.
2. 다가오지 않은 미래를 걱정한다.
3. 행복을 느끼지 못한다.
4. 상심에 집착한다.
5. 기쁨을 표현하지 못한다.
6. 마음이 불안해 안절부절못한다.
7. 미리 짐작하고 포기한다.
8. 이별한 사람을 생각한다.
9. 남의 말이 귀에 안 들어온다.
10. 자신만의 세계에 빠져있다.

긍정적인 생각은 많은 시간이 걸려서 노력해야 하지만 부정적인 생각은 금방 생깁니다. 긍정적인 것에 집착하는 사람은 없지만 부정적인 것에 집착하는 사람은 많습니다. 어려운 상황이나 아픔은 사람의 생각을 지배합니다.

아픔이 있는 사람일수록 다른 감정이 사라집니다. 습관이 되면 삶이 엉망이 될 수 있습니다. 예를 들어 매일 술에 의존하고, 자주 방에서 울고, 사람을 피하고, 불면증으로 잠도 못 자는 등의 행동을 하게 되어서 현실을 도피하게 됩니다.

자신을 잃어버리면 안 됩니다. 정신 똑바로 차리고 부정적인 생각을 줄이세요. 그리고 기분 좋은 생각을 하며 무조건 좋은 것을 채우세요. 그렇게 할 수 있는 건 자신밖에 없습니다.

11일 마음을 닫으면 안 됩니다

눈을 감으니
사랑하는 사람이 보이지 않아요.

귀를 닫으니
사랑하는 사람의 다정한 말이 들리지 않아요.

생각을 그만두니
사랑하는 사람의 행동을 알 수 없네요.

마음을 닫으니
사랑하는 사람이 떠나가네요.

활달하고 긍정적이었던 사람도 '가족을 잃거나, 사랑하는 사람과 이별을 하거나, 신용 불량자가 되는' 등의 일로 생각이 복잡해지면서 마음을 닫을 수 있습니다.

마음을 닫으면 직장이나 학교에서 아는 척하는 것도 싫고 혼자 생활하는 것이 익숙해질 수 있습니다. 그러다 보면 인연과 멀어지고 의지할 사람도 없게 되어서 후회를 하기도 합니다.

많이 힘든 일이 생겨도 마음을 닫으면 안 됩니다. 마음의 문을 닫으면 잘 지내고 있는 것이 아닙니다. 본인이 아파하고 있는 것입니다. 마음을 열고 좋은 마음으로 사람을 대하면 삶이 풍요로워질 수 있습니다.

12일 장점과 단점에 관하여

누구나 가지고 있는
자신의 단점을
위축되지 않고 이겨내면
그건 축복입니다.

누구나 가지고 있는
자신의 장점을
자신감을 잃고 포기하면
그건 불행입니다.

단점이 잘 드러나는 사람이 있고 잘 드러나지 않는 사람도 있습니다. 자신의 단점을 남이 신경 쓰지 않는데 스스로 위축되면 더 신경 쓰게 됩니다. 믿을 만한 친한 친구에게 단점을 이야기하며 마음을 풀거나, 자신의 단점을 인정하면 집착의 대상이 되지 않습니다. 남의 단점을 말하는 것은 자신의 이미지에 좋지 않으므로 하지 말아야 합니다. 남이 다른 사람의 단점을 이야기할 때는 거들지 말고 들어 주기만 하세요. 같이 말하다 보면 말실수를 할 수 있습니다.

장점이 많은 사람도 있고 적은 사람도 있습니다. 장점을 잘 살리고 개발하면 자신이 더 멋지고 잘될 수 있습니다. 그렇지만 장점을 살려서 도전을 해봐도 풀리지 않으면 포기하게 됩니다. 그러면 삶이 불행하다고 느낄 수 있으므로 자신을 잘 방어해야 합니다.

장점을 최대한 살리고 단점을 인정하며 편안하게 살아야 합니다. 그러면 자신의 약점에서 벗어날 수 있습니다.

13일 태도가 좋아지는 법

1. 좋은 기분을 유지한다.
2. 긍정적 생각을 하며 생활한다.
3. 행복한 생각을 한다.
4. 소심한 생각을 줄인다.
5. 이야기를 잘 듣고 공감한다.
6. 남의 말을 잘 이해하고 받아들인다.
7. 감정 조절을 잘한다.
8. 잠을 충분히 자고 활력 있게 생활한다.
9. 초조하고 불안한 마음을 줄인다.
10. 배려하며 관심 있게 행동한다.

태도는 '어떤 일이나 상황 따위를 대하는 마음가짐 또는 그 마음가짐이 드러난 자세.'라는 뜻을 가지고 있습니다.

태도는 기분에 영향을 받습니다. 우울하고 피곤한 상태에서 일이나 공부를 하게 되면 태도가 좋지 않아서 잘 되지 않습니다. 잠을 충분히 자고 긍정적인 생각과 행복한 생각을 많이 하면, 생활에 임하는 태도가 좋아집니다. 결국 자신의 태도가 좋아집니다.

자신의 태도도 중요하지만 남을 대하는 태도도 삶에 영향을 줍니다. 남의 말을 잘 이해하고 잘 듣는 것은 상대방에게 좋은 이미지를 주고 기분 좋게 만들어 줍니다.

긍정적인 생각을 하면 좋은 기분과 태도가 생기고 올바른 행동을 하게 되어서 인생이 바뀝니다. 그러므로 긍정적인 생각이 가장 중요합니다.

14일 기분 좋은 행동으로 태도 바꾸기

자신이 기분을 선택할 수는 없지만
기분 좋은 생각과 행동으로
기분을 바꿀 수 있습니다.
그러면 사람의 태도도 바뀝니다.

사람의 태도가 바뀌면
비호감에서 호감으로 바뀔 수 있습니다.

기분과 태도를 좋게 만드세요.

날씨, 환경, 분위기 등에 의해 기분이 영향을 받기 때문에 기분은 선택하는 것이 아닙니다. 그러나 행동이나 생각으로 기분을 바꿀 수 있습니다. 여유를 챙기거나, 즐거운 음악을 듣거나, 기분 좋은 생각을 하거나, 즐거운 산책 등을 하면 기분이 바뀝니다. 기분이 좋아지면 누구나 사람을 대하는 태도도 좋아집니다.

항상 좋은 생각을 하고 기분 좋게 말하는 사람은 호감이 생깁니다. 그것은 사람을 대하는 태도가 좋기 때문입니다. 남에게 잘 보이려고 사는 것은 아닙니다.

'남에게 잘 보이는 것을 싫다고 한다면?'

누구도 막지는 못합니다. 함께 사는 사회인데 좋은 것이 좋은 것 아닐까요? 남을 기분 나쁘게 하는 건 즐거운 일이 아니니까요.

남에게 호감을 주고, 소중한 가치가 있는 사람이 되는 건 정말 좋은 일이고 행복한 삶입니다.

15일 감정이 태도가 되지 않기

사소한 것에 화를 잘 내는 사람은
화가 나면 태도가 바뀝니다.
사소한 말에 기분 상하는 사람은
마음 상하면 말투가 바뀝니다.
날씨에 영향을 받는 사람은
날씨가 좋지 않으면 언짢게 생각합니다.

화를 잘 내는 사람은 따로 있습니다. 감정 조절이 되지 않는 사람입니다. 그것이 습관이 된 사람 중에는 필요성을 느끼지 못하면 고치려고 하지 않습니다. 자각해서 스스로 바뀌지 않으면 해결 방안이 없을 때도 있습니다.

소심한 사람은 사소한 말투에 상처를 받기도 합니다. 그래도 다행인 것은 아주 소심한 사람은 내색하지 않지만 약간 소심한 사람은 자신의 기분을 말하지 않으면서 짜증이 나는 말투로 말합니다.

감성적인 사람은 비가 오면 슬프고 기분이 꿀꿀하기도 하고 날씨가 좋지 않으면 예민해지기도 합니다.

감정이 태도로 변하지 않기 위해서는 기분 좋은 상태를 갖도록 스스로 노력해야 합니다. 잘못된 성격이나 감정이 습관이 되면 쉽게 고쳐지지 않으므로 의식하고 생각하며 노력을 해야 합니다. 그리고 주변의 응원도 필요합니다.

16일 이 또한 지나가리라

아파하지 마세요.
상심하지 마세요.
슬퍼하지 마세요.
원하지 않아도
겨울이 지나면 봄이 오네요.
원하지 않아도
시간이 지나면 모두 지나갈 거예요.

아픔, 불안, 슬픔 등이 오면 피해 갈 수 없습니다. 누구나 느끼는 고통입니다. 긍정적인 사람은 이런 감정이 적게 오지만 우울증이 있는 사람에게는 더 크게 다가옵니다. 사실 시간이 지나면 나아지고 기억이 흐릿해집니다. 그런데 노력하지 않으면 오랫동안 고통과 슬픔에 빠져 있을 수 있습니다.

빨리 겨울이 지나고 봄이 오길 바란다면 지금 하는 일을 충실히 하며 쉴 때는 즐거운 걸 찾고 즐기면 됩니다. 그럼, 자연스럽게 빨리 지나갑니다.

깊은 상처는 지워지지 않고 상처로 남기도 하지만, 죽을 만큼 힘들었던 것도 분명 시간이 지나면 무엇이든 지나갑니다. 그러니까 고통의 시간을 잘 참고 견디세요. 마음 아프지 마세요. 토닥토닥!

17일 마음먹기에 따라 이루어집니다

행복하길 바라나요?
꿈이 이루어지길 바라나요?
아픔이 지나가길 바라나요?
하는 것이 잘되길 바라나요?
소중한 사람이 함께하길 바라나요?
불안한 마음이 지나가길 바라나요?

마음먹기에 따라 이루어집니다.

'우울한 생각을 하면서, 행복하길 원하나요?'

'도전하지 않으면서, 꿈이 이루어지길 원하나요?'

무엇이든 생각하는 것을 이루려면 실천해야 합니다. 실천한다고 이루어지나요? 아닙니다. 그러면 모든 사람이 행복하고 꿈을 이루었을 겁니다. 물론 포기하고 싶을 때는 긍정적인 마음이 있으면 포기하는 것을 막을 수 있습니다.

마음먹기는 무엇인가를 해내겠다는 인내와 의지력을 포함하는 말입니다. 어떤 일을 해내는데 의지력이 없다면 어떤 일이든지 해낼 수 없습니다. 마음먹기에 따라 자신이 변하고 인생이 변합니다. 큰마음을 먹고 할 수 있다는 자세로 하루를 시작해 보세요. 삶이 달라집니다.

18일 자기밖에 모르는 사람

자기밖에 모르는 사람은
바꾸려고 노력하지 마세요.

투명인간 취급하며
평생 욕먹으라고 하세요.
따지고 대화하면 열 받아 죽습니다.

똥을 밟으면 냄새납니다.
피하는 것이 바람직합니다.

자기밖에 모르는 사람은 대부분 주장이 강해서 고치려고 하지 않습니다. 그래서 무슨 말을 해도 받아들이지 않습니다. 어떠한 조언을 해도 받아들이지 않습니다. 꼭 만나야 하는 사람이 아니라면 피하는 것이 가장 올바른 선택입니다. 쓸데없는 것에 감정 소모하지 말고 마음이 맞는 사람과 대화를 하세요.

19일 너무 보고 싶다

'사랑해.'보다 더 심쿵한 단어가 있을까요?
때론
'너무 보고 싶다.'가 더 마음에
와 닿을 때가 있어요.

네가 너무 보고 싶다.

보고 싶은 사람이 없다는 것은 정말 불행한 일이지만 대부분의 사람들은 보고 싶은 사람이 있습니다. 없는 사람이 있을까요? 사랑했던 사람 중에 기억에 남는 사람이 보고 싶을 때는 마음이 심쿵해질 수 있습니다.

요즘에는 자신이 기르던 강아지나 고양이가 보고 싶을 때도 많이 있습니다. 사람보다 강아지가 더 나을 때도 있습니다. 집에 돌아오면 가족보다 가장 반겨주는 것이 강아지일지도.

20일 게으름을 이겨내는 방법

1. 꿈을 갖는다.
2. 반려견과 매일 산책한다.
3. 학습 시간을 정해 놓고 한다.
4. 알람을 해놓고 바로 기상한다.
5. 목표를 정하고 규칙적으로 생활한다.
6. 함께할 사람을 찾는다.
7. 모임이나 취미를 갖는다.
8. 움직이면 다이어트가 된다고 생각한다.
9. 활동적인 것을 찾아서 한다.
10. 생각하는 것을 실천하려고 노력한다.

살이 찐 사람 대부분이 게으른 편입니다. 저도 살이 많이 쪘었는데, 하루 2끼를 규칙적으로 먹고 활동을 하니 몸무게가 8kg 가까이 빠졌습니다.

게으름은 누구나 가지고 있는 마음 중 하나입니다. 움직이지 않으면 건강이 나빠집니다. 건강이 나빠지면 의지력이 약해져서 부정적으로 변하게 되기도 합니다.

게으름은 건강에 안 좋고 슬럼프에 빠지게 하고 삶의 의욕을 저하시키기도 합니다. 건강한 삶을 위해서 게으름을 줄이며 살아있다는 느낌을 느끼세요. 삶의 활력을 느끼며 아름다운 행복을 함께 하세요.

21일 인연에 대하여

좋은 인연과 도움이 되는 인연 중에
몇 가지가 마음에 들지 않아서
욱하는 마음으로
일부러 인연을 끊으려고 애쓰지 마세요.
나중에 그 사람보다 나은 사람이 없으면
끊어 버린 것을 평생 후회하며 살 수 있습니다.

사람의 마음은 주변 환경에 따라 수시로 변하며 삽니다. 어느 순간 짜증이 나면 모든 관계를 멀리하고 싶은 생각이 들 때도 있습니다. 사람 관계를 무 자르듯이 자를 때 편할 때도 있지만 살면서 도움을 받거나 필요할 때 아무도 없다는 건 슬픈 일입니다. 그리고 인상이나 성격이 별로였던 사람도 나중에 알고 나면 괜찮아지거나 좋아질 때도 있습니다. 욱하는 감정으로 인연을 재단하다 보면 사람 관계가 더 어려워질 수 있습니다.

세상에는 많은 사람이 있습니다. 모든 사람과 친해질 수는 없습니다. 마음이 맞으면 계속 유지하게 됩니다. 그런 인연은 생각보다 많지 않을 수 있습니다. 좋은 인연과 함께라면 복을 받고 사는 것입니다. 복을 잃어버리기 전에 잘 챙기세요.

22일 얻는 것에 관심을 두자

잃은 것이 많다고 괴로워하지 마세요.

'인생이란 하나를 얻으면 하나를 잃고
하나를 잃으면 하나를 얻는 것이다.'라는 말이 있습니다.

비관주의자는 잃은 것에 관심을 두고
낙관주의자는 얻는 것에 관심을 둡니다.

무엇에 관심이 있느냐에 따라 삶이 달라집니다.

하나를 얻으면 하나를 잃을 수도 있다는 것을 생각하지 않고 모든 것을 다 갖고 싶다면 욕심입니다. 욕심이 과하면 슬픔도 많아집니다. 잃어버린 것에 집착하면 너무 힘들어서 괴로움에 빠져 살 수 있습니다.

하나를 잃으면 하나를 얻을 수 있다는 마음으로 살면 잃는 것을 걱정하거나 두려움에 빠지지 않습니다. 낙관주의자가 되면 얻는 기쁨에 삶이 행복해집니다.

삶이 힘들면 낙관주의자가 되기 어렵겠지만 낙관주의자가 되면 어둠 속에서 빛을 볼 수 있게 됩니다. 그 빛이 기회가 되고 행운이 됩니다. 그러므로 긍정적으로 생각하며 좋은 것을 보세요.

23일 설렘, 품, 그리움

'설렘'이 참 좋다.
마음이 콩닥콩닥 뛰는 그 느낌.

'품'이 참 좋다.
포근포근한 그 느낌.

'그리움'이 참 좋다.
그 사람이 아니면 안 되는 그 느낌.

행복한 느낌이 가슴에 닿으면 좋겠습니다.

나이가 들수록 설렘이라는 감정이 적어집니다. 설렘은 좋아하는 것을 처음 접했을 때 많이 느끼는 감정입니다. 좋아하는 사람과 처음 사귈 때, 첫사랑을 만났을 때, 사랑스런 강아지를 보았을 때, 예쁜 꽃이나 자연 경치를 보았을 때 느낄 수 있습니다.

'품'은 따뜻한 말입니다. 엄마 품은 너무 포근하고 따뜻하게 느껴집니다. 사랑하는 사람 품에 안기는 느낌도 너무 좋고 행복합니다.

그리움은 목적이 확실하게 있는 하나의 대상이 보고 싶을 때의 느낌입니다. 좋은 추억을 회상하게 됩니다.

설렘, 품, 그리움과 함께 좋은 느낌을 느껴보세요. 마음이 따뜻해집니다.

24일 마음의 빈자리 채우기

내 마음을 알아줄
그 무언가를 찾지 못하면
외로움을 느낍니다.

허전한 마음을 달래 줄 인연을 만나며
마음의 빈자리를 채우고
자신을 알아가는 과정에서
삶의 즐거움을 느껴보세요.

혼자 있다고 외로운 것이 아닙니다. 함께할 사람이 없을 때나 내 마음을 알아줄 사람이 없을 때 외로움을 느낍니다.

우울할 때는 혼자 있는 시간이 좋지 않지만 기분이 좋을 때는 혼자 있는 시간은 혼자서 즐기는 달콤한 휴식입니다. 육아 중인 사람은 아이에 신경 쓰다 보니 자신만의 시간을 갖기 어렵습니다. 혼자 있는 시간이 얼마나 달콤한 시간인가요?

이별하거나 상처를 받으면 외로움이 찾아옵니다. 혼자서 해결하려면 힘들 수 있습니다. 방안에 혼자 있는 시간은 피해야 합니다. 그리고 자신의 일을 열심히 하거나 회사 동료, 친구 등을 만나면서 기분을 풀어야 합니다. 그러면 힘들 때 도움을 줄 수 있는 인연의 소중함을 알게 됩니다. 힘들 때, 자신을 더 잘 알게 됩니다.

25일 사랑의 상처

살면서 가장 후회하는 것은
중요한 순간에
솔직하지 못한 말을 하는 것입니다.

사랑하는 사람이 있다면
자존심, 상처, 아픔을 생각하지 말고
좋아하는 마음을 전하세요.
그래야 상처든 미련이든
오래 남지 않을 테니까요.

사랑하는 사람과 이별의 순간에 솔직하지 못한 말로 이별할 수 있습니다. '질투를 하면서 아닌 척', '사랑하면서 사랑하지 않는 척', '힘들면서 힘들지 않은 척' 등으로 인해 솔직하지 못한 말로 사랑하는 사람에게 상처를 주고 이별할 수 있습니다.

마지막 순간에 가장 솔직해야 한다는 것을 잊지 마세요. 사랑한다면, 자존심이나 허세로 이별하지 마세요. 사랑하는 마음이 없어졌더라도 과거의 상처를 들추며 마음 아프지 않게 하세요.

26일 인연이 되어서 마음을 나누는 것

잘생긴 사람보다 미소가 있는 사람이 좋고
멋진 사람보다 착한 사람이 좋고
잘난 사람보다 나눠주는 사람이 좋고
사랑받는 사람보다 사랑 주는 사람이 좋다.

남보다 뛰어나지 않아도
인연이 되어서 마음을 나누는 것이 행복합니다.

대부분은 잘생긴 사람보다 웃는 사람에게 호감을 느낍니다. 웃음은 경계를 사라지게 합니다. 인상을 쓰거나 화를 내면 사람도 본능적으로 방어해야 하므로 경계를 하게 됩니다.

멋진 사람도 좋지만 나에게 착한 사람은 마음을 편하게 해주고 믿음이 갑니다.

자신이 잘났다고 하면서 인색한 사람은 정이 안 갑니다. 무엇이든 많이 가지지 않아도 나눠 먹는 기분은 참 편안하게 해줍니다. 함께라는 느낌은 기분을 좋게 합니다.

나에게 사랑을 주는 사람이 정말 기분이 좋고 큰 선물을 받은 느낌입니다.

소중한 인연과 마음을 나눈다는 것은 삶에 있어서 너무 행복한 일입니다.

27일 멋진 사랑하기

정말 사랑하는 사람이 있다면
멋진 사랑을 해보세요.

첫째, 사랑하는 것
둘째, 진심으로 사랑하는 것
셋째, 힘들어도 사랑하는 것
넷째, 아파도 사랑하는 것
다섯째, 죽도록 사랑하는 것

사랑하는 사람도 행복하지만
사랑받는 사람이 더 행복합니다.

사람은 태어나서 죽을 때까지 사랑하며 살아야 합니다. 그렇지 않으면 삶이 건조해지고 많이 힘들어집니다.

'자신을 사랑하나요?', '사랑하는 사람이 있나요?', '사랑하는 친구가 있나요?' 없다면 불행하게 살고있는 것입니다.

사랑하는 가족, 사랑하는 사람, 사랑하는 친구가 있어서 힘들 때 위로받고 지탱할 수 있게 됩니다.

살면서 죽고 싶을 때, 살면서 쓰러졌을 때, 사랑하는 사람이 있기 때문에 포기하지 않고 여기까지 열심히 살아왔습니다.

사랑하는 사람을 더욱 사랑하고 사랑하는 사람을 더욱 챙겨서 삶을 행복하게 해주세요.

28일 좋은 시간 갖기

생각하는 시간을 가지면, 자신을 알게 되고
노는 시간을 가지면, 삶의 활력이 생기고
책을 읽는 시간을 가지면, 지혜가 샘솟고
친절을 베푸는 시간을 가지면, 행운이 찾아오고
웃는 시간을 가지면, 마음에 여유가 생깁니다.

'자신을 위해서 열심히 일했나요?'

'자신을 위해서 좋은 시간을 보냈나요?'

열심히 일하면서 살았다면 잘한 것 맞습니다.

'가끔, 힘들거나 회의감을 느낄 때는 없었나요?'

그렇다면 좋은 시간을 챙기지 않았기 때문입니다. 책도 보고, 즐겁게 놀고, 웃고 하는 것은 삶에 있어 힘이 되는 원동력입니다.

삶은 그리 길지 않습니다. 때에 따라서는 삶이 재미없을 수도 있습니다. 바쁘게 살더라도 커피 한잔의 여유가 마음에 위안이 될 수 있습니다.

즐거움을 찾는 것, 좋은 생각을 하는 것 등 삶에 가장 중요한 것을 잊지 말고 챙기면서 여유 있게 살면 좋겠습니다. 가장 힘들 때가 가장 중요한 역할을 하기도 합니다.

29일 말에 관하여

진심으로 말하지 않아야 할 때가 있고
마음에 없는 말을 해야 할 때가 있고
아무 말도 하지 않아야 할 때가 있습니다.

상황 따라 말을 조심할 필요가 있습니다.

사랑하는 사람이 제일 예쁘지 않아도 가장 예쁘다고 말을 할 때가 있습니다. 그걸 몰랐다면 꼭 해주세요. 사랑하는 표현이 가식적일 때도 있지만 때로는 사랑하는 사람에게 기쁨을 준다면 해야 합니다.

마음에 없는 말을 잘하는 사람도 있고 못 하는 사람도 있습니다. 마음에 없는 말이 상처를 주는 말이라면 하지 마시고, 마음에 없는 말이 즐겁게 해주는 것이라면 하세요.

힘들어하는 사람에게는 조언을 해줘야 할 때도 있지만 때로는 조용히 옆에 있을 때가 더 위안이 되기도 합니다.

말을 하는 순간 돌이킬 수 없고 상처 주는 말은 사라지는 것이 아닙니다. 상대방 가슴속에 못이 박혀 오래 남을 수 있습니다. 그러므로 말은 깊이 생각하고 조심해서 할 필요가 있습니다.

30일 말은 가려서 해야 합니다

별 뜻 없이 한 말에
기분이 나쁠 수 있어요.
별 뜻 없는 말을 하지 마세요.

아무리 좋은 말이라도
짜증을 내서 말하면 기분이 상할 수 있어요.
짜증이 나는 말투로 말하지 마세요.

언제부터 알았다고
만만하다고 반말하면
기분이 좋지 않을 수 있어요.
친하지도 않으면서 막말하지 마세요.

사람들은 대부분 직접적인 말보다 지나가는 안 좋은 빈말에 상처를 받습니다. 이럴 때는 누군가에게 하소연하기도 힘듭니다. 왜냐하면, 빈말은 따지기도 뭐하고 사람이 소심해 보인다고 할 수 있기 때문입니다.

빈말이라도 듣기 좋은 말은 기분을 좋아지게 하고 빈말이라도 싫은 말은 상처를 받게 합니다. 그러니까 상대방에게 기분 나쁘게 하는 빈말은 하지 마세요. 그걸 모르고 있었다면 의식하며 말 조심할 필요가 있습니다.

잘 모르는 관계에서 나이가 많다고 처음부터 다그치는 말투로 반말하는 사람이 있습니다. 그건 잘못된 생각입니다. 나이와 상관없이 존중이 우선되어야 합니다.

31일 내 기준으로 살고 소중한 관계

남의 기준 말고
내 기준으로 생각하니
참 잘 살았습니다.

소중한 관계는
깊게 아는 것보다
오랫동안 유지되면 좋습니다.

세상에는 나보다 잘난 사람이 많습니다. 그렇다고 잘난 사람처럼 살지 못했다고 불행하다고 생각하면 안 됩니다.

삶의 기준이 부와 명예라면 안 됩니다. 내 기준이 즐겁게 행복하게 사는 것인데 잘살고 있다고 생각하면 참 잘 살았습니다. 그리고 후회를 하지 않고 잘 지냈다면 그것도 멋지게 산 것입니다.

인간관계는 깊게 아는 건 별로 중요하지 않습니다. 많은 걸 안다고 무조건 자신에게 도움을 주거나 위안을 주는 관계도 아닙니다. 적당한 거리에서 오랫동안 삶을 함께한 인연이 있으면, 있는 자체만으로도 큰 행복입니다. 그리고 끝까지 함께하는 인연이라면 보석보다 소중한 사람입니다.

11 November

– 책을 읽고, 지식을 쌓고 지혜로워지기
– 고민 버리고 행복 찾기
– 낙엽 밟으며 기분 좋은 생각하기
– 이별의 아픔이 오지 않게 더 사랑하기
– 혼자서 있는 시간에 여유와 행복 찾기
– 사랑하는 사람과 예쁜 추억 만들기
– 마음에 따뜻한 미소를 담아두기

가을의 끝자락에는 추억이 함께합니다.
보고 싶은 사람이 있나요?
그리움은 좋은 감성입니다.
잘해주지 못한 것이 있다면
자신에게, 좋아하는 사람에게 해주세요.

'좌절을 아픔으로 생각하지 말고 기회로 만드세요.'
'좋은 지식은 지혜가 되고, 삶을 빛나게 합니다.'
'사랑으로 마음을 나누어야 삶이 아름답습니다.'

1일 따뜻한 말이 마음을 다스린다

자신이 위에 있다고
강제로 사람을 지배하면 안 됩니다.
육체는 다스릴 수 있으나
마음은 가질 수 없습니다.
다른 사람에게
굴욕과 상처를 줄 수 있습니다.

따뜻한 말로 진심이 담긴 사랑이 있다면
강요하지 않아도
몸과 마음을 모두 다스릴 수 있습니다.

지위나 직책을 이용하여 강압적으로 다른 사람을 다스린다면 그건 잘못된 생각입니다. 사랑하는 관계도 강압적인 부분이 생기면 깨지기 마련입니다. 배려와 존중을 하면서 상대방의 마음을 잡으면 부드럽게 말해도 해줄 건 해줍니다. 마음이 우러나서 따르게 됩니다.

사랑하는 사람과 오랫동안 살다 보면 배려와 존중을 잊고 살 때도 있습니다. 시간이 지나도 결혼기념일, 생일 등을 챙기면 부부 관계도 다시 괜찮아질 수 있습니다.

화를 내거나 신경질을 부려서 따르게 하면 한두 번은 될지 몰라도 나중에는 주는 만큼 받게 된다는 것을 잊지 말아야 합니다.

2일 영원한 건 없다

영원한 건 없어요.
함께하는 동안 후회하지 않게
모든 순간을 사랑하자.

영원한 아픔은 없어요.
고통이 지나가는 동안
잘 참고, 잘 이겨내서 자신을 지키자.

영원한 삶이 아니기에 인생은 더욱 소중합니다. 사랑하는 가족, 사랑하는 인연이 함께한다는 건 행복한 일입니다. 인생이 영원하지 않기 때문에 가족이나 인연을 잃는다는 건 슬픈 일입니다. 함께하는 동안 사랑도 하고 함께 여행도 가고 즐거움을 누리며 순간순간을 사랑하세요.

영원한 아픔은 없기에 삶을 포기하지 마세요. 마음먹기에 따라 고통이 빨리 지나가고 느리게 가기도 합니다. 마음을 단단히 먹고 잘 이겨내야 합니다. 그리고 너무 힘들면 자신에게 괜찮다고 말해주며 다독여 주세요. 자신에게 친절하고 다정하면 무엇이든 절망에 빠진 나를 구할 수 있습니다.

3일 하고 싶은 것, 해야 할 것, 하면 좋은 것

자신이 좋아하는 것은, 하고 싶은 것이고
자신이 생각하는 것은, 해야 할 것이고
자신에게 도움이 되는 것은, 하면 좋은 것입니다.

'무엇을 하고 싶나요?'

게임, TV 보기, 놀기 등만 좋아한다면, 올바른 사람이 되지 못합니다. 결국, 사람은 좋아하는 것만 하며 살 수는 없습니다. 학교, 회사 등에서 좋아하는 것만 하면 남에게 피해를 줄 수 있습니다. 남에게 맞추기 위해서는 싫어하는 것도 해야 합니다. 취미 생활로 좋아하는 것을 하는 건, 좋습니다. 그리고 좋아하는 꿈을 위해 도전하는 것도 도움이 됩니다. 분명한 동기가 있기 때문입니다.

'무엇을 할까요?'

이성을 갖고 생각해야 할 문제입니다. 잘살기 위해서는 많은 것을 참고해야 할 때가 있습니다. 가정일, 회사 일, 학교 일 등이 있습니다. 일이 고되면 무조건 힘듭니다. 참고 한다는 생각을 버리고 즐기는 마음으로 해야 일이 쉬워집니다.

'무엇을 하면 좋을까요?'

자신에게 도움이 되는 것을 하세요. 피아노, 여행, 독서, 그림 등을 틈틈이 하면서 여유를 챙기고 힘든 삶을 이겨낼 수 있는 것을 하세요.

하고 싶은 것이 없으면 자신이 힘든 상황에 빠져 있다는 경고입니다. 하고 싶은 것을 찾고, 하면 좋을 것을 하면서, 해야 할 것을 한다면 희망과 함께 더 나은 삶이 될 것입니다.

4일 같이 하기 어려울 때

같은 실수를 반복하나요?
같은 문제가 반복되나요?
같이 하고 싶지 않나요?
같이 살고 싶지 않나요?
삶은 참고 살아야 할 때가 많네요.

'같은 실수가 반복되는 건' 하기 전에 준비 과정이 부족해서 그럴 때가 많습니다. 하기 전에 빠진 것이 없는지, 계획이 잘 되어 있는지 확인하고 하면 실수가 적습니다. 그리고 실수가 반복되지 않게, 다음에 할 때는 문제가 된 것을 다시 발생하지 않게 반영해야 합니다.

'같은 문제가 반복되는 것이' 사람 문제일 때 서로 힘들게 됩니다. 때로는 서로 안 맞아서 그럴 수 있으므로 서로 노력하지 않으면 더 힘들 수 있습니다. 일방적으로 한 사람이 양보만 한다면 연인 관계라도 오래 지속될 수 없습니다.

'같이 하고 싶지 않은 건', 개인적인 일이라면 하지 않으면 됩니다. 그러나 집단생활에서는 참고해야 할 경우가 있습니다. 일을 즐거운 마음으로 하기 위해서는 휴식에서 위안을 찾으세요.

'같이 살고 싶지 않은 건' 부부, 가족 등이 될 수 있습니다. 분가하는 방법이 가장 좋지만 다툼을 피하거나 화낼 때 참아야 합니다. 말하지 못한 앙금이 있으면 상대방의 기분이 풀릴 때, 부드러운 말투로 하고 싶은 말을 하면 됩니다.

삶은 참고 견디고 살아야 합니다. 그 속에 여유도 있고 기쁨도 있고 행복도 있습니다. 힘들 땐 보고 싶은 것만 보는 것도 좋습니다.

5일 사랑하는 사람과의 관계

사랑하는 사람에게
옳고 그름을 따지지 마세요.
사랑하는 사람이 없으면
무슨 소용이 있나요.

사랑하는 사람에게
힘이 되고 싶다면 좌절하지 마세요.
사랑하는 사람이 아파할 테니까요.

주장이 센 사람일수록 따지기를 좋아합니다. 사랑하는 사람이나 가족에게도 따지기를 좋아한다면 참 피곤한 일입니다.

사랑하는 사람을 비판하거나 대결의 상대로 생각하면 안 됩니다. 그리고 남 앞에서는 애인이 실수하더라도 항상 같은 편이 되어야 합니다. 나중에 둘이 있을 때 마음 상하지 않게 잘못된 부분을 말해 주는 것이 좋습니다. 중요하다고 생각되지 않으면 소소한 것은 그냥 넘어가는 것이 바람직합니다.

사랑하는 사람끼리 자신의 말이 옳다고 전투적으로 싸우는 건, 창피한 일입니다. 서로 자존심 문제일 때가 많습니다. 상황에 따라, 지는 것이 이기는 것입니다. 이것이 쌓이면 성격차이로 헤어지기도 합니다. 이별하기 원하지 않으면 넘어갈 건 넘어가는 것이 맞습니다. 결국 좋은 것이 좋은 것입니다.

사랑하는 사람이 있다면, 결혼을 했다면, 약한 모습보다 강한 모습으로 험한 세상을 잘 이겨내세요.

6일 너의 마음 공감할게

슬퍼, 나는 슬프게 안 할게.
마음 아파, 나는 아프게 안 할게.
힘들어, 나는 힘들지 않게 할게.
짜증 나, 나는 짜증 나게 안 할게.
싫어, 나는 기분 좋게 할게.
사랑해, 내가 더 많이 사랑해.

사랑하는 사람이 슬프지 않으면 좋겠습니다.
사랑하는 사람이 아프지 않으면 좋겠습니다.
사랑하는 사람이 힘들지 않으면 좋겠습니다.
사랑하는 사람이 짜증 나지 않으면 좋겠습니다.
사랑하는 사람이 싫어하지 않으면 좋겠습니다.
사랑하는 사람이 나를 더 많이 사랑하면 좋겠습니다.
사랑하는 사랑을 내가 더 많이 사랑하면 좋겠습니다.

힘들고 외롭고 슬프고 사랑할 때 이런 마음을 전해 준다면 힘이 나고 더 즐거울 것 같습니다. 좋은 마음을 전하며 서로 행복하고 즐거우면 서로에게 희망이 되어 줄 것입니다.

7일 행복하게 살자

내가 행복하지 않으면
어떤 사람도 행복하게 할 수 없습니다.
행복은 함께 나눌 때 배가 됩니다.

내가 행복하게 살면
다른 사람을 행복하게 할 필요가 없습니다.
자연히 함께하는 사람도 행복해집니다.

'행복하게 살자?'

'나만 행복하면 행복한 걸까요?'

'남을 짜증 나게 해도 행복할까요?'

행복한 사람을 보면 자신도 행복해집니다. 자신이 행복하면 보는 사람도 행복합니다. 자신과 주변 사람이 행복하면 기쁨이 배가 됩니다. 행복이 느껴지고 전해지면, 삶을 감사하게 느낍니다.

남보다 내가 더 행복해야 합니다. 아침에 일어나서 즐거운 마음으로 커피 한잔하고, 행복한 느낌을 갖고, 기분 좋은 마음만 이야기해도 모든 사람이 행복해집니다. 행복은 소소한 것에 기쁨을 느끼면서 시작됩니다.

8일 누군가를 사랑하면

누군가를 미워하면 인생이 피곤해지고
누군가를 사랑하면 인생이 좋아집니다.

누군가를 싫어하는 생각을 하면 시간이 괴롭고
누군가를 사랑하는 생각을 하면 시간이 행복해집니다.

누군가를 미워하는 것은 참 힘든 과정입니다. 생각하면 생각할수록 화가 날 수도 있고 삶이 힘들게 됩니다. 미워하는 사람이 힘들게 하고 짜증을 낸다면 생각을 멈추세요. 그 시간도 아깝습니다. 생각할수록 손해입니다. 무조건 보란 듯이 더 즐겁게 사세요.

'좋아하는 것이 뭐가 있나요?'

즐겁게 생활하며 좋아하는 것을 하며 기분 좋게 지내세요.

함께 있는 좋은 인연을 사랑해 보세요.

'있다는 자체만으로 삶이 얼마나 소중한가요?'

좋은 사람과 마음을 나누고 기분 좋은 시간을 보내는 것은 언제나 기분 좋게 합니다.

영원하지 않은 삶이기 때문에 소중한 사람들입니다. 따뜻한 마음과 함께 소중한 사랑을 전하세요.

9일 삶의 가장 큰 적은 자신

우울해서 울고 있는 자신
도전해서 좌절하고 있는 자신
화나서 분노하고 있는 자신
짜증이 나서 못 견디는 자신
꿈을 잃어서 방황하는 자신
이기심에 찌든 자신
남에게 화풀이하는 자신

삶의 가장 큰 적은 자신입니다.

'누군가를 이기고 싶나요?'

남과 비교하며 이기려는 마음이 나를 괴롭힐 때가 있습니다. 이기지 못하고 잘 안 되다 보면 포기하고 싶어집니다. 결국에 누군가를 이기기 위해서는 자신과의 싸움에서 이겨내야 해낼 수 있다는 것을 알게 됩니다.

'자신을 이기고 싶나요?'

누군가를 이기려고 애쓰기 전에, 나를 되돌아보고 어떻게 하면 집중계발하고 나아지게 할 수 있는지 생각을 해보세요. 자신을 이해하고 충실하게 다양한 방법으로 노력한다면, 자연스럽게 경쟁자를 이겨낼 수 있습니다.

내가 하는 것이 잘 풀리지 않을 때는 스스로 변화하고 개선할 방법을 찾아야 성공할 수 있다는 것을 기억해 두세요.

10일 스스로 발전하기

하는 일을 잘하려면 지식을 습득해야 하고
꿈을 이루려면 열정을 잃지 말아야 하고
잘못되지 않으려면 지혜를 알아야 하고
정의를 이루려면 분노를 조절해야 합니다.

발전하지 않고 노력하지 않으면
이루지 못하는 것이 많기 때문에 삶이 좁아집니다.

'자신이 없나요?', '하기가 두렵나요?', '만사가 귀찮나요?'

자신을 분실하셨군요. 당장은 아무것도 하지 않아도 문제가 되지 않을 수 있습니다. 그렇지만, 자신이 발전하지 않고 고여 있다면 썩어가는 모습에 후회하게 됩니다.

'한 번 사는 인생?' 죽으면 끝입니다.

'가치 있게, 우리 살아 보면 어떨까요?'

책도 보고, 꿈을 위해 도전하고, 목표도 세우고, 사람을 자주 만나기도 하면서 발전하는 자신과 즐거운 삶의 매력에 푹 빠져 보세요. 세상은 어렵지만, 마음만 먹으면 언제나 즐겁습니다.

11일 분별력 있는 지혜

어떤 사람의 말을 듣고 있나요?
어떤 사람의 말에 귀를 기울이고 있나요?
어떤 사람을 따라가고 있나요?
어떤 일을 하려고 하느냐에 따라 인생이 달라집니다.

인터넷의 정보를 무조건 받아들이면,
들으면 안 되는 것을 듣고
하면 안 되는 것을 하고
따르면 안 될 사람을 따릅니다.
그렇게 되지 않으려면
객관적인 사실을 확인하며
분별력 있는 지혜가 있어야 합니다.

'어떤 사람을 만나고 있나요?'

사람은 골라서 만나야 합니다. 왜냐하면 사람은 사람에게서 배울 때가 많습니다. 나쁜 사람을 만나면, 나쁜 것을 배웁니다.

남을 흉보거나, 욕을 자주 하거나, 남을 배려할 줄 모르거나, 자신밖에 모르는 사람은 피하는 것이 바람직합니다.

요즘은 인터넷이나 SNS가 발달해서 올바르지 않은 정보를 그대로 받아들이게 되는 경우가 많이 있습니다. 그렇기 때문에, 남에게 피해를 주는 정보는 옮기지 않아야 합니다.

인터넷에서 두 사람의 싸움이 났을 경우에는 한쪽 입장만 보고 동조하는 것은 좋지 않습니다. 양쪽의 글을 보고 판단하기 바랍니다. 선의의 피해자는 큰 상처를 받을 수 있습니다.

12일 잘되는 사람의 마인드

1. 긍정적이고 인내력이 강하다.
2. 새로운 도전을 두려워하지 않는다.
3. 남보다 빠르게 계획하고 추진한다.
4. 꿈과 열정을 위해서 모든 걸 바친다.
5. 남의 말에 휘둘리지 않고 방향을 잘 잡는다.
6. 끊임없이 자기 계발을 하며 노력한다.
7. 자기만의 확고한 신념으로 살아간다.

자기 계발은 '잠재되어 있는 슬기, 재능, 사상 등을 일깨워 줌.'을 말합니다. 자신의 능력을 학습이나 노력으로 발전시키는 것을 의미합니다. 자기 계발을 꾸준히 자신의 마인드를 성장시키고 잘되기 위한 기초가 됩니다.

현재 상황을 불평하고 불만이 많은 사람은 좋은 마인드를 가질 수 없습니다. 긍정적이고 미래에 대한 두려움을 이겨내는 마음이 있어야 합니다. 남들이 하지 않는 것을 빠르게 계획하고 추진하며 새로운 길을 뚫어야 하고 어려움을 이겨내야 합니다.

쉽게 되는 일이 없지만, 한 번 사는 인생 도전해 볼 만한 가치가 있습니다. 잘되는 마인드를 만들고 실천해서 자신이 이루고자 하는 꿈을 이루기 바랍니다.

13일 소중한 추억을 가득 채우자

너무 힘들면 보고 싶은 것만 보고
듣고 싶은 것만 들으세요.
그리고
소중한 추억을 가득 채우고
소중한 사람이 응원하고
함께한다는 걸 잊지 말아 주세요.

삶은 보고 싶은 것만 보고 듣고 싶은 것만 들으면 편견이 생길 수 있습니다. 그렇지만 힘들 때는 좋은 것만 보고 좋은 것만 들으면 마음이 나아질 수 있습니다. 자기 중심으로 보는 세계를 상황에 따라 보는 것을 정수기 필터처럼 걸러내면 삶에 많은 도움이 됩니다.

소중한 추억이 없는 사람은 없습니다. 힘들 때 핸드폰에 저장해 둔 것을 보거나, 기억에 있는 좋은 추억을 생각하면 마음에 위안이 됩니다.

소중한 사람이 있다면 좋은 일입니다. 힘들 때 만나면 위안이 많이 됩니다. 그리고 사랑하는 가족이 함께한다는 것을 잊지 마세요.

14일 상처를 주는 법을 배우지 말자

상처를 받은 사람이
상처를 주는 사람이 되기도 한다.
상처를 주는 법을 배우지 말자.
좋은 것만 받은 만큼 주기로 하자.

부모님에게 상처받은 학생이 친구들에게 상처를 주는 경우도 있고, 자신이 받은 상처를 다른 사람에게 상처를 주는 사람도 있고, 자신에게 상처 준 사람에게 복수를 하고 싶은 사람도 있습니다.

어렸을 때는 상처받는 것을 감당하지 못하고 마음으로 삭히면서 살아왔을 수 있습니다. 그러면 나중에 어른이 되어서도 잠재의식 속에 남아 있습니다. 심하면, 소심해지거나 대인을 기피하게 될 수도 있습니다.

상처를 주는 것은 한 사람만의 문제는 아닙니다. 한 사람에 의해서 꼬리를 물고 전파될 수 있고, 많은 사람을 힘들게 할 수 있습니다.

상처받은 건, 혼자 감당하기에는 많이 힘들 수 있습니다. 상처받은 사람에게 네가 잘못해서 그렇게 된 것이라고 말하면 절대 안 됩니다. 가까운 사람일수록 마음 아프지 않게 달래주세요. 따뜻한 마음이 뭉치면 상처를 받아서 힘들어하는 사람이 적어지고, 받은 만큼 좋은 마음을 다른 사람에게도 전할 것입니다.

15일 상처받지 말고 이겨내기

사람은 누구나 소중합니다.
지위가 높다고
다른 사람에게 상처 줄
권한은 없습니다.

상처받았다고
상처를 가지고 살지 마세요.
미래를 위해 이겨내세요.

낮은 지위에서 상처를 받은 사람이 높은 지위가 되면 상처를 주는 사람이 되기도 합니다. 직원이나 하급자일 때 상급자에게 상처받은 사람이 나중에 상급자가 되면 하급자에게 잔소리를 하거나, 다그치게 되는 경우가 생길 수 있습니다. 지위가 사람을 만들기도 하지만 자신이 노력하면 바뀔 수 있다는 것을 알아야 합니다. 안 바뀐다고 생각한다면 그럴 마음이 없어서입니다.

사람은 존중받아야 할 대상이지 지위를 이용해서 무조건 강요를 하거나 다그치면 절대 안 됩니다.

상처를 받아서 상처를 갖고 사는 것은 매우 힘든 일입니다. 스스로 자신을 지키고 이겨내지 않으면 안 됩니다. 상처받게 한 사람을 생각해서 더 멋지게 행복하게 사세요. 그게 복수입니다.

16일 인연에게 상처를 주지 않기

무의식에 남아 있는 상처를
자식에게 넘기지 마세요.

자신이 가지고 있는 상처를
인연에게 주지 마세요.

어렸을 때 부모에게 받은 상처를 커서도 안고 사는 경우가 있습니다.

어느 순간 화가 나면 무의식 속의 상처가 살아나서 자식에게 똑같이 할 수 있습니다. 상처를 대물림한다는 건 참 슬픈 일입니다.

사랑하는 사람과 이별할 때, 자신이 받았던 상처를 비슷하게 주는 사람도 있습니다. 사람에게 받은 상처는 내면에 깊이 자리 잡고 있다가 자신도 모르게 다른 사람에게 상처를 주기도 합니다. 그렇지도 않은데 다른 사람에게 상처를 주는 건 더 나쁩니다.

상처의 여파는 정말 큽니다. 누구도 상처를 받지 않게 노력해 준다면 삶은 정말 힘든 것만 있지는 않을 겁니다. 배려하는 사람이 되어서 삶을 서로 행복하게 만들어 갑시다.

17일 새로운 시작을 하자

벼랑 끝에 있다고 착각하지 마!
지금 새로운 시작에 놓여있어.
기회를 놓쳤지만 다시 올 거야,
원하는 것이 이루어질 미래가 기다리고 있어.
많이 힘들었지?
천천히 다시 시작해 보자.
노력하면 잘될 거야.

'하는 일을 그만두었나요?'

'포기하셨나요?'

그만두었다고 자신이 끝났다고 생각하지 마세요. 새로운 것을 시작하라는 하늘의 뜻입니다. 잘될 기회를 놓쳤다고 좋은 기회가 사라졌다고 세상이 끝나는 것은 아닙니다. 차분한 마음으로 좋은 생각을 하며 계획하면 좋은 기회는 다시 옵니다.

다시 시작할 때는 급하게 생각하지 말고 조급하지 말아야 합니다. 성급하면 잘되던 것도 안 풀릴 수 있습니다. 천천히 마음 추스르고 강한 마음으로 다시 시작해 보세요.

18일 변화를 두려워하지 말자

조금씩 변하는 자신은
누구도 막을 수 없습니다.

조금씩 변하는 세상은
누구도 막을 수 없습니다.

조금씩 변하는 사랑은
누구도 막을 수 없습니다.

변하는 것을 두려워하지 말고
받아들이고 적응하세요.

우리는 변합니다. 시력도 나빠지고 소리도 덜 들리고 기억력도 나빠집니다. 점점 노화가 된다는 것은, 많은 불편을 줍니다. 시력이 나빠지면 안경을 끼면 되고, 소리가 덜 들리면 보청기를 끼면 됩니다. 기억력이 나빠지면 메모하는 습관이 도움이 됩니다. 나빠지는 것에 집착하지 말고 이해하며 살아야 합니다.

세상이 변합니다. 변하는 것을 두려워하면 안 됩니다. 삐삐에서 핸드폰에서 스마트폰으로 빠르게 변합니다. 나이가 먹어도 변화에 따라가지 않으면 안 됩니다. 용기를 갖고 적응하세요.

사랑이 변합니다. 서로 아무리 좋아해도 시간이 지나면, 사랑이 식을 수 있습니다. 시간이 지날수록 서로를 지탱하는 것은 관계 회복 노력입니다. 그렇지 않으면 점점 마음이 멀어질 수 있습니다. 서로의 노력이 필요합니다.

19일 나쁜 생각을 하지 말자

긍정적인 생각은
험난한 세상을 평탄하게 만든다.

즐거운 생각은
아픔을 무디게 하고 기쁘게 만든다.

행복한 생각은
힘든 삶을 아름답게 만든다.

좋은 생각은
잘못된 길을 올바르게 만든다.

나쁜 생각은
인간관계를 나쁘게 만든다.

나쁜 생각을 하면 부정적인 생각에 빠집니다. 그리고 자신을 무기력하게 만듭니다.

'왜 자신을 스트레스받게 만들죠?', '자신을 싫어하나요?'

그렇지 않다면 나쁜 생각을 하지 마세요.

좋지 않은 행동을 하거나 옳지 않은 모습을 보여주면, 좋아할 사람은 아무도 없습니다.

나쁜 생각은 번개처럼 와서 번개처럼 행동하게 할 수 있습니다. 갑자기 하던 일이 짜증 나면 남에게 화를 냅니다. 화를 내면 안 된다는 것을 알지만 통제가 안 됩니다. 내면에 있던 스트레스나 짜증이 폭발한 것입니다. 나쁜 생각이 몸에 배지 않게 평소에 노력해야 합니다. 누구나 나쁜 사람이 될 수 있다는 것을 잊지 마세요.

20일 기분 좋은 생각하기

화나는 일이 많다는 것은
짜증이 늘어서이고
사람이 싫어진다는 것은
상처가 많은 것이고
섭섭한 일이 많다는 것은
속마음이 좁아진 것이고
하기 싫어진다는 것은
의욕을 상실해서입니다.

갑자기 화가 나서 참기 힘들면 자리를 피하세요. 화가 나는 대상과 거리가 멀어져야 기분이 풀립니다.

인간관계에 대한 상처가 심하면 사람을 싫어하게 됩니다. 사람을 피하면 더 외로워지거나 대인 기피증으로 될 수 있습니다. 상처가 있을수록 즐거운 것을 찾고 사람과 대화하면서 풀어야 합니다.

속이 좁은 마음은 사는 데 불편합니다. 사소한 것에 집착하는 것은 스스로 고통을 만드는 것입니다. 벗어나기 위해서는 좋아하는 것에 집중하면 됩니다. 명상하는 것도 도움이 됩니다.

하기 싫은 것을 억지로 하면 의욕이 없어집니다. 어차피 할 것이라면 기분 좋은 마음으로 하고, 나만의 보상 심리를 만들어 주세요.

'하고 나면 맛있는 치킨을 먹어야지.'

'빨리하고 친구 만나러 가야지.' 등으로 기분 좋은 생각을 만들어 주세요.

21일 자신을 이겨내기

남의 눈치를 보다가
나를 힘들게 하면 안 되고

남을 기쁘게 하려다가
나를 고통받게 하면 안 되고

남에게 잘 보이려 하다가
내가 위축될 수 있습니다.

남의 눈치를 조금 보는 건 괜찮습니다. 그렇지만 남의 눈치를 지나치게 보다가 자신이 힘들어진다면, 잘못된 것입니다. 지나친 배려가 남의 눈치를 보게 만들 수도 있습니다. 적정한 수준의 눈치는 상대방이 기분 나쁘지 않을 정도로 보면 됩니다.

'남을 기쁘게 해주는 병'에 걸린 사람은 친구가 부탁하면 거절을 하지 못해서 스스로 고통을 받습니다. 거절은 자신의 권리이기 때문에 부끄러운 것이 아니라 당당한 것입니다.

남에게 잘 보이려고 지나치게 애쓰다 보면 위축될 수 있습니다. 자존감이 부족해서 느끼는 감정입니다. 사람의 가치는 남과 평가되는 대상이 아닙니다. 사람마다 잘하는 것이 다르므로 못 한다고 소심해지면 안 됩니다. 무엇이든 적극적으로 능동적으로 하세요. 남의 시선보다 자신이 더 중요합니다.

22일 좋게 변해야 할 것

불평이 많으면 싫어하는 사람이 많아지고
상처가 많으면 화나는 것이 많아지고
생각하는 것이 짧으면 속상한 일이 많아집니다.

상황이 변해서 자신이 변했다고 생각합니다.
자신이 변해서 상황이 변한 것입니다.

안 되는 사람은 불평이 많고 환경 탓을 합니다. 그렇게 생각한다고 나아지는 것은 없습니다. 스트레스만 더 받습니다.

안 되는 것에는 이유가 있습니다.

'코로나19로 인해서?', '경기가 어려워서?'

어려운 상황에서도 잘되는 대박집이 있습니다. 그 이유를 찾아내고 분석하고 자기 것으로 만드세요.

아프거나 상처가 있는 사람은 사소한 것도 화가 납니다. 지극히 정상입니다. 자신이 힘든데, 화를 내지 않을 수가 없습니다. 자신을 기분 좋게 만들어야 화가 줄어듭니다. 그러므로 문제가 되는 원인을 빨리 없애거나 해결해야 합니다.

생각이 짧으면 되는 일이 없습니다. 문 앞에 돌이 있는데 치우지 않고 출근할 때마다 매일 돌에 걸려서 재수가 없다고 생각하는 사람이 있습니다. 오늘은 돌을 잘 피하고 출근했다고 좋아하면 안 됩니다. 돌을 치우면 해결이 됩니다. 되는대로 살지 말고, 가끔은 내가 하는 것이 미래에 어떻게 될지 예상하며 사는 것이 좋습니다. 그러면 좋은 일이 늘어납니다.

23일 사랑하는 마음

사랑은 나보다 그대를 좋아하는 마음
사랑은 나보다 그대를 아끼는 마음
사랑은 나보다 그대를 소중히 생각하는 마음
사랑은 나보다 그대를 위하는 마음
사랑은 나보다 그대를 배려하는 마음

사랑하는 사람보다 자신을 더 아낀다면 사랑하는 사람이 없는 것입니다. 부모는 늘 자식을 사랑합니다. 그렇기 때문에 아낌없이 주는 나무입니다. 정말 사랑한다면 연인 사이도 그렇게 할 수 있습니다.

사랑이 시작되면 보이지 않던 예쁜 것들이 잘 보입니다.

'사랑하는 사람과 무엇을 하고 싶나요?'

여행, 영화 보기, 놀이공원 가기 등 하고 싶은 것 다 하세요. 즐거운 추억을 남기면, 나중에 힘들 때 도움이 됩니다.

이성과 사랑하게 되면, 항상 좋은 일만 있지는 않아요.

'서로 맞추는 과정이 많이 힘들지도 몰라요?'

'많이 힘든가요?'

정말 사랑한다면 자존심만 세우지 말고 양보도 하세요. 그렇다고 무조건 양보는 안 됩니다. 일방적인 것은 없어요.

사랑하면서 아픔도 배우고 더욱 성숙해집니다. 영원한 인생이 아닙니다. 사랑하는 동안 진심을 다해 짜릿한 사랑을 하세요.

24일 인연과 후회하지 않기

후회하지 않을 것 같으면 그냥 놓아 주세요.
미련이 남지 않을 테니까요.

후회할 것 같으면 인연의 끈을 놓지 말고
계속 인연을 이어가세요.

인연이든 악연이든
다시 만나게 될 사람은 반드시 다시 만납니다.

좋지 않은 사람, 도움이 안 되는 사람, 함께하면 싫은 사람 등 알고 지내는 불편한 사람을 일부러 정리할 필요는 없지만, 헤어져도 후회되지 않는다고 생각하면 정리해도 됩니다.

사람 관계에서 싫지는 않고 알아두면 나쁘지 않은 사람은 굳이 일부러 정리할 필요는 없습니다. 그런 사람들이 나중에 친해져서 좋아하게 되는 경우도 많이 있습니다.

인연이든 악연이든 헤어진 후 다시 만나게 되는 경우는 생각보다 적습니다. 그렇지만 스트레스를 많이 받는다면 정리하는 것이 좋습니다. 그리고 인연이라면 다시 만날 것이라고 생각하세요. 그러면 잘되든 안 되든 마음을 편하게 해줍니다.

25일 좋아해, 서운해, 미워, 보고 싶다는 의미

'좋아해.' 계속 보고 싶은 사람에게 하는 것이고
'서운해.' 관심이 있는데, 더 좋아해 달라는 말이고
'미워.' 관심이 있는데, 더 잘해 달라는 말이고
'보고 싶다.' 한 사람을 그리워하는 것입니다.

'좋아해.', '사랑해.', '보고 싶다.'라는 말은 언제 들어도
기분 좋은 말입니다.

자신의 가지고 있는 욕망을 위해서 사랑하는 사람을 힘들게 하거나 희생시키는 것은 좋지 않습니다. 사랑이 상처가 되면 안 됩니다.

서로 사랑하는 사람은 마음을 공유하게 됩니다. 사랑하는 마음을 듬뿍 전하면, 상대방도 마음이 동화되어서 사랑을 듬뿍 줍니다. 아름다운 사랑이 동화처럼 예쁘게 되면 좋겠습니다.

'사랑해.'보다 '보고 싶다.'가 애틋하게 느껴질 때가 있습니다. '사랑해.'라는 뜻은 누구나 대상이 될 수 있지만 '보고 싶다'라는 뜻은 한 사람을 생각하며 느끼는 감정입니다.

26일 꽃과 사랑하는 사람

'꽃을 좋아하는 사람은 꽃을 꺾고
꽃을 사랑하는 사람은 꽃에 물을 준다.'

'좋아하는 사람은 내 옆에 앉히고
사랑하는 사람은 내 자리를 내어 준다.'라는 말이 있습니다.

사랑하는 사람을 위해서
매일 꽃에 물을 주고, 매일 내 자리를 비워 둡니다.

'꽃을 사랑하나요?, 꽃을 좋아하나요?'

사랑하는 사람이 꽃이라면 꺾지 말고 매일 꽃에 물을 주듯이 정성으로 대하면 좋겠습니다. 꽃을 사랑하는 마음으로 세상을 산다면 세상이 아름답고 기분이 너무 좋을 것 같습니다.

'사랑하는 사람이 있나요?' 빈자리가 있으면 옆에 앉히겠죠. 빈자리가 없다면 '자신의 자리를 비켜줄 생각이 있나요?' 있다면 사랑하는 것 맞아요. 자신의 불편을 감수하고 사랑하는 사람과 산다는 건 행복한 일입니다.

'사랑하는 사람 있나요?, 없나요?' 사랑하는 마음은 아름다운 눈을 만들어 줍니다. 그래서 마음이 따뜻해지고 긍정적이 됩니다. 아무리 힘들어도 사랑하는 마음을 간직하여 예쁜 세상에서 즐겁게 살아요.

27일 남 신경 쓰지 말고 좋아하는 것 하기

자신감 없는 선택,
화가 나서 하는 선택,
자존심 때문에 하는 선택은 더 큰 좌절을 만듭니다.

마음을 가다듬게 시간을 주세요.

남의 시선에 신경 쓰지 말고
자신이 좋아하는 것을 하세요.

선택은 신중해야 합니다. 준비가 안 된 상태에서 감정적으로 마음이 움직이면 원하는 바를 이룰 수 없고 뜻하지 않는 좌절로 더 힘들어할 수 있습니다.

다른 사람의 말에 마음이 움직이게 되지만 좋은 것이라면 미루지 말고 신중히 생각해 보고 실행에 옮기면 기회가 됩니다. 그리고 시작이 반입니다. 용기를 못 내서 머뭇거리면 안 됩니다. 선부른 시작보다 나쁠 수 있습니다.

주변의 시선은 보지 않는 것도 문제이지만 너무 신경 쓰는 것도 안 좋습니다. 올바르다고 생각하면 때로는 나만의 길로 가는 것이 도움이 될 때도 있습니다. 무엇이든 신중하게, 용기 있게, 눈치 보지 말고 적극적으로 실천하세요. 그리고 뜻한 바를 이루세요.

28일 착각하는 삶

생각만 하고 시작도 하지 않았는데
여건이 안 되어서 못 한다고 착각하고

노력은 덜 하고 끝까지 해보지도 않았는데
열심히 해도 되지 않는다고 착각하고

꿈을 포기하고 현실에 안주하며
최선을 다했다고 착각할 수 있습니다.

'난 안 돼.', '안 되는 이유를 생각해보았나요?', '해결 방법을 찾았나요?'

자기 비약은 삶에 전혀 도움이 안 됩니다.

'아무것도 안 하면서 안 돼.'라고 하지 마세요. 무조건 죽기 살기로 뛰어드세요. 여건이 안 된다고 생각하지 마세요. 되는데, 되지 않는다고 착각하는 사람이 의외로 많습니다.

'죽을 만큼 노력했나요?', '조금 하다가 힘들어서?', '싫증 나서?'

그럼, 힘내서 더 해보세요. 이판사판으로 열심히 노력해 보세요. 그리고 성과는 금방 나오지 않으니까요. 조바심내지 마세요.

현실에 안주하기는 쉬워요. 그렇다고 꿈을 포기하지 마세요. 되든 안 되든 꿈을 가진 건 좋아요. 여건이 될 때까지 기다리면 기회를 놓칠 수도 있지만 그게 마음이 편하면 잠시 쉬세요. 마음이 준비되면 꿈에 도전하세요. 사실 여건이 되지 않은 것이 아니라 마음이 준비되지 않은 것입니다.

29일 행복을 같이 나누는 사람

외로울 때, 가슴이 허전할 때
보고 싶은 사람은 사랑이 아닙니다.

즐거울 때, 좋은 것을 먹고 싶을 때
같이 하고 싶은 사람이 진정한 사랑입니다.

사랑하는 사람과는
허전함을 채우는 것이 아니라
행복을 같이 나누는 것입니다.

힘들 때 보고 싶은 사람은 의외로 좋아하는 사람일 때가 많습니다. 싫은 인연 빼고 함께하는 인연에게 위로를 받을 수 있습니다.

힘들 때, 즐거울 때 모두 함께하고 싶은 사람, 항상 곁에 있고 싶은 사람이 사랑하는 사람이겠죠.

함께 기쁨을 나누는 사람이 더 소중한 사람입니다. 그런 사람이 있다면 사랑하는 마음을 전하세요. 부부라도 가끔은 표현해야 사이가 더 좋아집니다.

사랑하는 사람이 자신을 서운하게 하면 그 사람한테 풀 수는 없습니다. 가까운 인연을 만나며 마음을 달래보세요. 그리고 마음 풀리면 사랑하는 사람과 행복을 나누세요. 그리고 인연이 자신을 힘들게 하면 사랑하는 사람 어깨에 기대며 마음의 위안을 찾으세요. 사랑하는 사람에게 무조건 의지하는 건 좋지 않지만 사랑하는 사람이 있어서 의지가 됩니다.

30일 좋은 사람을 오래 좋아하기

좋은 사람을 오래 좋아하자.
마음에 품고 있는 만큼
세상이 사랑스럽고 행복할 테니까요.

싫은 사람은 오래 미워하지 말자.
미워하는 만큼
그 사람을 가슴에 품고 있어야 할 테니까요.

'품'은 참 따뜻한 말입니다. '엄마 품' 하면 마음이 포근해집니다. 사랑하는 사람을 품고 있다면, 삶이 따뜻해지고, 가슴도 따뜻해집니다.

'싫어하는 사람이 왜 자꾸 생길까요?'

자신이 잘못해서일 때도 있지만 아닐 때가 더 많습니다. 싫은 사람은 무조건 나쁜 사람은 아닙니다. 자신과 맞지 않아서일 때가 더 많습니다. 싫어하는 사람을 마음에 품고 있다는 것은 고통을 가지고 사는 것입니다. 최선을 다해서 잊도록 노력해야 합니다.

자기밖에 모르는 이기적인 사람이 줄어들면 '사람에 대한 회의감이 줄겠죠?'

'자신이 그렇지 않은가?' 하고 생각해 보세요. 함께 즐겁기 위해서 노력해 주세요. 많이 사람이 즐겁게 행복하게 살게 됩니다. 그리고 당신을 좋은 사람으로 기억할 것입니다.

12 December

– 소중한 인연을 챙기고 만나기
– 시작한 일을 포기하지 말고 끝까지 잘하기
– 새로운 것을 계획하고 준비하기
– 마음이 춥지 않게 자존감 높이기
– 사랑하는 사람을 따뜻하게 감싸주기
– 작은 나눔으로 이웃을 돕기
– 한 해 수고했다고 자신을 포옹해 주기

시작하기는 쉽지만
끝을 마무리하는 것은 어렵습니다.
늘 반복되는 일이지만
철저한 계획과 피나는 노력으로
꿈을 이루고 행복을 가져가세요.

'수고했습니다. 잘 버티고 잘 살았습니다.'
'존재 자체로 소중합니다. 사랑을 받으며 살아가세요.'
'최악이라도 자존감과 희망을 잃지 마세요.'

1일 단계적으로 목표 달성

목표는 자신에게 맞게 잡아야 합니다.
죽을 때까지 못 이루는 목표는
절망이 될 수 있습니다.
작은 목표를 잡고
달성하면 자존감이 높아집니다.
단계적으로 올라가면
목표 달성에 희열감을 느끼며
잘할 수 있는 자신감이 생깁니다.

등산을 처음 하는 사람이 세상에서 제일 높은 에베레스트 산을 오른다고 한다면, '가능할까요?' 물론 가능한 사람도 있을 수 있겠지만, 희박합니다. 작은 산부터 올라가면서 체력과 지구력을 키워야 나중에 높은 산을 오를 수 있게 됩니다.

목표도 마찬가지입니다. 능력이 된다면 큰 목표를 잡아도 됩니다. 그렇지만 능력은 금방 생기지 않습니다. 금방 이룰 수 있는 작은 목표를 세우고 달성하면 자신감도 생기고 자존감도 생깁니다. 그러나 처음부터 너무 큰 목표를 잡고 진척이 없으면 포기하고 싶은 생각이 들고, 자신에 대한 회의감을 느끼게 됩니다.

작은 목표로 시작해서 계단을 오르듯 단계적으로 올라가면 됩니다. 그리고 중간 중간에 목표를 이룰 때마다 자신에게 보상을 해주세요.

목표는 이루어진다고 생각하면 이루어지고, 안 된다고 생각하면 안 됩니다. 할 수 있다는 마음과 함께 끈기를 갖고 꿈과 목표를 이루세요.

2일 노력해야 할 것

1. 부정적이면 긍정적으로 바꿔라.
2. 시작 못 하면 용기를 내라.
3. 포기하면 다시 시작해라.
4. 우울하면 즐거운 것을 찾아라.
5. 외로우면 인연을 만나라.
6. 상처받으면 활동적인 것을 해라.
7. 보고 싶으면 만나자고 연락해라.
8. 소심한 성격이면 능동적인 성격이 되어라.
9. 서운하면 표현해라.
10. 이기적인 사람을 만나면 무시하고 피해라.

사람은 누구나 완벽하지 않습니다. 그렇기 때문에 노력하며 삽니다.

'노력하지 않고 괜찮은 사람이 되길 원하나요?'

게으르고 무능력하게 사는 사람은 항상 나쁜 일이 생깁니다. 그렇기 때문에 열심히 살고 좋은 마음이 생기도록 노력하면 나에게 항상 좋은 사람이 생기고 사랑이 넘치게 됩니다.

세상에는 우울한 것보다 즐거운 것이 많습니다. 그것을 느끼지 못했다면 참 슬픈 일입니다. 노력하는 자세로 삶을 살아간다면 삶은 당신에게 축복을 줄 겁니다. 기분 좋게 즐거운 마음으로 다시 시작해 보세요. 그리고 행복한 꿈을 꾸며 자신의 길을 산책하는 기분으로 걸어가세요. 삶이 즐거워집니다.

3일 즐거운 날이 모이면 행복

슬픈 날이 모이면 상처가 되고
보고 싶은 날이 모이면 그리움이 되고
즐거운 날이 모이면 행복이 되고
좋아하는 날이 모이면 사랑이 되고
노력하는 날이 모이면 꿈이 된다.

우울증이나 불면증은 하루아침에 나빠진 것이 아닙니다. 심리 상태가 좋지 않으면 누구나 생길 수 있습니다. 생활습관이나 마음에 상처가 심하면 오랫동안 간직할 수 있습니다.

'나에게 아픔을 주나요?' 나쁠 때가 있습니다. 특히, 아픔은 뜻하지 않는 가족이나 사랑하는 사람과의 이별에서 큰 충격으로 옵니다.

'슬픔을 오랫동안 방치했나요?'

'밖에 나가 보세요.' 하늘을 보고 자연을 보세요. 사람들은 다들 열심히 살아갑니다. 모든 것을 인정하고 마음을 비우고 새로운 마음으로 시작해 보세요. 좋은 것도 먹고 좋은 사람을 만나고 아름다운 풍경을 담아보세요.

슬픔이 모이지 않게, 자신을 위해, 꿈을 위해 기분 좋은 마음으로 시작하세요. 삶은 그렇게 힘들지만 않을 거예요. 그리고 그런 자신을 사랑하게 될 것입니다.

4일 사랑하는 사람이 있으면

사랑하는 사람이 있으면 좋겠습니다.

내가 길을 걸으면 삶에 배경이 되고
내가 웃으면 나를 바라보고
내가 아프면 나를 알아주고
내가 기쁘면 나와 함께 웃어 주면 좋겠습니다.

그런 사람이 있다면 사랑을 전해 보세요.
그런 사람을 원하면 사랑을 느껴 보세요.

'사랑하는 사람이 있나요?'

'소중한 사람을 지금도 사랑하나요?'

사랑이라는 감정은 마음을 설레게 합니다. 서로 애틋한 생각을 하고 챙기는 마음은 감동입니다. 시간이 지나서 다시 그 감정으로 느끼고 싶어 할지도 모르겠습니다.

혼자만의 노력으로 되지 않는 것이 슬플지도 모르겠습니다. 소중한 사람을 챙겨보고 식어가는 사랑을 다시 느끼고 전해보세요. 우울했던 하루가 즐거워질 수 있습니다.

'사랑하는 사람이 없나요?'

혼자 사는 것이 때로는 편할 수도 있지만, 사랑하는 사람을 만드세요. 사랑하는 사람이 생기면, 집착을 버리는 것이 좋고 배려는 하는 것이 좋습니다. 꿈꾸는 사람과 함께하세요.

5일 원하는 것을 얻기 위해 주저하지 말자

늦었다고 생각하는 순간,
보고 싶다고 느끼는 순간,
사랑한다고 생각하는 순간.

해야 할 순간이 온다면
당신에게 주어진 최고의 기회입니다.

원하는 것을 얻기 위해서는
주저하지 마세요.

중요한 기회를 놓치는 최대의 적은 망설이는 것입니다.

'자신이 없어서?', '용기가 없어서?', '여건이 안 되어서?' 이런 것 저런 것 따지면, 기회는 절대 오지 않습니다. 자신에게 맞는 밥상이 차려지길 바라면 안 됩니다. 자신이 맞는 밥상을 요리해서라도 만들어야 합니다.

지금 늦었다고 하는 순간이 가장 빠른 시기입니다. 생각은 신중히 하되, 최대한 빠르게 결정하고 실천해야 합니다. 때에 따라서는 준비가 필요합니다. 준비 없이 무모하게 하다가 크게 좌절할 수 있습니다. 주의하세요.

'원하는 것이 많다면?' 하나씩 순차적으로 하세요. 문어발식으로 하다가는 아무것도 안 됩니다. 게임도 마찬가지입니다. 두 개를 동시에 얻으려다 둘 다 놓칠 수도 있습니다. 항상 욕심을 부리면 탈이 날 수 있습니다. 그러므로 조심해야 합니다.

6일 꼭! 해주고 싶은 말

1. 조금 더 힘내세요.
2. 행복한 꿈을 꾸세요,
3. 실수해도 괜찮아요.
4. 많이 좋아해요.
5. 웃는 모습이 멋져요.
6. 고마워요.
7. 우울하지 마세요.
8. 힘내세요.
9. 소중한 인연
10. 보고 싶어요.

인연에게 해주기 좋은 말 10가지입니다. 함께하는 인연에게 해주면, 기분이 좋아집니다. 칭찬을 자주 해주면 기분이 좋지만, 너무 자주 해주면 감흥이 없어질 수 있습니다. 어떤 말이든 가장 적절할 때 말해주면 감동을 받습니다.

힘들어 지쳐 있을 때, '조금 더 힘내세요.' 하면 감동을 받지만, 힘들지 않을 때 '조금 더 힘내세요.' 하면 의미를 상실할 수 있습니다.

사랑하는 사람에게 듣고 싶은 말은 '사랑해.'나 '보고 싶다.'입니다. 때로는 '같은 편이 될게.'가 좋을 때도 있습니다. 같은 편을 하면, 잘못을 하거나 실수할 때도 동참한다는 의미입니다. 자신만 도망가거나 옆에서 잔소리하면 절대 안 됩니다.

7일 좋은 것만 보자

그대가 가는 길목에 행복을 놓아두고
그대가 느끼는 봄에 사랑을 숨겨 놓고
그대가 사랑하는 꽃에 희망을 남겨두고
그대가 보는 하늘에 꿈을 담아 놓았습니다.

좋은 것만 보세요.

중립적인 사람이 되려면, 나쁜 것도 보면서 살아야 합니다. 그렇지만, 힘들 때는 나쁜 것이 더 많이 보여서 자신을 힘들게 합니다. 그런 자신을 방치하면, 부정적인 사람이 됩니다. 그래서 힘들 때는 좋은 것을 많이 보아야 합니다.

'삶이 뜻대로 되지 않아서 많이 힘든가요?'

힘들게 하는 건 휴지통에 버리고 나중에 시간이 되면 비워주어야 합니다. 비우지 않으면 힘든 것이 유지될 수 있습니다.

힘든 것을 잊기 위해서는 좋은 것을 보며 마음에 담아 두어야 합니다. 힘들다고 하루종일 집에 있으면 안 됩니다. 밖에 나가서 하늘도 보고, 꽃도 보고 마음을 편안하게 만들어 주세요.

8일 지쳐 있으면 남을 생각하기 힘들다

잘하는 사람에게 칭찬하고
좌절하는 사람에게 응원하고
꿈을 꾸는 사람에게 열정을 나누고
힘든 사람에게 손을 잡아주고
고마운 사람에게 감사해야 합니다.

지쳐 있으면 남을 생각하기 힘듭니다.

삶이 힘들고 빡빡할 때가 있습니다. 그럴 때는 다른 사람을 챙기는 것이 힘듭니다. 그러다 보면 다른 사람의 칭찬, 응원, 격려 등이 소홀해질 수 있습니다.

'내가 힘든데' 남을 칭찬하는 것이 쉽지 않습니다. '내가 우울한데' 남을 응원하기 힘듭니다. 마음이 위축되어 있어도 다른 사람의 칭찬과 응원을 아끼지 않아야 합니다. 내가 잘되지 않고, 남이 잘됐다고 기분 나쁘게 생각하면 안 됩니다. 사람의 일은 모릅니다. 나중에 자신도 잘될 수 있습니다. 좋은 마음이 존재해야 자신도 발전하고 내가 더 응원을 받을 수 있습니다.

남을 칭찬하거나 응원하지 않는데 받기를 원한다면 잘못된 생각입니다. 서로의 마음이 같아질 때 행복하고, 그 마음이 전해지면 나도 힘나고 서로 잘됩니다. 축구 경기에서 응원을 받으면 축구 선수가 잘하게 되는 것처럼 자연스러운 일입니다.

9일 현실과 행복

행복이 깨지는 순간
고통이 오는 것이 아니에요.

고통을 이겨내는 순간
행복이 시작됩니다.

현실은 생각하는 대로 안 됩니다.
현실은 노력하는 대로 안 됩니다.

잘못된 감정과 부정적인 생각으로 인해서 고통이 시작됩니다. 우리는 고통의 연속에서 살고 있습니다. 사람에 따라 고통을 덜 느끼는 사람과 많이 느끼는 정도 차이가 있습니다. 불확실한 미래도 자신을 힘들게 합니다.

'잘못하고 있다고 두려워하나요?' 처음부터 잘하는 사람은 없습니다. 실수도 하고 이별도 하고 좌절도 합니다. 그러면서 배워갑니다. 그러면서 꿈을 키워갑니다. 그러면서 성숙된 사랑을 하게 됩니다.

고통을 이겨내면 마음이 편해지는 시기가 옵니다. 그때 행복한 감정이 자주 옵니다.

노력하는 대로, 생각하는 대로 되지 않는다고 울지 마세요. 그 기준은 자신이 정한 것입니다. 힘들다고 생각하면 기준을 낮추고 집착을 버리세요. 노력하고 생각하고 실천하다 보면 자신이 뿌듯해질 때가 있습니다. 참 잘살았네요.

10일 초심을 준비하자

아프지 않으려고 노력하지 말고
슬프지 않으려고 참지 말고
힘들지 않으려고 괴로워하지 마세요.

있는 그대로 느끼는 것도 치유의 방법입니다.
다만, 어느 순간 아픔을 잊고
초심으로 다시 시작할 수 있는 마음을 준비하세요.

'마음이 한결같으면, 얼마나 좋을까요?'

무엇이든 잘해 낼 수 있습니다. 시간이 지나면 누구나 느슨해집니다. 인내와 신념을 가지고 있는 사람은 덜 지치고 잘할 수 있습니다. 그래도 한계가 생깁니다.

초심은 긴 여정을 끈기 있게 잘할 수 있게 해줍니다. 금방 이루어지는 것은 초심이 필요하지 않겠지만, 오래 걸리는 것은 중간에 포기하고 싶은 마음이 듭니다. 그때, 초심을 자신에게 넣어주면 됩니다. 새로운 마음으로 힘내서 더 잘할 수 있게 해줍니다.

초심을 매일 하면 나중에는 의미를 상실할 수 있습니다. 포기하고 싶을 때, 힘들어서 자신을 지킬 때, 마음이 느슨해질 때, 한 번씩 주먹 세게 쥐고 '나는 할 수 있다.'라고 외치며 초심으로 도전하면 어려운 장벽도 뚫고 이겨낼 수 있습니다.

11일 긍정은 당신 편

무엇이든 할 수 있다는
긍정적인 마음을
오래 간직하고 노력한다면
행운과 기회와 성공의 길이 함께하며
삶은 언제나 당신 편입니다.

계속적으로 일이 안 풀리면, 긍정적인 마음을 갖기가 생각보다 어려울 수 있습니다. 그럴 때는 목표를 크게 잡지 말고 쉽게 이룰 수 있는 작은 목표부터 시작한다면, 자신감을 갖고 긍정적인 마음이 생길 수 있습니다. 무조건 큰 목표는 좋지 않을 수 있어요. 작은 목표로 차근차근 올라가면 성취하는 기쁨을 느끼면서 더 잘할 수 있게 됩니다.

능력이 된다면 목표는 하나 이상인 것이 좋습니다. 여러 가지 하는 것이 부담되면 하나를 해도 됩니다. 목표를 완료하면 새로운 목표를 만들고 계속 도전해야 합니다. 산을 오르면 다른 산을 오르고 싶은 욕구가 생깁니다. 하나의 목표를 이루었다면 다른 목표를 도전을 해보세요. 스스로 성장하는 것을 느끼며 기쁨이 함께 할 것입니다.

12일 우정 십계명

1. 이야기를 잘 들어 주기
2. 친구의 친구를 질투하지 않기
3. 험담하지 않기
4. 잘되는 것 시기하지 않기
5. 존중해 주기
6. 속이지 않기
7. 실수를 용서하고 이해하기
8. 고난을 함께 나누기
9. 나쁜 것 강요하지 않기
10. 힘든 일 도와주기

'좋은 친구가 있나요?' 어린 시절에 친구는 순수한 마음으로 만나서 더 소중합니다. '성인이 되어서 만나는 친구가 있죠?' 어렸을 때와는 다르게 거리감을 두며 만나게 됩니다. 성인이 되어서 만나는 친구는 신뢰가 이루어져야 가까워집니다. 서로의 과거를 알 수 없기 때문에 신뢰와 존중이 없으면 금방 사이가 좋지 않을 수 있습니다.

친구는 많을 필요가 없습니다. 소중한 친구 2~3명만 있어도 충분합니다. 많다고 좋은 것도 아니고 적다고 마음 상할 필요도 없습니다.

내성적인 사람은 친구를 잘 못 사귑니다. 친구를 사귀고 싶다면 먼저 다가가서 좋은 인상을 남기면 쉽게 친해질 수 있습니다.

13일 꿈을 이루기 위한 마음가짐

1. 할 수 있는 용기를 자신에게 심어 주기
2. 어떤 상황이라도 미리 포기하지 않기
3. 오늘이 마지막 기회로 생각하고 최선을 다하기
4. 꿈을 위해 해야 할 일을 실천하기
5. 더 열정적으로 살기
6. 좌절을 극복하지 못하면 실패할 것으로 생각하기
7. 긍정적인 마음과 함께 인내와 지구력 키우기
8. 자신의 자질과 능력을 최대한 발휘하기
9. 이룰 수 있다는 신념을 믿는다.
10. 포기하고 싶을 때, 희망 찾기

꿈이 없어도, 꿈을 이루지 못해도 불행하지 않습니다. 소박한 꿈이든, 작은 꿈이든, 큰 꿈이든 있으면, '내가 살아 있구나?' 하고 무언가를 하고 있다는 것에 기쁨을 느낄 수 있습니다.

'꿈이 하나라고 생각하나요?'

꿈은 자신을 도전할 수 있게 하는 원동력입니다. 꿈은 많을수록 좋습니다. 저는 프로그래머가 꿈이었고, 컴퓨터 책을 쓰는 것도 꿈이었고, 꿈을 위해 자기 계발서 책을 쓰고 있습니다. 꿈에 도전할 때마다 눈물 나도록 힘들지만, 한 번 사는 인생 후회 없는 도전을 하며 꿈을 이루었을 때의 기쁨을 자꾸 느끼고 싶습니다. 희열감은 누구도 모릅니다. 꿈을 이루어서 자신에게 희열감을 전해 주세요. 자신이 잘했다고 칭찬해 줄 것입니다.

14일 가치 있는 시간

가장 가치 있는 시간은
좋은 사람과 따뜻한 이야기를 나누는 것입니다.

가장 힘든 시간은
정 때문에 안 맞는 사람의 생각을 맞추며
아닌 척 시간을 보내는 것입니다.

결이 맞는 사람을 챙기며 행복한 시간을 만드세요.

회사 업무 때문에 싫은 사람을 만나면, 싫은 표정을 참고 만날 수 있습니다. 그렇지만 아는 사람이 나와 결이 맞지 않는데 좋은 척하며 만나는 것은 자신을 힘들게 하는 것입니다. 내가 힘들다면, 만나는 것을 피하는 것이 좋습니다. 이별하는 것이 차라리 낫다고 생각하면 상황에 따라 정리하는 것도 좋은 방법입니다.

바쁜 생활을 하다 보면 좋은 사람을 챙기지 못할 때가 있습니다. 마음에 여유가 없어도 좋은 사람을 만나며 유쾌한 시간을 보내야 삶이 덜 힘듭니다.

15일 냉정하고 냉철한 마음

가야 할 때 가고
멈춰야 할 때 멈추고
아니다 싶으면
미련 없이 놓아버리는 것이
정과 감성 때문에 쉽지 않아요.
때로는
냉정하고 냉철한 마음이 필요합니다.

우리나라 사람은 정에 약해서 친구가 부탁하거나, 돈을 빌려 달라고 할 때 거절하는 것이 힘들 수 있어요. 때에 따라선 냉정하고 냉철하게 마음먹고 거절하는 것이 삶을 살아가는 데 도움이 될 수 있습니다. 사실 거절은 나쁜 것이 아니라 자신이 누려야 할 권리입니다.

마음이 약한 사람은 냉정하고 냉철한 마음을 배워야 합니다. 누구의 말이든 잘 들어주는 것이 배려이고 착한 것은 아닙니다. 자신의 것을 잃으면서 모든 것을 해주는 것은 좋지 않습니다. 억울하게 사는 자신을 만들지 않도록 노력해야 합니다.

16일 조금씩 더 잘하자

많이 잘하지 말고 조금만 더 잘하세요.
조금만 더 잘하면 기대도 적어집니다.
기대가 줄어들면 상심도 적어집니다.
상심이 줄어들면 마음이 편해집니다.

조금씩 더 잘하다 보면
나중에는 많이 잘하게 됩니다.

한 번에 금방 잘하게 되면 좋겠지만, 대부분은 조금씩 실력이 늘어요. 조급하게 생각하거나 성급하게 하면, 없던 실수도 생길 수 있습니다. 꾸준히 늘어서 올라가는 것이 자신에게 도움이 됩니다. 시행착오는 준비가 부족할 때도 발생하지만, 급하게 서두를 때 더 발생합니다.

실력 있는 사람은 같은 과정은 겪었어도 시간이 지나면 잊어버립니다. 그래서 시작하는 사람이 느리게 하는 것을 보면, 답답해서 잔소리합니다. 그래서 자동차 운전 교육은 가족한테 배우지 말라는 말이 있습니다. 가까울수록 잔소리가 더 심합니다.

누구나 못 했던 때가 있습니다. 그때를 기억하며, 이해하는 마음으로 알려 주세요. 누구나 처음부터 잘할 수는 없습니다. 사람에 따라 빨리 배울 수는 있지만, 가르치는 사람이 자신과 비교하면 안 됩니다.

차근차근 기초를 튼튼히 하면 성장하는 사람은 등락 폭이 작아서 회의감을 덜 느끼고 실수도 적게 합니다.

17일 '때문에'는 적게 하기

'때문에'는 적게 말하면 좋겠습니다.

'너 때문에 소시지 했어.'보다는 '네가 좋아해서 소시지 했어.'

'너 때문에 돈 벌어.'보다는 '너 맛있는 것 사주고 싶어서 돈 벌어.'

'너 때문에 화나.'보다는 '네가 치워주면 좋겠어.'

좋은 의도로 '때문에'를 사용해도
상황에 따라 상처를 받을 수 있습니다.

'때문에'라는 말은 그렇게 좋은 말은 아닙니다. 원인을 설명하기 위해서 '때문에'를 사용하지만 사람에게 '때문에'를 사용하면 기분이 상합니다. 소심한 사람일수록 상처를 받습니다. 부정적인 느낌을 주는 '때문에'보다는 좋은 느낌을 주는 '덕분에'를 사용하면 좋습니다.

'너 때문에 엄마가 기분이 좋아졌어.'보다는 '네 덕분에 엄마가 기분이 좋아졌어.'가 같은 말이라도 듣기 좋습니다.

빈말이라도 '덕분에'를 써주면, 지나가는 말에 마음 상하는 사람이 적을 수 있습니다.

'네 덕분에 삶이 너무 행복해.'

듣기만 해도 기분이 좋을 것 같습니다.

18일 마음가짐이 중요

생각이 부정적으로 흘러가면
싫어하는 것이 늘어나고

긍정적으로 흘러가면
좋아하는 것이 늘어납니다.

그래서 마음가짐이 중요합니다.

'하루의 시작은 어떤 마음으로 시작하나요?'

'회사가 가기 싫은가요?'

'가정일이 힘드나요?'

사실, 일이 되면 힘들다는 생각이 먼저 들기 때문에 기분 좋게 할 수가 없습니다.

어떤 일을 하든 긍정적으로 생각하고 좋은 생각을 하는 것은 마음가짐에 달려 있습니다. 즐거운 마음가짐을 갖기 위해 분위기를 조성하는 것도 좋아요.

죽으면 끝입니다. 나이가 들면 할 수 없는 것이 많습니다. 움직이고 무언가를 할 수 있다는 건 큰 행복입니다. 이 마음을 갖고 즐거운 마음으로 일을 해보세요. 자신이 필요한 존재라는 것은 행복한 일입니다. 아무것도 할 줄 모르는 자신은 부끄러운 일입니다.

아침에 일어나서 '오늘도 즐겁게 살 거야.' 하며 '커피 한 잔의 여유'도 챙기며 '행복하게 지낼 거야.' 한다면 진심으로 행복하게 됩니다.

19일 운이 나쁘다고 생각하지 않기

운이 나쁘다고 생각하면 나쁜 일이 생기고
나쁜 일이 생기면 소심해지고
소심해지면 고민이 생기고
고민하면 잔병이 많아지고
잔병이 많아지면 잠이 오지 않고
잠이 오지 않으면 의욕이 떨어집니다.
결국 삶이 나빠집니다.

운이 나쁠 때보다는
그렇게 생각될 때가 더 많습니다.

하는 일이 잘되지 않으면 운이 나쁘다고 생각하는 사람이 많습니다. 사실, 운이 나쁠 때보다 자신이 부족해서 그럴 때가 많습니다. 자신이 위안이 필요해서 그런 것입니다. 운이 나쁜 건 해결할 수 없지만 상황이나 자신이 잘못된 것은 해결 방향을 찾을 수 있습니다.

자신이 안주하고 발전하지 않고 주변 상황을 파악하지 않아서 잘 풀리지 않을 때가 대부분입니다. 주변 상황에 따라 자신도 변화해야 한다는 것을 잊지 마세요.

자신이 긍정적인 생각을 하고 변화하는 것에 잘 적응하고 발전하면, 운은 좋아지고 기회도 많이 생깁니다.

20일 새로운 미래를 위하여

슬퍼하지 마세요.
내일이 오면 기분이 풀릴 것입니다.

좌절하지 마세요.
기회가 또 올 것입니다.

상처를 받지 마세요.
시간이 지나면 아물 것입니다.

힘들어도 괴로워도 지나간 과거일 뿐
미래는 아직 새로운 길이 남아 있어요.

잘되는 사람은 현재에 충실하며 미래를 봅니다. 잘 풀리지 않는 사람은 잘못된 과거에 살며 후회를 합니다. 후회한다고 과거는 바뀌지 않습니다. 그런데, 절망적인 미래가 기다린다는 생각에 현재와 과거를 잊어버리며 살아갑니다.

과거의 집착은 자신의 발전을 저해합니다. 알면서도 집착하게 됩니다. 과거의 시선을 미래를 위한 시선으로 바꾸세요.

'새로운 일을 설계하고 계획하세요.', '과거를 반성하고 기억하세요.', '현재 일에 충실하게 보내세요.', '무엇이든 찾아서 일하세요.'

과거 생각에 집착할 때는 생각을 줄일 수 있는 건전한 일을 하며 바쁘게 생활해야 합니다.

21일 포기하고 싶을 때

하던 것을 계속 하다가 정말 안 되어서
절망적이라고 생각되어 접을 수 있습니다.
실패는 아니고 단순 포기입니다.
용기를 갖고 새로운 걸 시작하면 됩니다.
만약 새로운 것을 하는 것이 두렵다면
그냥 하던 것에 최선을 다하세요.

과정이 힘들어서 도전을 포기하는 순간이 있습니다. 그 시간이 길지 않으면 성장하는 데 도움이 됩니다. 그렇지만 절망의 시간이 길면 안 됩니다. 삶의 회의감을 느끼거나 의욕이 상실될 수 있습니다. 절망의 시간에는 휴식도 하고 계획도 세우고 같은 실수를 하지 않겠다는 굳은 의지를 갖추며 새로운 것을 잘할 수 있게 준비하면 됩니다. 지혜롭게 잘 지내면 자신을 알게 되는 좋은 계기가 됩니다.

22일 마음의 벽이 있는 인연

인연과 헤어지기는 쉽습니다.
막 살면서 거친 말을 하면 됩니다.

인연을 끌어당기기는 쉽습니다.
말을 들어주며 공감하면 됩니다.

그래도 마음에 벽이 있는 인연은 어렵습니다.

'하는 일이 잘 안 되어서 회의감을 느끼나요?'

'모든 것을 포기하고 싶나요?'

자신이 초라하다고 생각해서 인연을 모두 포기하는 사람이 있습니다. 그렇다고 인연과 담을 쌓거나 화풀이로 인연을 상대하면 나중에 후회합니다. 인연과 헤어지는 건 쉽지만, 다시 신뢰를 얻기는 어렵습니다. 두 배 이상의 노력이 필요합니다.

말을 잘 들어 주고, 공감만 해줘도 쉽게 인연이 될 수 있습니다. 그렇지만 벽을 쌓고 접근을 거부하는 인연은 처음에 다가가는 것이 힘듭니다.

상처가 많은 사람이 대부분 마음에 벽을 하나씩 쌓고 살아갑니다. 나쁜 사람이 아니고 마음이 아픈 사람입니다. 좋은 사람이라고 생각되면 가까워지도록 노력하세요. 마음이 열리면, 두터운 우정을 나눌 수 있는 사람입니다. 처음 마음을 열기가 어렵습니다. 마음이 열리면 더없이 따뜻한 사람일 수 있습니다.

23일 실수에 관하여

상대방이 실수하면
자신도 할 수 있는 것으로 생각합니다.

이해가 안 되는 실수를 하면
자신과 다르다는 것을 인정합니다.

상대방의 실수를 전투적으로
잔소리하며 쫓아다니면
성격이 나빠질 수 있습니다.
나쁜 사람이 됩니다.

실수는 사람이기 때문에 하는 인간적인 것입니다.

실수는 비판의 대상이 아닙니다. 자신도 같은 것을 겪을 수 있다는 생각으로 실수를 배워야 합니다. 실수를 따라 하라는 의미가 아닙니다. 실수하는 사람처럼, 되지 않게 해야 합니다. 그러면서 잘못된 변수에 대해서 알게 됩니다.

처음 하는 사람은 실수합니다. 실수하지 않는 사람은 대단한 사람입니다. 대단한 사람이 되기 위해서는 사전 조사를 철저히 해야 합니다. 경험자에게 물어보거나 미리 한번 시뮬레이션을 해보면서 문제점이 있는지 파악하면 실수를 방지할 수 있습니다.

같은 것을 반복적으로 실수하는 사람은 자신이 잘못됐다는 것을 인식해야 합니다. 자신이 개선되지 않으면 남에게 피해를 주는 사람이 됩니다. 항상 실수를 하면 재발되지 않도록 파악하고 해결해야 합니다.

24일 내가 원하는 꽃

사랑하는 꽃을 보고 싶으면
꽃이 피는 봄까지 기다리는 것보다
화분에 꽃을 심는 것이 빠릅니다.

얻으려고 하는 것이 있다면
실천해야 합니다.

무작정 기다리면 봄은 오지만
내가 원하는 꽃이 아닐 수 있습니다.

'기회가 오길 기다리나요?'

'사랑이 오길 기다리나요?'

'행복해지길 기다리나요?'

막연한 기대와 기다림은 자신을 많이 힘들게 합니다. 기다리는 동안 초조하고 지루할 수 있습니다. 기다림도 인내가 필요합니다.

기다리지 마세요. 도전을 하다 보면 기회가 오고, 많은 사람을 만나다 보면 사랑도 오고, 좋아하는 것을 찾아서 하면 행복이 옵니다.

'혼자 있는 것을 즐기나요?'

'집에 있는 것이 좋나요?'

혼자 있거나 집에 있는 것이 편할지는 몰라도 아무것도 이룰 수 없습니다. 하고 싶은 것을 찾아서 해보세요.

'원하는 것을 얻고 싶나요?'

자신이 얻고자 하는 환경을 만들고 가꾸고 노력하며 실천하면 이룰 수 있습니다.

25일 마음을 열고 상처를 버리세요

음료수를 마시려면
뚜껑을 열어야 한다는 것을 알지만
사랑을 얻으려면
마음을 열어야 한다는 것을 모릅니다.
필요 없는 것은
휴지통에 버린다고 알지만
상처가 있으면
버려야 한다는 것을 모릅니다.

다가갈 수 있게 마음을 열고
상처를 버리세요.

사랑의 상처가 크면, 마음을 열기가 쉽지 않습니다. 그래서 상처받지 않기 위해서 다가오는 사람과 마음의 거리를 둡니다. 거리를 두면 상대방이 자신을 좋아하지 않는다고 생각할 수 있습니다.

과거의 상처가 발목을 잡지 않게 과거는 빨리 잊어버리세요. 좋아하거나 관심 있는 사람이 생기면, 마음을 열고 대하세요. 그러면 아픔도 빨리 잊고, 새로운 사랑이 시작됩니다.

26일 진심으로 대하면

사람을 진심으로 대하면 좋은 것이 맞습니다.
근데 사람에 따라
진심을 받아들이지 못하는 사람이 있습니다.
그런 사람에게는
진심을 말할 필요는 없습니다.
그리고
진심을 말해도 떠나면
뒤돌아보지 말고 각자 길을 가세요.

진심으로 대하는 것은 사람을 골라서 해야 합니다. 진심을 받아 줄 수 있는 사람에게 해야 진심이 통합니다. 오래 알지 않은 사람이나 남의 말을 하기 좋아하는 사람에게 잘못 말하면 자신에게 마음 상하는 일이 발생할 수 있습니다.

사람을 진심으로 대하기 어려울 때가 있습니다. 굳이 알리고 싶지 않은 것은 일부러 말을 하지 않습니다. 오래 서로 알려면, 거짓말을 되도록 하지 않고, 진심으로 대하는 것이 서로에게 도움이 됩니다.

진심을 말해도 떠나는 사람은 어쩔 수 없습니다. 인연이 아니라고 생각하고 자신의 길을 가는 것이 좋습니다. 진심을 몰라주는데 매달리며 사정하는 것은 의미가 없습니다.

27일 엇갈린 마음

너와 내가
같은 마음인 것 같은데
왜 자꾸 엇갈리는 거야?

너와 내가
같은 마음인 줄 알았는데
혼자만 좋아해서 마음 아프다.
왜 나한테 잘해 줬니?

좋아하는 사람이 자신에게 친절하고 잘해주면 좋아하는 줄 알고 착각할 수 있습니다. 그리고 나와 같은 마음인 줄 착각할 수가 있습니다. 그런데 좋아해서가 아니라, 상대방이 친절해서 잘해주는 마음뿐일 수 있습니다. 그리고 좋아하는 것과 사랑하는 것이 다를 수 있어요. 그래서 많이 힘들어하고 마음 아플 수 있습니다.

자신한테 잘해준 것이 친절한 마음뿐이라고 생각하면 서운하게 느낄 수도 있습니다. 자신한테 친절한 사람이 모두 자신을 좋아한다고 생각하는 마음은 기분 좋은 마음이지만 착각해서 자신이 마음 아픈 것은 기분이 좋지 않습니다. 좋아하는 마음은 상대방의 마음과 상관없이 좋아하는 것이 자신의 마음을 편하게 해줄 수 있습니다.

28일 실천하고 용기를 갖자

도전하는 것을
정말 포기하고 싶을 때가 있습니다.
힘들면 많은 사람이 그만두라고 합니다.

생각이 길면 더 힘들어집니다.

포기하는 것도 용기고
포기하지 않는 것도 용기이고
새로 시작하는
두려운 마음도 이겨내는 것이 용기입니다.

성공하는 사람과 아닌 사람 사이에는
실천과 용기가 다를 뿐입니다.

누구나 성공하는 사람이 되고 싶어 합니다. 과정이 힘들고 포기하고 싶을 때도 많습니다. 이겨내야 한다는 마음은 있지만, 자꾸 마음이 흔들릴 때가 있습니다. 대부분 사람은 그런 마음 때문에 꿈을 이루지 못하고 있습니다.

'자신이 얼마나 잘하는가?'보다 '자신이 얼마나 버틸 수 있는가?'가 중요할 때가 있습니다. 스스로에게 물어보세요. '자신이 정말 하고자 하는 것에 절실했나요?' 자신이 절실하지 못해서 포기하려고 하는 것입니다.

누구나 이겨냈다면 꿈이 아닙니다. 적어도 자신의 꿈을 위해서 있는 힘껏 도전해야 할 가치가 있다는 것을 기억하세요.

29일 만나고 싶은 사람

내가 만나고 싶은 사람은 만나고
내가 싫은 사람은 만나지 않고
보고 싶은 사람은 항상 내 곁에 있고
보기 싫은 사람은 보이지 않고
내가 사랑하는 사람은 내 품에 있고
내가 싫어하는 사람은 멀리 있게 하소서.

사람을 만나다 보면 내가 원하는 사람만 만날 수 없습니다. 싫어하는 사람과 같이 일을 하게 되기도 합니다. 그래서 사람 때문에 많이 힘들 수 있습니다.

내가 좋아하는 사람과 일하며 함께한다는 것은 참 행운 같은 즐거운 일입니다. 그런 마음을 전합니다.

30일 나쁜 감정에 익숙해지지 않기

몸과 마음이 힘들어지고
짜증이 생기면. 나쁜 감정에
지배당할 수 있습니다.

별것 아니라고 생각하는
나쁜 감정에 익숙해지면
나중에는 좋은 마음을 잃고
나쁜 사람이 될 수 있습니다.

나쁜 감정을 없애기 위해서는 좋은 감정으로 유지하기 위해 노력해야 합니다. 사람들과 다툼 없이 친밀하게 대화해야 합니다. 다른 사람의 감정이나 생각을 주의 깊게 들으며 공감하는 자세가 필요합니다. 자신의 생각이나 주장을 내세우지 말고 자신의 말이 맞는다고 우기지 않도록 해야 합니다.

회사 일이나 가정생활로 바쁘게 살다 보면 스트레스나 기분 나쁜 마음이 쌓일 수 있습니다. 집 근처를 산책하는 것도 좋습니다. 가족이나 친구와 함께 여행을 가서 좋지 않은 감정을 풀고 마음을 편안하게 유지하게 만드는 것도 좋습니다.

지속적으로 좋은 마음을 갖기 위해서는 자신을 힘들게 하는 것을 이겨내는 것이 나와 가족을 위한 것이라고 생각해야 합니다. 그리고 주변의 힘든 것을 이해하면서 자신을 발전시켜야 합니다.

31일 사랑받을 자격이 충분히 있습니다

사람에게 실망하다 보면
사랑하는 것이 어색할 때도 있고
아픔이 남아있어
거리를 두기도 합니다.
그래도
괜찮은 사람이 좋아하는 마음을 전하면
따뜻하게 받아주세요.
그대는 사랑받을 자격이 충분히 있습니다.

이별에 상심이 너무나 크면 상처나 아픔을 오래 간직하게 됩니다. 정말 좋아하는 사람이 사랑하는 마음을 전해도 받아들이지 못할 수 있습니다. 그러다 보면 정말 사랑했던 사람을 놓칠 수 있습니다. 마음의 문을 열고 사랑을 전하면 있는 그대로 받아들이면 더 예쁜 사랑을 하게 됩니다.

사람은 태어나서 잘 생기지 않고, 예쁘지 않아도 특별한 존재입니다. 사랑받기 위해서 태어난 사람입니다. 그렇기 때문에 자신이 부족해서 사랑받을 자격이 없다고 생각하면 안 됩니다.

사랑받기 위해서 태어난, 그대는 행복하고 아름답게 살 자격이 충분한 사람입니다. 세상의 모든 사랑을 받으세요.